Beiträge zur Kenntnis südasiatischer Sprachen und Literaturen

13

Herausgegeben von Dieter B. Kapp

2005
Harrassowitz Verlag · Wiesbaden

Klaus Mylius

# Wörterbuch des kanonischen Jinismus

2005
Harrassowitz Verlag · Wiesbaden

Bibliografische Information Der Deutschen Bibliothek:
Die Deutsche Bibliothek verzeichnet diese Publikation in der Deutschen Nationalbibliografie; detaillierte bibliografische Daten sind im Internet über http://dnb.ddb.de abrufbar.

Bibliographic information published by Die Deutsche Bibliothek:
Die Deutsche Bibliothek lists this publication in the Deutsche Nationalbibliografie; detailed bibliographic data is available in the internet at http://dnb.ddb.de.

Informationen zum Verlagsprogramm finden Sie unter
http://www.harrassowitz.de/verlag



Gedruckt auf alterungsbeständigem Papier.
Druck und Verarbeitung: Memminger MedienCentrum AG
Printed in Germany

ISSN 0948-2806
ISBN 3-447-05181-7

# Inhaltsverzeichnis

# Vorwort des Verfassers

Das Interesse an der Lehre der Jainas nimmt gegenwärtig erfreulicherweise wieder zu. Dennoch ist unbestreitbar, dass die Jaina-Forschung im Rahmen der Indologie nach wie vor erheblich zurückgeblieben ist. Dies wirkt sich aber nicht nur auf die Indologie, sondern auch auf die Religionswissenschaft, die Philosophie und andere Gebiete nachteilig aus. Die Fülle der – nicht selten schwer deutbaren – Spezialtermini erschwert das Studium des Jinismus zusätzlich. Ein Wörterbuch eben dieser Termini ist daher ein klares Desideratum.

Ein erster Versuch dieser Art war das „Glossary of Jaina Terms" (Jain 1995), das von einer Gruppe von Jaina-Gelehrten unter Leitung von Nand Lal Jain erarbeitet wurde. Mit etwa 3000 Stichwörtern ist es ziemlich reichhaltig, doch werden diese in Sanskrit statt in Ardhamāgadhī gegeben. Kosmographie und Hagiographie werden nur ungenügend berücksichtigt. Zahlreiche Druckfehler, besonders bei den diakritischen Zeichen, erschweren die Benutzbarkeit (Mylius 1998).

Einen gewissen Fortschritt gegenüber diesem Buch bedeutet das „Dictionary of Jaina Terms" von Mukul Raj Mehta (2000). Als Quellen werden rund 240 Titel herangezogen, aber es fehlen aus den Aṁgas die Uvāsagadasāo und die Nāyādhammakahāo, von den Paiṇṇas das Taṁdulaveyāliya, von den Uvaṁgas das Rāyapaseṇaijja. In vorteilhaftem Kontrast zu Jain gibt Mehta die Stichwörter in Ardhamāgadhī. Nicht wenige der dargebotenen Lemmata stehen allerdings zum Jinismus nur in sehr loser Beziehung. Andererseits fehlen viele Begriffe besonders aus der Mythologie und der Hagiographie, aber auch das Ordensleben wird eklektisch behandelt. „Aber ein wirklich enzyklopädisch angelegtes Wörterbuch des Jinismus bleibt eben eine Aufgabe für die Zukunft" schrieb Mylius (2001:547) am Ende einer Rezension dieses Buches. Auch das hier vorgelegte Werk will sich nur als Sprosse auf einer Stufenleiter verstanden wissen, die zu diesem Ziel der Jainologie emporführt.

Es ist dem Verfasser wiederum mehr als nur eine angenehme Pflicht, dem Herausgeber der Beiträge zur Kenntnis südasiatischer Sprachen und Literaturen und Direktor des Instituts für Indologie und Tamilistik an der Universität zu Köln, Herrn Professor Dr. Dieter B. Kapp, für die Aufnahme dieses Wörterbuches in die genannte Reihe mit kollegialer Herzlichkeit zu danken.

Johann Wolfgang Goethe-Universität
Frankfurt am Main
April 2005 Klaus Mylius

# Einführung

Die ältesten Teile des Kanons der Jinisten reichen bis zur Zeit um die Wende des 4. zum 3. Jahrhundert v.Chr. zurück. In der uns heute vorliegenden Form ist der Kanon 508 n.Chr. auf dem Konzil von Valabhī (heute Vala) auf Kathiawar redigiert worden. An diese, also an den von den Śvetāmbaras anerkannten Kanon, hält sich das vorliegende Wörterbuch. Während die Sthānakavāsīs nur 32, andere Schulen bis zu 52 kanonische Texte zählen, konzentrieren wir uns auf die fast allgemein anerkannten 45 Haupttexte.

Mit etwa 2500 Stichwörtern dürften alle wesentlichen jaina-spezifischen Termini erfasst worden sein. Das Wörterbuch strebt weder den Status einer Enzyklopädie noch den eines Thesaurus an. Jedem Stichwort ist sein Genus beigegeben; die Zahl der aufgenommenen Adjektiva ist verständlicherweise gering. Die Definitionen bzw. Erklärungen wurden stilistisch knapp gehalten. Auch wenn fast ein jedes Lemma zur Ausweitung auf eine Monographie verlockte, musste solcher Versuchung widerstanden werden.

Für ein Wörterbuch des kanonischen Jinismus war die Wahl der Ardhamāgadhī eine Selbstverständlichkeit. Freilich bildet der Mangel an Einheitlichkeit in der Schreibweise dabei nicht selten Schwierigkeiten. Schon Hermann Jacobi (1968:XL) hatte festgestellt: „In all Mss. of Jaina texts, the same word is not always spelt in the same way". Wie sehr etwa das Verhältnis ṇ/n variiert und wie ungewiss die Überlieferung ist, ersieht man nicht zuletzt aus dem Standardwerk von Richard Pischel (1965:165). Es ist daher nach einem von A. M. Ghatage (1993:23) initiierten Kompromiss verfahren worden: Von durchgehender Verwendung des ṇ wie in Māhārāṣṭrī-Werken wurde abgesehen; als Anlaut erscheint das dentale n. ansonsten das retroflexe ṇ.

Um aber auch dem nicht in Ardhamāgadhī versierten Interessenten den Zugang zum Wörterbuch zu ermöglichen, wurde jedem Stichwort die Sanskritchāyā in Winkelklammern beigegeben. Das Register dieser Sanskrit-Termini am Schluss des Buches ermöglicht einen raschen Zugriff auf das Stichwort selbst. Nicht in allen Fällen sind die Ansichten über die chāyā einhellig; wo es notwendig war, wurde auf bestehende Meinungsdivergenzen eingegangen.

Ein großes Problem ergab sich mit der Frage, ob und in welchem Umfang die Lemmata mit Belegstellen versehen werden sollten. Schon um 1970 hatten P. J. Chinmulgund und V. V. Mirashi (ca. 1970:92) betont : „A really authentic edition of the whole canon ist not yet available and is a great necessity". Und einer der gründlichsten Kenner des Jinismus und seiner Literatur, Professor Willem B. Bollée (2004), bemerkt, dass keine indische „kritische" Ausgabe in unserem Sinn kritisch ist. „Dafür fehlen die Voraussetzungen wie Heranziehen aller verfügbaren Hss, Pāli-Kenntnisse, vergleichende Sprachwissenschaft, Methodik der Parallelensuche, westliche Sekundärliteratur usw. Es gibt noch führende

Mönche, die meinen, Ungläubige sollen die Texte nicht lesen". Angesichts der Fülle, aber auch der Ungleichmäßigkeit, ja, Inkompatibilität der vorliegenden Ausgaben hat sich der Verfasser in Übereinstimmung mit dem Herausgeber entschlossen, zu den einzelnen Lemmata nur die Quellenwerke, nicht aber spezielle Stellen aufzuführen. Dem ernsthaften Benutzer bleibt es überlassen, anhand der im Folgenden aufgeführten Gesamt- und Einzelausgaben, Übersetzungen und Studien sich weiter zu orientieren. In einigen wenigen Fällen sind zur Vervollkommnung der Einsichten über das jinistische Lehrgebäude auch nichtkanonische Quellen herangezogen worden. Das Wesen der verwendeten Abkürzungen wird in einer Übersicht über die kanonische Literatur des Jinismus verdeutlicht. Gesondert verzeichnet wurde die für das vorliegende Wörterbuch herangezogene Sekundärliteratur; bei zahlreichen Stichwörtern erhält der Benutzer hier weitergehende Informationen.

In Werken dieser Art wird die Auswahl der Stichwörter niemals zur Zufriedenheit aller Leser führen. In dem hier vorgelegten Wörterbuch sind diejenigen Termini bevorzugt worden, die zum einen die Quintessenz des Jinismus ausmachen – also Begriffe zur Dogmatik und Hagiographie –, und zum anderen die geistesgeschichtlichen Leistungen der Jinisten hervortreten lassen, was besonders für das Gebiet der Philosophie gilt. Demgegenüber konnte die Behandlung von Gebieten, auf denen die Phantasie die Realität dominierte, wie es beispielsweise in der Kosmographie der Fall ist, etwas zurücktreten.

Sicher haften dem hier der Öffentlichkeit vorgelegten Wörterbuch des kanonischen Jinismus trotz aller auf seine Erarbeitung verwandten Sorgfalt nicht wenige Mängel an. Wenn aber das Wörterbuch hilft, die gerade im Abendland noch geringen Kenntnisse über das gewaltige Gedankengebäude des Jinismus zu mehren und damit zum besseren Verständnis der weltgeschichtlichen Bedeutung der kultur- und geistesgeschichtlichen Leistungen Indiens beizutragen, darf sein Zweck als erfüllt betrachtet werden.

# Übersicht über die Texte des Jaina-Kanons

## 1. Aṁga

1.1 Āyāraṁgasutta (Āyā) 1.2 Sūyagaḍaṁga (Sūya) 1.3 Ṭhāṇaṁga (Ṭhā) 1.4 Samavāyaṁga (Sama) 1.5. Bhagavatīviyāhapaṇṇatti (Bhaga) 1.6. Nayādhammakahāo (Nāyā) 1.7. Uvāsagadasāo (Uvā) 1.8. Aṁtagaḍadasāo (Aṁta) 1.9. Aṇuttarovavāiyadasāo (Aṇu) 1.10. Paṇhāvāgaraṇāiṁ (Paṇhā) 1.11. Vivāgasuya (Vivā) 1.12. Diṭṭhivāya

## 2. Uvaṁga

2.1. Uvavāiya (Uva) 2.2. Rāyapaseṇaijja (Rāya) 2.3. Jīvājīvābhigamasutta (Jīvā) 2.4. Paṇṇavaṇāsutta (Paṇṇa) 2.5. Sūrapaṇṇatti (Sūra) 2.6. Jaṁbuddīvapaṇṇatti (Jaṁbu) 2.7. Nirayāvaliyāo (Nira)

## 3. Paiṇṇa

3.1. Vīrathaa (Vīra) 3.2. Āurapaccakkhāṇa (Āura) 3.3. Mahāpaccakkhāṇa (Mahāpa) 3.4. Saṁthāra (Saṁ) 3.5. Taṁdulaveyāliya (Taṁdu) 3.6. Gacchāyāra (Gacchā) 3.7. Gaṇivijjā (Gaṇi) 3.8. Maraṇasamāhi (Mara) 3.9. Causaraṇa (Cau)

## 4. Cheyasutta

4.1. Nisīha (Nisī) 4.2. Mahānisīhasutta (Mahā) 4.3. Vavahāra (Vava) 4.4. Āyāradasāo (Āyāra) 4.5. Kappasutta des Bhadrabāhu (Kappa)

## 5. Mūlasutta

5.1. Uttarajjhayaṇasutta (Utta) 5.2. Āvassaga (Āva) 5.3. Dasaveyāliya (Dasa) 5.4. Piṁḍanijjutti (Piṁḍa) 5.5. Ohanijjutti (Oha)

## 6. Separattexte

6.1. Naṁdīsutta (Naṁdī) 6.2. Aṇuogadārāiṁ (Aṇuoga)

## 7. Außerkanonisch

7.1. Karmagrantha (KG) 7.2. Paümacariya (Paüma)

# Alphabetisches Abkürzungsverzeichnis der Texte des Jaina-Kanons

Āura = Āurapaccakkhāṇa 3.2 (Paiṇṇa)
Āva = Āvassaga 5.2 (Mūlasutta)
Āyā = Āyāraṁgasutta 1.1 (Aṁga)
Āyāra = Āyāradasāo 4.4 (Cheyasutta)
Aṁta = Aṁtagaḍadasāo 1.8 (Aṁga)
Aṇu = Aṇuttarovavāiyadasāo 1.9 (Aṁga)
Aṇuoga = Aṇuogadārāiṁ 6.2 (Separattexte)
Bhaga = Bhagavatīviyāhapaṇṇatti 1.5 (Aṁga)
Bhatta = Bhattapariṇṇā 3.12 (Paiṇṇa)
Caṁda = Caṁdapaṇṇatti 2.6 (Uvaṁga)
Caṁda = Caṁdāvijjhaya 3.6 (Paiṇṇa)
Cau = Causaraṇa 3.11 (Paiṇṇa)
Dasa = Dasaveyāliya 5.3 (Mūlasutta)
Devi = Deviṁdatthaa 3.9 (Paiṇṇa)
Gacchā = Gacchāyāra 3.7 (Paiṇṇa)
Gaṇi = Gaṇivijjā 3.8 (Paiṇṇa)
Jaṁbu = Jaṁbuddīvapaṇṇatti 2.7 (Uvaṁga)
Jīvā = Jīvājīvābhigama 2.3 (Uvaṁga)
KG = Karmagrantha 7.1 (Außerkanonisch)
Kappa = Kappasutta 4.5 (Cheyasutta)
Mahā = Mahānisīha 4.2 (Cheyasutta)
Mahāpa = Mahāpaccakkhāṇa 3.3 (Paiṇṇa)
Mara = Maraṇasamāhi 3.10 (Paiṇṇa)
Nāyā = Nāyādhammakahāo 1.6 (Aṁga)
Naṁdī = Naṁdīsutta 6.1 (Separattexte)
Nira = Nirayāvaliyāo 2.8 (Uvaṁga)
Nisī = Nisīha 4.1 (Cheyasutta)
Oha = Ohanijjutti 5.5 (Mūlasutta)
Paṇhā = Paṇhāvāgaraṇāiṁ 1.10 (Aṁga)
Paṇṇa = Paṇṇavaṇāsutta 2.4 (Uvaṁga)
Paüma = Paümacariya 7.2 (Außerkanonisch)
Piṁḍa = Piṁḍanijjutti 5.4 (Mūlasutta)
Rāya = Rāyapaseṇaijja 2.2 (Uvaṁga)
Saṁ = Saṁthāra 3.4 (Paiṇṇa)
Sama = Samavāyaṁga 1.4 (Aṁga)
Sūra = Sūrapaṇṇatti 2.5 (Uvaṁga)
Sūya = Sūyagaḍaṁga 1.2 (Aṁga)

Ṭhā = Ṭhāṇaṁga 1.3 (Aṁga)
Taṁdu = Taṁdulaveyāliya 3.5 (Paiṇṇa)
Utta = Uttarajjhayaṇasutta 5.1 (Mūlasutta)
Uva = Uvavāiya 2.1 (Uvaṁga)
Uvā = Uvāsagadasāo 1.7 (Aṁga)
Vava = Vavahāra 4.3 (Cheyasutta)
Vīra = Vīratthaa 3.1 (Paiṇṇa)
Vivā = Vivāgasuyaṁ 1.11 (Aṁga)

# Verzeichnis der Primärliteratur (Ausgaben, Übersetzungen, Studien)

## Gesamtausgaben des Kanons

Bahādur, Rāya Dhanapati Siṁhajī (ed.): Āgama Saṁgraha, 45 vols. (1875-1885)
Mehasana (ed.): Āgamodaya Samiti (1915 ff.)
Puṇyavijayaji, Muni (ed.): Jaina Āgama Series (Bombay 1968 ff.)
Jambuvijayaji, M. (ed.): Sacred Books of the Jainas (Delhi 1978 ff.)
Dīparatnasāgara, Muni (ed.): Āgamasuttāṇi, 30 vols. (Ahmadābād 2000 ff.)

## Einzelausgaben, Übersetzungen, Exegesen

### 1. Aṁga

#### 1.1 Āyāraṁgasutta (Āyā)

Ed. von Hermann Jacobi: Pāli Text Society (London 1882)
Ed. in der Āgamodaya Samiti (Bombay 1916)
Ed. von Muni Jambuvijayaji in Vol. 1 der Jaina Āgama Series (Delhi 1978)
Ed. and transl. von Mahendra Kumar (New Delhi 1981) Ed. mit Übersetzungen in Englisch und Hindī von Amar Muni = Illustrated Āgama Series (Delhi 2000)
Übersetzung von Hermann Jacobi = Sacred Books of the East, vol. XXII (Oxford 1884); second Indian reprint (Delhi 1968)
Walther Schubring: Āyāraṁgasutta. Erster Śrutaskandha: Text, Analyse, Glossar = Abhandlungen zur Kunde des Morgenlandes, Band XII, Nr. 4 (Leipzig 1910)
Dalsukh D. Malvania: Beginnings of Jaina Philosophy in the Ācāraṅga. In: Studien zum Jainismus und Buddhismus = Gedenkschrift für Ludwig Alsdorf, hrsg. von Klaus Bruhn und Albrecht Wezler. Alt- und Neuindische Studien, hrsg. vom Seminar für Kultur und Geschichte Indiens an der Universität Hamburg, 23 (Wiesbaden)

#### 1.2 Sūyagaḍaṁga (Sūya)

Ed. als vol. 2 des Āgamasaṁgraha (Bombay 1880)
Ed. mit dem Kommentar des Śīlāṅka in der Āgamodaya Samiti (Bombay 1917)

Ed. von P. L. Vaidya (Poona 1928)
Ed. von Bhīmasiṁha Māṇek (Bombay 1936)
Ed. von Muni Nathmal in den Aṁgasuttāṇi 1 (Ladnun 1974)
Ed. von Muni Jambuvijaya in den Jaina Āgama Series, vol. 2 (Bombay 1978)
Übersetzung von Hermann Jacobi in den Sacred Books of the East, vol. 45 (Oxford 1895); second Indian reprint (Delhi 1968)
Willem B. Bollée: Studien zum Sūyagaḍa I = Schriftenreihe des Südasien-Instituts der Universität Heidelberg, 24 (Wiesbaden 1977); II = Schriftenreihe der Universität Heidelberg, 31 (Wiesbaden 1988)
Kapitel I, 4 wurde untersucht von Ludwig Alsdorf: Itthīparinnā. A Chapter of Jain Monastic Poetry, edited as Contribution to Indian Prosody. In: Indo-Iranian Journal 2 (1958) 249-270. Die Arbeit umfasst den Text, einen kritischen Apparat, eine englische Übersetzung und Anmerkungen. Neudruck in: Kleine Schriften, herausgegeben von Albrecht Wezler = Glasenapp-Stiftung, Band 10 (Wiesbaden 1974), S. 193-214. 1.3.

### 1.3 Ṭhāṇaṁga (Ṭhā)

Ed. als vol. 3 des Āgamasaṁgraha (Benares 1880)
Ed. mit dem Kommentar des Abhayadeva in der Āgamodaya Samiti (Bombay 1918-20)
Ed. von Muni Jambuvijaya mit dem Kommentar des Abhayadeva in den Jaina Āgama Series, Nr. 19 (Mumbai 2003)

### 1.4 Samavāyaṁga (Sama)

Ed. als vol. 4 des Āgamasaṁgraha (Benares 1880)
Ed. mit dem Kommentar des Abhayadeva in der Āgamodaya Samiti (Bombay 1918)
Ed. von Muni Jambuvijaya in den Jaina Āgama Series 3 (Bombay 1985)
Ed. von Muni Nathmal in den Aṁgasuttāṇi 1 (Ladnun 1974)

### 1.5. Bhagavatīviyāhapaṇṇatti (Bhaga)

Aus wissenschaftsgeschichtlichen Gründen muss hier zunächst der berühmte Indologe Albrecht Weber genannt werden; seine bahnbrechende Studie „Über ein Fragment der Bhagavatī“ erschien in den Abhandlungen der Preußischen Akademie der Wissenschaften zu Berlin, Jg. 1865 (S. 365-444) und Jg. 1866 (S. 153-352).
Ed. mit dem Kommentar des Abhayadeva in der Āgamodaya Samiti, 3 vols. (Bombay 1918-1921)

Studie von J. Deleu: Viyāhapaṇṇatti, the Fifth Aṁga of the Jaina Canon (Brugge 1970, Delhi 1996).
Studie von Suzuko Ohira in den Prakrit Text Series 28 (Ahmedabad 1995)

### 1.6. Nayādhammakahāo (Nāyā)

Ed. des Anfangsteils von Paul Steinthal (1881)
Ed. mit dem Kommentar des Abhayadeva in der Āgamodaya Samiti (Bombay 1916)
Ed. von N. V. Vaidya (Poona 1940)
Ed. von Jambuvijaya in den Jaina Āgama Series, Nr. 5 (Bombay 19 )
Ed. von Muni Nathmal in den Aṁgasuttāṇi (Ladnun 1974)
Ed. mit Übersetzungen in Englisch und Hindī von Amar Muni, 2 vols. (Delhi 1996)
Spezialstudie von Wilhelm Hüttemann: Über den zweiten suakkhaṁda der Nāyādhammakahāo. Die Jñātā-Erzählungen im sechsten Aṅga des Kanons der Jinisten (Straßburg 1907)

### 1.7. Uvāsagadasāo (Uvā)

Ed. mit dem Kommentar des Abhayadeva und englischer Übersetzung von Rudolf Hoernle, 2 Bände. Bibliotheca Indica (Calcutta 1888-1890; reprint: Calcutta 1989)
Ed. von P. L. Vaidya (Poona 1928-1930)
Ed. von Muni Nathmal in den Aṁgasuttāṇi 3 (Ladnun 19 )
Ed. und englische Übersetzung von N. A. Gore = Poona Oriental Series, No. 87 (Poona 1953)

### 1.8. Aṁtagaḍadasāo (Aṁta)

Ed. in der Āgamodaya Samiti (Bombay 1920)
Ed. von P. L. Vaidya (Poona 1928)
Englische Übersetzung von Lionel D. Barnett = Oriental Translation Fund (London 1907; reprint: Varanasi 1973)
Ed. und Übersetzung in Englisch und Hindī von Sudharma Swami = Illustrated Āgama Publication Series, 2. Second Ed. (Delhi 1999)

### 1.9. Aṇuttarovavāiyadasāo (Aṇu)

Ed. in der Āgamodaya Samiti (Bombay 1920)
Ed. von P. L. Vaidya (Poona 1928-1932)
Englische Übersetzung von Lionel D. Barnett = Oriental Translation Fund (London 1907; reprint: Varanasi 1973)

### 1.10. Paṇhāvāgaraṇāiṁ (Paṇhā)

Ed. in der Āgamodaya Samiti (Bombay 1919)
Ed. in der Nirṇaya Sāgara Press (Bombay 1919)
Studie von Amulyachandra Sen: A critical introduction to the Paṇhāvāgaraṇāiṁ (Dissertation, Würzburg 1936)

### 1.11. Vivāgasuya (Vivā)

Ed. mit dem Kommentar des Abhayadeva in der Āgamodaya Samiti (Bombay 1920)
Ed. von Paraśurāma L. Vaidya (Poona 1928; 2nd ed.: Poona 1935)
Ed. von Muni Nathmal in den Aṁgasuttāṇi (Ladnun 1974)

### 1.12. Diṭṭhivāya

Ludwig Alsdorf: „What were the Contents of the Dṛṣṭivāda?“ In: German Scholars on India. Contributions to Indian Studies edited by the Cultural Department of the Embassy of the Federal Republic of Germany. Vol. I (Benares 1973), S. 1-5. Neudruck in: Kleine Schriften, hrsg. von Albrecht Wezler = Glasenapp-Stiftung, Band 10 (Wiesbaden 1974), S. 252-256

## 2. Uvaṁga

### 2.1. Uvavāiya (Uva)

Ed. von Ernst Leumann in den Abhandlungen zur Kunde des Morgenlandes VIII, 2 (Leipzig 1883); Nachdruck: Nendeln 1966. Anmerkungen dazu, aus dem Nachlass hrsg. von Willem B. Bollée, in: Bulletin d'Études Indiennes 15 (1997) 311-363
Ed. von N. G. Suru (Poona 1931)
Ed. und Übersetzung in Englisch und Hindī von Ganesh Lalwani (Jaipur 1988)
Ed. von Yuvācārya Mahāprajña = Uvaṁgasuttāṇi 4 (Ladnun 1987)

## 2.2. Rāyapaseṇaijja (Rāya)

Inhaltsangabe von Ernst Leumann, in: Verhandlungen des VI. Orientalisten-kongresses III, 2 (Leiden 1883)
Ed. mit dem Kommentar des Malayagiri in der Āgamodaya Samiti 42 (Bombay 1925)
Ed. mit Anmerkungen, Einführung und vollständiger englischer Übersetzung von R. C. Tripathi (Ahmedabad 1936)
Ed. mit dem Kommentar des Malayagiri von Bechardas Doshi = Prākṛta-Grantha-mālā 9 (Ahmedabad 1938; reprint: 1994)
Ed. von Tulasī und Mahāprajña = Uvaṁgasuttāṇi IV, 1 (Ladnun 1987)
Studie von Hiralal R. Kapadia, in: Annals of the Bhandarkar Oriental Research Institute 14 (1932-1933) 145-149

## 2.3. Jīvājīvābhigamasutta (Jīvā)

Ed. mit dem Kommentar des Malayagiri in der Nirṇaya Sāgara Press (Bombay 1919)
Ed. in der Āgamodaya Samiti (Bombay 1925)
Ed. von Yuvācārya Mahāprajña = Uvaṁgasuttāṇi IV, 1 (Ladnun 1987)

## 2.4. Paṇṇavaṇāsutta (Paṇṇa)

Ed. von Muni Puṇyavijaya, D. Mālvaṇiā und A. M. Bhojak in den Jaina Āgama Series IX, 1 (Bombay 1969)

## 2.5. Sūrapaṇṇatti (Sūra)

Ed. mit dem Kommentar des Malayagiri in der Āgamodaya Samiti (Bombay 1919)
Ed. von Yuvācārya Mahāprajña = Uvaṁgasuttāṇi IV, 2 (Ladnun 1989)
Studie von Albrecht Weber: „Über die Sūryaprajñapti“, in: Indische Studien (1868) 254 ff.
Studie von J. E. Kohl: „Die Sūryaprajñapti. Versuch einer Textgeschichte“ (Stuttgart 1937)

### 2.6. Jaṁbuddīvapaṇṇatti (Jaṁbu)

Ed. mit dem Kommentar des Śānticandra in der Nirṇaya Sāgara Press (Bombay 1920)
Ed. in der Āgamodaya Samiti (Bombay 1926)
Ed. von Yuvācārya Mahāprajña = Uvaṁgasuttāṇi IV, 2 (Ladnun 1989)

### 2.7. Nirayāvaliyāo (Nira)

Ed. von S. Warren in den Abhandlungen der Akademie der Wissenschaften zu Amsterdam (Amsterdam 1879)
Ed. in der Āgamodaya Samiti (Bombay 1922)
Ed. von P. L. Vaidya (Poona 1932)
Ed. von Yuvācārya Mahāprajña = Uvaṁgasuttāṇi IV, 2 (Ladnun 1989)

## 3. Paiṇṇa

Edition von zehn Paiṇṇas in der Āgamodaya Samiti 46 (Bombay)

### 3.1. Vīrathaa (Vīra)

Ed. von Muni Puṇyavijaya und A.M. Bhojak in den Jaina Āgama Series 17, 1 (Bombay 1984)

### 3.2. Āurapaccakkhāṇa (Āura)

Ed. von Muni Puṇyavijaya und A.M. Bhojak in den Jaina Āgama Series 17, 1 (Bombay 1984)

### 3.3. Mahāpaccakkhāṇa (Mahāpa)

Ed. von Muni Puṇyavijaya und A.M. Bhojak in den Jaina Āgama Series 17, 1 (Bombay 1984)

### 3.4. Saṁthāra (Saṁ)

Ed. von Muni Puṇyavijaya und A. M. Bhojak in den Jaina Āgama Series 17, 1 (Bombay 1984)

### 3.5. Taṁdulaveyāliya (Taṁdu)

Ed. mit dem Kommentar des Vijayavimalagaṇi in der Āgamodaya Samiti (Bombay 1922)
Ausgabe, Analyse und Erläuterung von Walther Schubring (Wiesbaden 1969)
Ed. mit Hindī-Übersetzung von Subhash Kothari (Udaypur 1991)

### 3.6. Gacchāyāra (Gacchā)

Ed. mit dem Kommentar des Vijayavimalagaṇi in der Āgamodaya Samiti (Bombay 1913) -
Ed. von Muni Puṇyavijayaji und A. M. Bhojak in den Jaina Āgama Series 17, 1 (Bombay 1984)

### 3.7. Gaṇivijjā

Ed. in der Āgamodaya Samiti 46 (Bombay 1984)
Ed. von Muni Puṇyavijayaji und A. M.Bhojak in den Jaina Āgama Series 17, 1 (Bombay 1984)

### 3.8. Maraṇasamāhi (Mara)

Ed. von Muni Puṇyavijayaji und A. M.Bhojak in den Jaina Āgama Series 17, 1 (Bombay 1984)

### 3.9. Causaraṇa (Cau)

Ed. in der Āgamodaya Samiti (Bombay 1927)
Ed. von Muni Puṇyavijayaji und A. M. Bhojak in den Jaina Āgama Series 17, 1 (Bombay 1984); siehe auch den folgenden Eintrag
Kurt von Kamptz: „Über die vom Sterbefasten handelnden älteren Paiṇṇa des Jaina-Kanons“ (Hamburg 1929); darin behandelt er Causaraṇa, Bhattapariṇṇā, Saṁthāra, Āurapaccakkhāṇa und Mahāpaccakkhāṇa.

## 4. Cheyasutta

Grundlegend ist die Studie von Walther Schubring: „Drei Chedasūtras des Jaina-Kanons = Alt- und Neuindische Studien 11 (Hamburg 1966)

### 4.1. Nisīha (Nisī)

Ed. von Walther Schubring in den Abhandlungen zur Kunde des Morgenlandes XV, 1 (Leipzig 1918)
Ed. von Amar Chand und Muni Kanhaiya Lal. Second edition (Agra 1982)
Ed. von Yuvācārya Mahāprajña = Navasuttāṇi 5 (Ladnun 1987) Analyse von Walther Schubring in: „Drei Chedasūtras des Jaina-Kanons" (Hamburg 1966)

### 4.2. Mahānisīhasutta (Mahā)

Ed. von Walther Schubring in den Abhandlungen der Akademie der Wissenschaften zu Berlin 1918, Nr. 5 (Berlin 1918)
Studien zu den Kapiteln 1 bis 5 von J. Deleu und W. Schubring = Alt- und Neuindische Studien 10 (Hamburg 1963)
Studien zu den Kapiteln 6 bis 8 von F. R. Hamm und W. Schubring = Alt- und Neuindische Studien 6 (Hamburg 1951)

### 4.3. Vavahāra (Vava)

Ed. von Walther Schubring in den Abhandlungen zur Kunde des Morgenlandes XV, 1 (Leipzig 1918; Neudruck: 1966)
Ed. von Muni Māṇek (Bhavnagar 1926)
Ed. von Yuvācārya Mahāprajña = Navasuttāṇi 5 (Ladnun 1987)
Übersetzung von Walther Schubring und Colette Caillat in „Drei Chedasūtras des Jaina-Kanons" (Hamburg 1966)

### 4.4. Āyāradasāo (Āyāra)

Ed. von Yuvācārya Mahāprajña = Navasuttāṇi 5 (Ladnun 1987)

### 4.5. Kappasutta des Bhadrabāhu (Kappa)

Ed. von Hermann Jacobi in den Abhandlungen zur Kunde des Morgenlandes VII, 1 (Leipzig 1879; Neudruck: Nendeln 1966)
Ed. von Walther Schubring mit Übersetzung und wertvoller Einleitung „Das Kalpa-Sūtra, die alte Sammlung jinistischer Mönchsvorschriften" (Leipzig 1905); Neudruck in: Kleine Schriften, hrsg. von Klaus Bruhn = Glasenapp-Stiftung, Band 13 (Wiesbaden 1977), S. 1-70

Ed. mit dem Kommentar des Viṇayavijayagaṇi als Nr. 7 des Sheth Devchand Lalbhai Jaina Pustakoddhāra (Bombay 1911)
Übersetzung von Hermann Jacobi in den Sacred Books of the East, vol. 22 (Oxford 1884; second Indian reprint: Delhi 1968)
Englische Übersetzung von K. S. Lalwani (Delhi 1979)

## 5. Mūlasutta

### 5.1. Uttarajjhayaṇasutta (Utta)

Ed. mit dem Kommentar des Śāntyācārya in der Āgamodaya Samiti (Bombay 1917) Sehr informative Ed. von J. Charpentier (Uppsala 1922; Neudruck: Delhi 1980)
Übersetzung von Hermann Jacobi in den Sacred Books of the East, vol. 45 (Oxford 1895; second Indian reprint: Delhi 1968)
Studie von Ludwig Alsdorf: „Uttarajjhāyā Studies", in: Indo-Iranian Journal 6 (1962) 110-136
Weitere Studie von Ludwig Alsdorf: „Namipavvajjā: Contributions to the Study of a Jain Canonical Legend", in: Indological Studies in Honor of W. Norman Brown, ed. by E. Bender (New Haven 1962), S. 8-17
Studie von Wolfgang Morgenroth: „Die Bekehrung des Königs Nami. Legenden aus dem Uttaradhyayana-Sutra" (sic!) (Leipzig und Weimar 1979)

### 5.2. Āvassaga (Āva)

Ernst Leumann: „Übersicht über die Āvaśyaka-Literatur" = Alt- und Neuindische Studien, 4 (Hamburg 1934)
Ernst Leumann (ed.): „Die Āvaśyaka-Erzählungen", in: Abhandlungen zur Kunde des Morgenlandes X, 2 (Leipzig 1897; Nachdruck: Nendeln 1966)
Ed. in der Āgamodaya Samiti Nr. 562 (Bombay 1928)
Ed. von Muni Puṇyavijaya und A. M. Bhojak in den Jaina Āgama Series 15 (Bombay 1977)
Ed. von Yuvācārya Mahāprajña in den Navasuttāṇi (Ladnun 1987)
Klaus Bruhn: „Āvaśyaka Studies I", in: Studien zum Jainismus und Buddhismus = Gedenkschrift für Ludwig Alsdorf, hrsg. von Klaus Bruhn und Albrecht Wezler = Alt- und Neuindische Studien, hrsg. vom Seminar für Kultur und Geschichte Indiens an der Universität Hamburg, 23 (Wiesbaden), S. 11-49
Nalini Balbir und Thomas Oberlies: „Āvaśyaka-Studien", 2 Bände = Alt- und Neuindische Studien, hrsg. vom Institut für Kultur und Geschichte Indiens und Tibets an der Universität Hamburg 45, 1-2 (Stuttgart 1993)

## 5.3. Dasaveyāliya (Dasa)

Ed. von Ernst Leumann in der Zeitschrift der Deutschen Morgenländischen Gesellschaft 46 (1892) 581-663; einbezogen ist der älteste Kommentar, die Nijjutti des Bhadrabāhu.
Übersetzung von Walther Schubring (Ahmedabad 1932); Neudruck in: Kleine Schriften, hrsg. von Klaus Bruhn = Glasenapp-Stiftung, Band 13 (Wiesbaden 1977), S. 119-198
Ed. und englische Übersetzung von K. S. Lalwani (Delhi 1973)
Ed. von Muni Puṇyavijaya und A M. Bhojak in den Jaina Āgama Series 15 (Bombay 1977)
Ed. von Yuvācārya Mahāprajña in den Navasuttāṇi (Ladnun 1987)
Ed. und englische Übersetzung von Amar Muni (Delhi 1997)
Wichtige Studie von M. V. Patwardhan (Sangli 1933-1936)
Spezialstudie von A.M. Ghatage: "Parallel Passages in the Daśavaikālika and the Ācārāṅga", in: New Antiquary I, 2 (May 1938) 130-137

## 5.4. Piṁḍanijjutti (Piṁḍa)

Ed. mit dem Kommentar des Malayagiri in der Āgamodaya Samiti (Bombay 1918)
Ed. von Devacandra Lālbhāī (Surat 1958)
Übersetzung von Ernst Leumann in der Zeitschrift der Deutschen Morgenländischen Gesellschaft 46 (1892)
Studie von Willem B. Bollée: „Materials for an Edition and Study of the Piṇḍa- and Oha-nijjuttis of the Śvetāmbara Jain Tradition, I-II" (Stuttgart 1991-1994)

## 5.5. Ohanijjutti (Oha)

Ed. mit dem Kommentar des Droṇācārya in der Āgamodaya Samiti (Bombay 1919; Neudruck: Surat 1957)
Studie von A. Mette: „Piṇḍeṣaṇā. Das Kapitel der Ohanijjutti über den Bettelgang", in: Abhandlungen der Akademie der Wissenschaften und der Literatur Mainz, Geistes- und Sozialwissenschaftliche Klasse, 11, 1973 (Wiesbaden 1974)

# 6. Separattexte

## 6.1. Naṁdīsutta (Naṁdī)

Ed. mit dem Kommentar des Malayagiri in der Āgamodaya Samiti (Bombay 1924)
Ed. von Muni Puṇyavijaya, D. Mālvaṇiā und A. M. Bhojak in den Jaina Āgama Series 1 (Bombay 1968)

## 6.2. Aṇuogadārāiṁ (Aṇuoga)

Ed. in der Āgamodaya Samiti (Bombay 1924)
Ed. von Yuvācārya Mahāprajña = Navasuttāṇi 5 (Ladnun 1987)
Ed. von Muni Puṇyavijayaji, D. Mālvaṇiā und A. M. Bhojak in den Jaina Āgama Series (Bombay 1968; Neudruck: 1999)
Übersetzung von T. Hanaki (Vaishali 1970)

# Verzeichnis der Sekundärliteratur

Das Verzeichnis ist alphabetisch nach den Verfassernamen geordnet.


Ānandasāgarasūri: Alpaparicita-Saiddhāntika-Śabdakośa. 5 vols. (Sūrata 1969-1979). Das Wörterbuch enthält mehr, als der Begriff „alpa“ verspricht; soweit es den Kanon betrifft, ist es ziemlich umfassend.

Bhargava, D.N.: Jain Ethics (Delhi 1968)

Bhattacharji, Sukumari: Fatalism in Ancient India (Calcutta 1995)

Bhattacharyya, Narendra Nath: Jain Philosophy. Historical Outline. Second Ed. (New Delhi 1999). Hier findet sich S. 7-37 eine ausgezeichnete Darstellung der Geschichte der Erforschung des Jinismus, nicht nur seiner Philosophie.

Bollée, Willem B.: The Story of Paesi = Beiträge zur Kenntnis südasiatischer Sprachen und Literaturen, 8 (Wiesbaden 2003)

Bollée, Willem B.: Mitteilung an den Verfasser vom 23. 04. 2004

Bothra, Puspa: Jaina Theory of Perception (Delhi 1995)

Caillat, C., A. N. Upadhye and B. Patil: Jainism (Delhi 1974)

Caillat, Colette: Fasting unto death according to the Jain tradition. In: Acta Orientalia 38 (1977) 43-66

Chanchreek, K. L., and Mahesh K. Jain (eds.): Jain Āgamas. An Introduction to Canonical Literature (New Delhi 2004)

Chatterjee, A.K.: A Comprehensive History of Jainism. 2 vols. (Calcutta 1978-1984)

Chinmulgund, P.J., and V. V. Mirashi (eds.): Review of Indological Research in Last 75 Years = M. M. Chitraoshastri Felicitation Volume (Poona um 1970)

Dikshit, K. K.: Jaina Ontology (Ahmedabad 1971)

Enomoto. F.: On the origin of āsrava, mainly in the senior canons of the Jainas. In: Bukkyō Shigaku Kenkyū (The Journal of the History of Buddhism) XXII, 1 (1979) 17-42

Gandhi, V. R.: Religion and Philosophy of the Jainas. Ed. by Nagin J. Shah (Ahmedabad 1993)

Ghatage, A. M.: Introduction to Ardha-Māgadhī (Pune 1993)

Ghatage, A. M. (General Editor): A Comprehensive and Critical Dictionary of the Prākṛt Languages with Special Reference to Jain Literature (Poona 1993 ff.)

von Glasenapp, Helmuth: Die Lehre vom Karman in der Philosophie der Jainas nach den Karmagranthas (Leipzig 1915); Neudruck in: Ausgewählte

Kleine Schriften, hrsg. von Heinz Bechert und Volker Moeller = Glasenapp-Stiftung, Band 18 (Wiesbaden 1980), S. 1-116

von Glasenapp, Helmuth: Der Jainismus. Eine indische Erlösungsreligion (Berlin 1925; 2. Nachdruck: Hildesheim 1984)

von Glasenapp, Helmuth: Heilige Stätten Indiens (München 1928)

Guérinot, A.: Essai de Bibliographie Jaina (Paris 1906)

Jacobi, Hermann: Jaina Sūtras, Part 1 = Sacred Books of the East, vol. XXII; 2. reprint (Delhi 1968)

Jain, Jyoti Prasad: Religion and Culture of the Jains (New Delhi 1983)

Jain, Nand Lal: Glossary of Jaina Terms (Ahmedabad 1995)

Kapadia, Hiralal Rasik: A History of the Canonical Literature of the Jainas = Shree Shwetambar Murtipujak Jaina Boarding Series, vol. 1 (Ahmedabad 1941; reprint 2000)

Kirfel, Willibald: Die Kosmographie der Inder (Bonn und Leipzig 1920)

Kirfel, Willibald: Die Religion der Jaina's. In: Bilderatlas zur Religionsgeschichte, hrsg. von Hans Haas, 12. Lieferung (Leipzig 1928)

Law, Bimala Churn: Mahāvīra, His Life and Teachings (London 1937)

Leumann, Ernst: Beziehungen der Jaina-Literatur zu andern (sic!) Literaturkreisen Indiens. In: Actes du sixième Congrès International des Orientalistes, tenu en 1883 à Leide. Troisième partie, section 2 (Leiden 1885). Neudruck in: Kleine Schriften, hrsg. von Nalini Balbir = Glasenapp-Stiftung, Band 37 (Stuttgart 1998), besonders S. 99-111

Mahāprajña (ed.): Āgamaśabdakośa I (Ladnun 1980)

Matilal, B. K.: The Central Philosophy of Jainism (Ahmedabad 1981)

Mehta, Mohan Lal: Outlines of Jaina Philosophy (Bangalore 1954)

Mehta, Mohan Lal: Jain Philosophy (Varanasi 1971)

Mehta, Mukul Raj: Dictionary of Jaina Terms (Varanasi 2000)

Moeller, Volker: Symbole des Hinduismus und des Jinismus = Symbolik der Religionen, hrsg. von Ferdinand Herrmann, Band XIX (Stuttgart 1974). Das Werk enthält auch eine geographische Übersichtskarte und Hinweise auf weiterführende Literatur; die heiligen Stätten der Jainas werden S. 144-148 behandelt.

Mylius, Klaus: Besprechung von Jain 1995, in: Indo-Iranian Journal 41 (1998) 270-272

Mylius, Klaus: Besprechung von Mehta 2000, in: Asiatische Studien LV, 2 (2001) 545-547

Mylius, Klaus: Geschichte der altindischen Literatur. 2., überarbeitete und ergänzte Auflage = Beiträge zur Kenntnis südasiatischer Sprachen und Literaturen 11, (Wiesbaden 2003). Der Abschnitt „Die kanonische Jaina-Literatur" (S. 339-355) bringt eine zur Einführung geeignete Übersicht.

Nahar, P.C., and K. C. Ghosh (eds.): An Encyclopaedia of Jainism = Sri Garib Dass Oriental Series 40 (Calcutta 1917; reprint: Delhi 1996)

Norman, K. P.: The Jain Nijjuttis. In: Acta Orientalia 58 (1997) 52-74

Nyayavijayaji, Muni: Jaina Philosophy and Religion. Translated by Nagin J. Shah (Delhi 1998)

Pischel, Richard: Comparative Grammar of the Prākṛt Languages. Translated from the German by Subhadra Jhā. Second Ed. (Delhi 1965)

Ratnachandra: An Illustrated Ardha-Māgadhī-Dictionary with Sanskrit, Gujrati, Hindi and English Equivalents. 5 vols. (Indore 1923-1932; Neudruck: 1988)

Ruben, Walter: Geschichte der indischen Philosophie (Berlin 1954)

Schubring, Walther: Die Lehre der Jainas nach den alten Quellen dargestellt = Grundriss der Indo-Arischen Philologie und Altertumskunde, Band III, Nr. 7 (Berlin und Leipzig 1935). Englisch unter dem Titel „The Doctrine of the Jainas“ von W. Beurlen (Delhi 1962). Nach diesem Werk wird hier zitiert. Neue englische Übersetzung von Willem B. Bollée und Jayandra Soni (Delhi 2000).

Shah, Natubhai: Jainism – The World of Conquerors. 2 vols. (Delhi 2004)

Sheth, Hargovind Das: Paiasaddamahaṇṇavo. A Comprehensive Prākrit-Hindi Dictionary = Prākrit Text Society Series No. 7. Second Ed. (Varanasi 1963); reprint: 1986

Siddhāntashāstri, Balchandra (ed.): Jaina Lakṣaṇāvalī 1-2 = Vir Sewa Mandir Series, 15 (Delhi 1972-1973). Es handelt sich hierbei um ein Wörterbuch zur Jaina-Philosophie.

Sikdar, J. C.: Concept of „jīva (soul)“ in Jaina Philosophy. In: Dhaky, Madhusudan, and Sagarmal Jain (eds.): Pandit Dalsukhbhai Malvania Felicitation Volume (Varanasi 1991), S. 96-119

Varṇī, Jinendra: Jainendra Siddhānta Kośa. 5 vols. (Nayī Dillī 1985-1995). In Hindi.

Wayman, Alex: Āsrava – how does it flow? In: Dhaky, Madhusudhan, and Sagarmal Jain (eds.): Pandit Dalsukhbhai Malvania Felicitation Volume (Varanasi 1991), S. 88-95

# Wörterbuch

## Das Ardhamāgadhī-Alphabet

a ā i ī u ū e o

ṁ

| | | | | |
|---|---|---|---|---|
| k | kh | g | gh | ṅ |
| c | ch | j | jh | ñ |
| ṭ | ṭh | ḍ | ḍh | ṇ |
| t | th | d | dh | n |
| p | ph | b | bh | m |
| y | r | l | v | |
| s | | | | |
| h | | | | |

# A

*1* **aikalya** m <atikalya> Herr der Vyantara-Götter im Süden. Ṭhā, Bhaga, Nāyā, Paṇṇa

*2* **aikkama** m <atikrama> Übertretung eines Gebotes, Bruch eines Eides; schon der bloße Gedanke daran gilt als a. Ṭhā, Dasa, Piṁḍa

*3* **aiṇiddhamahuratta** n <atisnigdhamadhuratva> überaus große Lieblichkeit und Süße (der Rede); gemeint ist die 19. Tugend der Tīrthaṁkaras. Sama

*4* **aipaṁdukaṁbalasilā** f <atipāṇḍukambalaśilā> (mythischer) weißer Felsen an der Südseite des Meru; dies ist die Stätte der Weihe eines Tīrthaṁkara. Ṭhā, Jambu

*5* **aipāsa** m <atipārśva> Name eines Heiligen im Gebiet von Airavata. Sama

*6* **aibala** m <atibala> Name des fünften künftigen Vāsudeva in Bhārata. Sama

*7* **aibhūmi** f <atibhūmi> von Mönchen nicht zu betretender Teil eines Hauses. Dasa

*8* **aimutta** m <atimukta> **(1)** Titel von Abschnitt VI, 15, der ↑Aṁtagaḍadasāo. **(2)** Name eines Sohnes der Königin Siri und des Königs Vijaya von Polāsapura; er gelangte auf dem Berg Vipula zur Erlösung. Bhaga, Aṁta

*9* **airattakaṁbalasilā** f <atiraktakambalaśilā>, airattakaṁbalā f <atiraktakambalā> Name eines mythischen Felsens auf dem Berg Meru, Stätte der Weihe eines Tīrthaṁkara. Ṭhā

*10* **airattakaṁbalā** f ↑ **airattakaṁbalasilā**

*11* **a-irā** f <acirā> Name der Gattin des Königs Viśvasena und Mutter des 16. Tīrthaṁkara (Sāṁti). Sama, Paümacariya.

*12* **airūva** m <atirūpa> Name einer niederen Götterklasse. Paṇṇa, Kommentar.

*13* **aivāyasoya** n <atipātasrotas> Ausfließen des (sündigen) *kamma*. Āyā

*14* **aivijja** m <atividya> vollkommener Kenner der (Jaina-)Lehre. Āyā

*15* **aisaya** m <atiśaya> übernatürliche Fähigkeit. Nira, Naṁdī

*16* **aisesa** m <atiśeṣa> übernatürliche Fähigkeit, speziell der Tīrthaṁkaras. Ṭhā, Sama, Bhaga, Vava

*17* **aua** n <ayuta> Name einer Zeitperiode (ayuta = $10^4$). Ṭhā, Bhaga, Aṇuoga

*18* **auaṁga** m, n <ayutāṅga> Zeiteinheit, kleiner Teil eines ↑aua. Ṭhā, Bhaga

*19* **a-uvvakaraṇa** n <apūrvakaraṇa> Reinigung der Seele durch Verminderung der Wirkungsdauer und -stärke des *kamma*; dies ist die siebente Stufe des spirituellen Fortschritts. Mahā

*20* **aṁkakaṇḍa** n <arkakāṇḍa> *Myth* aus weißem Marmor bestehender Teil der Ratnaprabhā-Welt. Bhaga, Rāya, Jīvā, Paṇṇa, Jambu

*21* **aṁkāvaī** f <aṅkāvatī> **(1)** Name einer Königsresidenz in Videha am rechten Ufer der Sītodā. Ṭha, Jambu. **(2)** Name eines Berges. Ṭhā

*22* **aṁkusa** m <aṅkuśa> Name eines Götterpalastes in der Himmelswelt Mahāśukra. Sama

*23* **aṁga** n <aṅga> einer der elf Hauptteile des Śvetāmbara-Kanons. Es gab ursprünglich 14 puvvas und elf aṁgas. Erstere gingen kurz nach Mahāvīra verloren; sie bilden das zwölfte aṁga: ↑diṭṭhivāya. Sama, Bhaga, Nāyā, Paṇṇa, Nira, Vava, Utta, Naṁdī, Aṇuoga. Es folgen die Namen der elf a., gefolgt von ihren Sanskrit-Äquivalenten. Zu jedem a. enthält das Wörterbuch auch ein gesondertes Stichwort. 1. Āyāraṁgasutta / Ācārāṅgasūtra 2. Sūyagaḍaṁga / Sūcākṛtāṅga 3. Ṭhāṇaṁga / Sthānāṅga 4. Samavāyaṁga / Samavāyaṁga 5. Bhagavatīviyāhapaṇṇatti / Bhagavatīvyākhyāprajñapti 6. Nāyādhammakahāo / Jñātādharmakathāḥ 7. Uvāsagadasāo / upāsakadaśāḥ 8. Aṁtagaḍadasāo / Antakṛddaśāḥ oder Antakṛtadaśāḥ 9. Aṇuttarovavāiyadasāo / Anuttaropapātikadaśāḥ 10. Paṇhāvāgaraṇāiṁ / Praśnavyākaraṇāni 11. Vivāgasuya / Vipākaśruta

*24* **aṁgai** m <aṅgajit> Name eines Hausvaters zur Zeit des Pārśva und von diesem geweiht. Nira

*25* **aṁgacūliyā** f <aṅgacūlikā> „Nachtrag zu den Aṁgas“, so auch der zweite Śrutaskandha des Āyā, wendet sich gegen die damals offenbar zunehmende Laxheit im Leben der Mönche und gibt Anweisungen für die richtige Vermittlung der jinistischen Lehre. Ṭhā, Vava, Naṁdī. Kurze Skizze des Inhalts und weitere Literatur bei Schubring 1962:121-122.

*26* **aṁgabāhira** Adj <aṅgabāhya> außerhalb der Aṁgas stehend, aber als kanonisch geltend, Name bestimmter Texte. Näheres bei Schubring 1962:78 und besonders 121-125 mit Inhaltsangaben und Literaturnachweisen. Ṭhā, Rāya, Naṁdī, Aṇuoga

*27* **aṁgamaṁdira** n <aṅgamandira> Name eines Tempels bei der Stadt Campā. Bhaga

*28* **aṁgavijjā** f <aṅgavidyā> Weissagung aus (Veränderungen der) Gliedmaßen (nach Beklopfen), Titel eines als ↑aṁgabāhira gezählten Werkes. Es ist in 4100 Ślokas gehalten, enthält aber auch Prosaabschnitte. Das Werk ist eine wichtige Quelle für den Alltagsablauf in den ersten Jahrhunderten n. Chr.; es enthält Informationen über Berufe, Haushalt, öffentliche Einrichtungen, Essen und Trinken, Vergnügungen, Reisen, Kohabitation, Militärwesen, Krankheiten, Omina, Träume und Gedankenlesen. Von besonders großer Bedeutung ist das Werk für die Vorstellungen der Jainas vom Wesen der Zeit. Ausführliche Inhaltsangabe bei Schubring 1962:123-125. Utta

*29* **aṁgaviyāra** m <aṅgavicāra> s. aṁgavijjā. Utta

*30* **aṁgāra** m <aṅgāra> unzulässiges Preisen einer Almosenspeise durch einen Mönch. Piṁḍa, Gacchā

*31* **aṁgovaṁga** m <aṅgopāṅga> das die Herausbildung der Körperteile bewirkende *kamma*, Art des ↑nāmakamma. Aṇuoga, KG

*32* **aṁjaṇa** n <añjana> **(1)** Name eines Teils der Ratnaprabhā-Hölle Ṭhā, Jīvā **(2)** Name eines Palastes in der achten Götterwelt Sama; **(3)** Name zweier Welthüter Ṭhā, Bhaga; **(4)** Name einer Bergspitze Ṭhā

*33* **aṁjaṇariṭṭha** m <añjanariṣṭa> Name des Beherrschers der Vāyukumāras. Bhaga

*34* **aṁjaṇā** f <añjanā> Name der vierten Hölle. Ṭhā, Jīvā

*35* **aṁjuā,** aṁjuyā f <añjukā> Name der bedeutendsten Schülerin des 17. Tīrthaṁkara. Sama

*36* **aṁjū** f <añjū> **(1)** Name einer Tochter des Kaufmanns Dhanadeva Vivā; **(2)** Name der vierten Hauptgattin des Śakra. Ṭhā, Sama, Bhaga, Nāyā. Jīvā

*37* **aṁḍa** n <aṇḍa> **(1)** Name des dritten Abschnitts der Nāyādhammakahāo; es beschäftigt sich mit einem Pfauenei, Sama, Nāyā; **(2)** Name des dritten Kapitels des Vivāgasuya.

*38* **aṁtakiriyā** f <antakriyā> „Beendigung der Taten“, endgültige Erlösung aus dem Geburtenkreislauf. Sūya, Ṭhā, Sama, Paṇṇa, Naṁdī; vgl. Schubring 1962:201-202.

*39* **aṁtagaḍadasāo** f Pl <antakṛtadaśāḥ> Name des achten ↑aṁga. Der Name bedeutet „Zehn Geschichten über die bis zum Ende (d.h. zur Erlösung) gelangten (Asketen)“. Nichtsdestoweniger besteht das Werk nur aus acht Kapiteln. Der literarische Wert ist sehr gering, denn es finden sich hier lediglich schablonenhafte fromme Legenden mit stereotypen Schicksalen von Asketen, die zur Erlösung gelangten. Von den Kommentaren ist der von Abhayadevasūri der wichtigste. Ausgaben und Übersetzungen s.v. in der Liste der Primärliteratur. Inhaltsübersicht bei Schubring 1962:93-94.

*40* **aṁtagaya** n <antagata> bedeutet eine Art visueller Erkenntnis, eine Varietät des ↑ohiṇāṇa. Vava, Naṁdī

*41* **aṁtacaraya** m <antacaraka> nach dem Mahl eines Hausvaters um Almosen bettelnder Mönch. Ṭhā, Paṇhā

*42* **aṁtacāri** m <antacārin> Asket, der nur minderwertige oder übrig gebliebene Nahrung zu sich nimmt. Ṭhā

*43* **aṁtaduga** n <antadvika> die beiden letzten Stufen (↑guṇaṭṭhāṇa) des spirituellen Aufstiegs. In der letzten Stufe kommt die Seele zur vollständigen, absoluten Ruhe. KG

*44* **aṁtarakaraṇa** n <antarakaraṇa> eine der (drei) Bedingungen, um durch geistiges Streben zur rechten Erkenntnis zu gelangen. KG

*45* **aṁtaradīva** m <antaradvīpa> mythische Gruppe von 56 Inseln nahe der Küste des Salzmeeres. Beschreibungen bei v. Glasenapp 1984:230 und Schubring 1962:221. Ṭhā, Bhaga, Jīvā, Paṇṇa

*46* **aṁtarāiya** n <āntarāyika> Hindernis auf dem Weg zur Erlösung, das das edle Streben der Seele beeinträchtigt, ↑aṁtarāya. Ṭhā, Bhaga, Paṇhā, Paṇṇa

*47* **aṁtarāya** m <antarāya> eine bestimmte Wirkung des *kamma*, die die Seele in ihrer Genuss- und Entschlussfähigkeit behindert; ↑aṁtarāiya. Āyā, Sūya, Bhaga, Uva, Utta, Piṁḍa, Aṇuoga, KG

*48* **aṁtarijjiyā** f <antarīyā> Beiname eines Zweiges der Mönchsgruppe Vesavāḍiya. Kappa

*49* **aṁtimalobha** m <antimalobha> letzte einer vierfältigen Gier.

*50* **aṁtovāhiṇī** f <antarvāhinī> *Myth* einer (von 12) unterirdischen Flüssen Ṭhā, Jambu

*51* **aṁba** m <amba> *Myth* ein höllischer Peiniger; er schleudert die Höllenbewohner in die Luft. Sama, Bhaga

*52* **aṁbarisa** m <ambarīṣa>, aṁbarisi m <ambarṣi> Name des zweiten (von 15) höllischen Peinigern; er zerhackt die Höllenbewohner und röstet sie. Sama, Bhaga

*53* **aṁbarisi** m ↑ **aṁbarisa**

*54* **aṁbiā,** aṁbiyā f <ambikā> Name der Mutter des fünften Vāsudeva. Paüma

*55* **a-kaṁpiya** m <akampita> Name des achten Mönchsscharenleiters des Mahāvīra. Sama, Naṁdī

*56* **a-kaṇṇa** m <akarṇa> *Myth* Name einer Zwischeninsel im Salzmeer. Ṭhā, Jīvā, Paṇṇa

*57* **a-kammaṁsa** Adj <akarmāṁśa> sich jeder (die Erlösung hemmenden) Tat enthaltend. Sūya, Ṭhā. Bhaga

*58* **a-kammakāri** Adj <akarmakārin> eine üble Tat ausübend. Paṇhā

*59* **a-kammabhūmi** f <akarmabhūmi> eine nicht dem *kamma* ausgesetzte Stätte, in der die Bewohner keiner Arbeit nachgehen müssen. Ṭhā, Bhaga, Jīvā, Paṇṇa, Naṁdī

*60* **a-kammayā** f <akarmatā> Freisein von *kamma*. Utta

*61* **a-kasiṇā** f <akṛtsnā> Bezeichnung einer harten Buße. Ṭhā, Sama

*62* **a-kāmamaraṇa** n <akāmamaraṇa> eigentlich: unfreiwilliger Tod, jedoch mit der Nebenbedeutung: Tod nach einem lasterhaften Leben. Utta

*63* **a-kāya** Adj <akāya> körperlos, erlöst. Ṭhā

*64* **a-kiriyā** f <akriyā> **(1)** Inaktivität, Tatenlosigkeit Sūya, Bhaga, Paṇṇa; **(2)** keine (böse) Tat Sūya, Ṭhā; **(3)** Nihilismus, Fehlen einer Verantwortung für ausgeübte Taten. Utta, Naṁdī, Aṇuoga

*65* **a-kkhayaṭhii** f <akṣayasthiti> Besitz des ewigen Lebens, Unvergänglichkeit (als Eigenschaft des ↑jīva)

*66* **akkhāyapavvajjā** f <ākhyātapravrajyā> Auszug ins Mönchsleben aufgrund (des Hörens religiöser) Legenden und Predigten. Ṭhā

*67* **a-kkhīramahusappiya** m <akṣīramadhusarpiṣka> sich des Verzehrs von Milch, Honig und zerlassener Butter enthaltender (Asket). Paṇhā

*68* **a-kkhettavāsin** Adj <akṣetravarṣin> *bildhaft* einer unwürdigen Person Almosen spendend, unterschiedslos Almosen spendend. Ṭhā

*69* **akkhevaṇī** f <ākṣepaṇī> eine (von vier) Arten der religiösen Erzählung, die an die Jaina-Lehre heranführen und in den Zuhörern das Streben nach der ewigen Wahrheit wecken soll. Ṭhā, Uva.

*70* **a-kkhobha** m, a-kkhoha m <akṣobha> **(1)** Name des Sohnes des Yadu-Königs Andhakavṛṣṇi und der Dhāraṇī; er wurde von Neminātha geweiht, zog 16 Jahre lang als Mönch umher und fand Erlösung auf dem Berg Śatruñjaya. Aṁta; **(2)** Name des achten Kapitels aus dem ersten Teil der Aṁtagaḍadasāo.

*71* **a-kkhoha** m ↑ **a-kkhobha**

*72* **a-gai** f <agati> Verharren im gegenwärtigen Zustand. Ṭhā

*73* **a-gaṁtha** m <agrantha> Bezeichnung für einen jinistischen Mönch („Fesselloser"). Āyā, Jambu

*74* **agaḍadatta** m <avaṭadatta> Name eines Sohnes des Königs Sundara und der Sulasā, der, von seiner Frau Madanamañjarī enttäuscht, Asket wurde. Utta

*75* **agatthi** m <agasti> Name eines alten Weisen. Ṭhā

*76* **a-gamiya** n <agamika> Bezeichnung der kanonischen Werke außerhalb des Diṭṭhivāya. Naṁdī

*77* **agāradhamma** m <agāradharma> Laienpflicht. Ṭhā, Bhaga, Uva

*78* **agārabaṁdhaṇa** n <agārabandhana> weltliche Bindung, Fessel an die Weltlichkeit. Sūya

*79* **agāri** m <agārin> Haushaltsvorstand, im jinistischen Sinne Laienanhänger. Āyā, Sūya, Kappa, Utta, Dasa

*80* **āgāsa** m <ākāśa> eine der fünf ewigen und unzerstörbaren Substanzen, die durch ihre Relationen die Mannigfaltigkeit der Welt konstituieren: der Raum. Er umfasst die Welt und die Nichtwelt und besteht aus einer unendlichen Zahl von Raumpunkten ↑paesa.

*81* **a-giha** Adj <agṛha> hauslos, im übertragenen Sinne: als Mönch lebend. Utta

*82* **a-gutti** f <agupti> Nichtbehütung (von Geist, Sprache und Körper vor Sünden) Ṭhā, Paṇhā, Dasa, Piṁḍa

*83* **agga** n <agra> die Seele nicht beeinträchtigendes *kamma*. Aṇuoga

*84* **a-ggaṁtha** m <agrantha> jinistischer Mönch. Uva

*85* **aggapiṁḍa** m <agrapiṇḍa> eine ausgezeichnete Bettelmönchspeise. Āyā, Nisī

*86* **aggāṇīya** n <agrayaṇīya> Name des zweiten *puvva*. Jambu, Naṁdī.

87 **aggi** m <agni> Name eines Gottes, der über das Sternbild Kṛttikā herrscht. Ṭhā, Sūra, Aṇuoga

88 **aggiutta** m <agniputra> Name eines Tīrthaṁkara der gegenwärtigen ↑osappiṇī.

89 **aggikumāra** m <agnikumāra> Bezeichnung der fünften Klasse der Bhavanapati-Götter; es handelt sich um eine Klasse untergeordneter Gottheiten. Ṭhā, Bhaga, Paṇṇa

90 **aggicca** m <agnyarca; die Ableitung aus āgneya ist unrichtig> Name der achten Gruppe der Lokāntika-Gottheiten. Ṭhā, Bhaga, Nāyā

91 **aggiccābha** n <agnyarcābha; die Ableitung aus āgneyābha ist unrichtig> Bezeichnung des fünften Devaloka; dies ist die Sphäre der Lokāntika-Götter. Ṭhā, Sama

92 **aggippabhā** f <agniprabhā> Bezeichnung der Sänfte des zwölften Tīrthaṁkara („Feuerglanz“).

93 **aggibhūi** m <agnibhūti> **(1)** Name des zweiten Mönchsscharenleiters des Mahāvīra. Sama, Bhaga; **(2)** Name eines Brahmanen. Kappa

94 **aggimāṇava** m <agnimānava> *Myth* Name eines der beiden Beherrscher der Agnikumāras. Ṭhā, Sana, Bhaga, Paṇṇa

95 **aggimittā** f <agnimitrā> Name der Gattin des Töpfers Saddālaputta in Polāsapura. Uvā

96 **aggivesāyaṇa** m <agniveśyāyana> Name eines Enkels des Weisen Agniveśa; er war der fünfte von sechs Hauptanhängern des Gośāla. Bhaga, Naṁdī

97 **aggisappabhā** f <agnisaprabhā> Name der Sänfte des Tīrthaṁkara Vāsupūjya („glänzend wie Feuer“). Sama

98 **aggisīha**[1] m <agniśikha> Name des Beherrschers der Agnikumāra-Gottheiten der südlichen Himmelsgegend. Bhaga, Jīvā, Paṇṇa

99 **aggisīha**[2] m <agnisiṁha> Name des Vaters des siebenten Vāsudeva der gegenwärtigen ↑osappiṇī. Ṭhā, Sama

100 **aggiseṇa** m <agniṣeṇa> Name des dritten und des 21. Tīrthaṁkara in Airavata in der gegenwärtigen ↑osappiṇī. Sama

101 **aggeaṇīya** n, aggeṇiya n <agrāyaṇīya> Name des zweiten puvva (von 14); es behandelt grundlegende Wahrheiten. Sama, Naṁdī

102 **aggeṇiya** n ↑ **aggeaṇīya**

103 **a-ghāikamma** n <aghātikarman> eine Art des *kamma*, das die Eigenschaften der Seele nicht beeinträchtigt.

104 **a-cakkhudaṁsaṇa** n <acakṣurdarśana> durch die Sinnesorgane und das Denken, jedoch nicht durch den Gesichtssinn erlangte Erkenntnis. Ṭhā, Sama, Bhaga, Jīvā, Paṇṇa, Aṇuoga

105 **a-cakkhudaṁsaṇāvaraṇa** n <acakṣurdarśanāvaraṇa> Name eines die Erkenntnis außerhalb des Gesichtssinnes beeinträchtigenden *kamma*. Ṭhā,

Sama, Paṇṇa, Utta, Aṇuoga

*106* **a-cala** m <acala> (**1**) Name des ersten Baladeva der gegenwärtigen ↑osappiṇī; Details aus seinem Leben bei v. Glasenapp 1984:274. (**2**) Name des fünften Kapitels der zweiten Abteilung der Aṁtagaḍadasāo. (**3**) Name eines Sohnes des Yadu-Königs Andhakavṛṣṇi und der Dhāraṇī. Aṁta

*107* **a-calabhāya** m <acalabhrātṛ> Name des neunten Mönchsscharenleiters des Mahāvīra („Bruder des Acala"). Sama, Kappa

*108* **a-calā** f <acalā> Name der siebenten Gattin des Indra. Nāyā

*109* **a-citta** m <acitta> unbelebte Materie. Āyā, Sūya, Ṭhā, Bhaga, Nāyā, Paṇhā, Uva, Rāya, Paṇṇa, Jambu, Nisī, Vava, Utta, Dasa, Piṁḍa, Aṇuoga

*110* **a-cutakappa** m <acyutakalpa> Name der zwölften Götterwelt. Bhaga

*111* **accā** f <arcā> Seelentyp; vgl. lessā. Āyā, Sūya

*112* **acci** f <arcis> Wohnstatt der Lokāntika-Göttergruppe. Ṭhā, Bhaga

*113* **accippabhā** f <arciprabhā> Name einer Göttin. Nāyā

*114* **accimāli** m <arcimālin> Wohnstatt der Lokāntika-Göttergruppe. Ṭhā, Sama, Bhaga

*115* **accimālī** f <arcimālī> (**1**) Name der dritten Hauptgattin von Sonne und Mond. Ṭhā, Bhaga, Jīvā, Jambu. (**2**) Name der Hauptstadt der dritten Hauptgattin des Herrschers über den ersten Devaloka. Ṭhā, Jīvā

*116* **accua** m, accuta m, accuya m <acyuta> Name der zwölften Himmelsregion bei den Śvetāmbaras bzw. der 16. Himmelsregion bei den Digambaras. Āyā, Ṭhā, Sama, Bhaga, Paṇhā, Uva, Jīvā, Jambu, Nira, Mahā

*117* **accuta** m ↑ **accua**

*118* **accuya** m ↑ **accua**

*119* **a-celaga** Adj <acelaka> keine Bekleidung tragend, unbekleidet. Āyā, Ṭhā, Paṇhā, Jambu, Nisī, Utta

*120* **accharasā** f, accharā f <apsaras> (**1**) himmlische Nymphe oder überhaupt schöne Frau. Bhaga, Nāyā, Paṇhā, Jīvā, Paṇṇa, Jambu, Mahā. (**2**) Name der zweiten Hauptgemahlin des Saudharma. Ṭhā; (**3**) Name der sechsten Hauptgemahlin des Śakra. Bhaga

*121* **accharā** f ↑ **accharasā**

*122* **acchijja** m <ācchedya> eigentlich Adjektiv „gewaltsam weggenommen": einer Almosengabe anhaftender Mangel, da sie anderen entrissen wurde, um sie den Mönchen zu geben.

*123* **a-jai** f <ayati> Nichtentsagung, keine Abkehr von der Weltlichkeit. KG

*124* **a-jasokitti** f <ayaśaḥkīrti> eine Art des *nāmakamma*, die den Betreffenden in Schande bringt. Sama

*125* **a-jia** m <ajita> Name des zweiten Tīrthaṁkara; ↑a-jita. Naṁdī

*126* **a-jiaseṇa** m <ajitasena> (**1**) Name eines Patriarchen. Ṭhā; (**2**) Name eines Sohnes des Königs Nāgagāthāpati von Bhaddalapura und der Sulasā; er wurde später ein Jaina-Heiliger. Aṁta; (**3**) Name des dritten Kapitels des dritten Teils der Aṁtagaḍadasāo.

127 **a-jita** m <ajita> Name des zweiten Tīrthaṁkara = a-jia. Einzelheiten über sein Leben bei v. Glasenapp 1984:270.

128 **a-jīva** m <ajīva> unbelebtes Objekt. Der Terminus umfasst alle philosophischen Grundkategorien außer dem ↑jīva, nämlich ↑āgāsa, ↑dhamma, ↑adhamma, ↑poggala. Sūya, Bhaga, Nāyā, Uva, Rāya, Paṇṇa, Sūra, Jambu, Utta, Dasa, Aṇuoga

129 **a-jīvakāya** m <ajīvakāya> in der jinistischen Philosophie die unbelebte Materie, der eine räumliche Ausdehnung zugeschrieben wird: ↑dhamma, ↑adhamma, ↑āgāsa, ↑poggala. Ṭhā, Bhaga

130 **a-jīvapuṭṭhiyā** f <ajīvaspṛṣṭikā> die Berührung eines unbelebten Objektes und daraus entstehendes ↑kamma. Ṭhā

131 **a-joga** m <ayoga> Fehler jeglicher Tätigkeit von Körper, Geist und Sprache.

132 **a-jogi** m <ayogin> Zustand der Seele auf der letzten und vierzehnten Stufe des Heilsweges, vollkommen erlöste Seele: Geist, Sprache und Körper sind frei von jeder Tätigkeit. Ṭhā, Bhaga, Jīvā, Paṇṇa, Utta

133 **ajja** m <ārya> (**1**) Heiliger, Weiser; (**2**) Name eines Weisen. Naṁdī

134 **ajjaghosa** m <āryaghoṣa> Name des zweiten Mönchsscharenleiters des Pārśva. Ṭhā

135 **ajjacaṁdaṇā** f <āryācandanā> Name der ersten von Mahāvīra geweihten Ordensschwester, die über 36000 Nonnen geboten haben soll. Bhaga

136 **ajjasuhamma** m <āryasudharman> Name des fünften Mönchsscharenleiters (er trat das Amt erst im Alter von 50 Jahren an) des Mahāvīra, dem er 30 Jahre lang diente. Nāyā, Aṇu, Vivā, Kappa

137 **ajjā** f <āryā> (**1**) Nonne. Ṭhā, Bhaga, Nāyā, Aṁta, Nira, Gacchā, Vava, Oha, Naṁdī; (**2**) Name der ersten Schülerin des Mallinātha. Sama; (**3**) Name einer mit Gaurī, Durgā oder Pārvatī identifizierten Göttin. Bhaga, Nāyā, Aṇuoga

138 **ajjiā** f, ajjiyā f <āryikā> jinistische Nonne. Sama, Jambu

139 **ajjiyā** f ↑ **ajjiā**

140 **ajjuṇa** m <arjuna> (**1**) Name des dritten Pāṇḍu-Sohnes. Nāyā, Vivā; (**2**) Name eines Sohnes des Goyama. Bhaga

141 **ajjuṇaga** m <arjunaka> (**1**) Name eines Kranzbinders und Gatten der Bandhumatī in Rājagṛha; obwohl ein Mörder, wurde er von Mahāvīra bekehrt und gelangte zur Erlösung. Aṁta; (**2**) Name eines Sohnes des Goyama, ↑ajjuṇa. Bhaga

142 **ajjhavasāya** m <adhyavasāya> Gemütszustand

143 **ajjhoyaraya** m <adhyavapūraka> das Kochen von so viel Almosenspeise, dass sie nicht voll für den eigenen Gebrauch benötigt wird, obwohl bekannt ist, dass die Ankunft von Mönchen zu erwarten ist. Ṭhā, Uva, Piṁḍa

*144* **aṭṭhakammapayaḍi** f <aṣṭakarmaprakṛti> die acht Grundtypen des ↑kamma. Nāyā, Aṇuoga

*145* **aṭṭhaṭṭhamiyā** f <aṣṭāṣṭamikā> ein sich über 64 Tage erstreckendes Gelübde. Ṭhā, Sama, Aṁta, Uva

*146* **aṭṭhaṇaya** m <arthanaya> auf ein bestimmtes Objekt bezogene Betrachtungsweise

*147* **aṭṭhāvaggaha** m <arthāvagraha> Erfassen eines Objekts

*148* **aṭṭhama** n <aṣṭama> das Auslassen von sieben Mahlzeiten als Fastengelübde; nur jede achte Mahlzeit wird eingenommen. Āyā, Bhaga, Nāyā, Aṁta, Nira

*149* **aṭṭhicammasiratta** n <asthicarmaśirātva> Bestehen aus Haut, Knochen und Adern, (durch Fasten erzielter) skelettartiger Zustand. Aṇu

*150* **aṭṭhiyagāma** n <asthikagrāma> „Dorf der Gebeine", Ortschaft an der Vegavatī, wo Mahāvīra die erste Regenzeit in Auseinandersetzung mit dem feindlichen Yakṣa Śūlapāṇi verbrachte. Bhaga

*151* **aṇ-aṁga** n <anaṅga> nicht zu einem ↑aṁga gehörender, aber kanonischer Text

*152* **aṇ-aṁgaseṇā** f <anaṅgasenā> Name einer berühmten Hetäre aus Dvārakā. Nāyā, Aṁta, Nira

*153* **aṇ-aṁta** m <ananta> „unendlich", Name des 14. Tīrthaṁkara der gegenwärtigen ↑osappiṇī in Bhārata. Er wurde als Sohn eines Königs von Ayodhyā geboren. Weitere Einzelheiten aus seinem (mythischen) Leben bei v. Glasenapp 1984:278. Āyā, Sama, Bhaga, Aṇuoga

*154* **aṇ-aṁtai** m <anantajit> Name des 14. Tīrthaṁkara, ↑aṇ-aṁta. Bhaga, Naṁdī, Aṇuoga

*155* **aṇ-aṁtaṇāṇa** n <anantajñāna> unbegrenztes Wissen, vollkommene Erkenntnis. Sūya, Dasa

*156* **aṇ-aṁtaya** m <anantaka> Name des 14. Tīrthaṁkara der gegenwärtigen ↑osappiṇī. Ṭhā

*157* **aṇ-aṁtarāgama** m <anantarāgama> unmittelbar von einem Tīrthaṁkara empfangene Lehre. Bhaga, Aṇuoga

*158* **aṇ-akkharasuya** n <anakṣaraśruta> ein schwer definierbarer Begriff. Die Erklärungsversuche zielen auf aus unartikulierten Lauten gewonnene Kenntnis oder auch auf Analphabetentum. Am wahrscheinlichsten ist wohl die Erklärung als Kenntnis, die nicht aus Schrifttexten gewonnen wurde. Naṁdī

*159* **aṇ-aṁtavijaya** m <anantavijaya> Name zweier künftiger Tīrthaṁkaras. Sama

*160* **aṇ-agārasuya** n <anagāraśruta> Name des 21. Kapitels des Sūyagaḍaṁga.

*161* **aṇ-agāra** m <anagāra> Wandermönch. Āyā, Sūya, Ṭhā, Sama, Bhaga, Nāyā, Uvā, Aṁta, Vivā, Uva

162 **aṇ-atthikāya** m <anastikāya> Körperlosigkeit, Fehler einer räumlichen Ausdehnung; dies betrifft in der jinistischen Philosophie die Kategorie der Zeit.

163 **aṇa-ppagantha** Adj <apragrantha> ohne Verbindung (mit einer früheren Existenz) seiend. Sūya, Ṭhā

164 **aṇ-appiyaṇaya** m <anarpitanaya> in der Philosophie eine auf das Allgemeine gerichtete Betrachtungsweise, die die Ähnlichkeit der Objekte hervorhebt. Unter bestimmten Umständen kann jedoch auch die Nichtanwendbarkeit der ↑nayas gemeint sein. Der Terminus kommt in der kanonischen Literatur nicht vor.

165 **aṇ-avaṭṭhappa** n <anavasthāpya> eine Art schwerer Buße, die einen Mönch trifft, der vorübergehend aus dem Orden ausgeschlossen wurde. Sie ist die Voraussetzung für eine Wiederaufnahme. Ṭhā, Bhaga, Vava

166 **aṇavaṇṇiya** m <die *chāyā* ist unklar und könnte anaparṇika, aber auch aprajñaptika lauten> eine Gruppe der Vyantara-Gottheiten. Bhaga, Paṇhā, Paṇṇa

167 **aṇ-asaṇa** n <anaśana> Nichtessen, Fasten. Sūya, Ṭhā, Sama, Bhaga, Nāyā, Uvā, Aṁta, Vivā, Uva, Nira, Utta

168 **aṇ-ahāra** m <anāhāra> (für einen Mönch) ungeeignete Nahrung.

169 **aṇ-āijjaṇāma** n <anādeyanāma> eine Art des *nāmakamma*, die den davon Betroffenen nur Nichtssagendes reden lässt, das von den Zuhörern nicht akzeptiert wird. In der eigentlichen kanonischen Literatur kommt der Terminus nicht vor.

170 **aṇ-āgai** f <anāgati> Nichtwiederkehr (in die Weltlichkeit). Sūya

171 **aṇ-āḍhiya** m <anadṛta> Name der über Jambudvīpa herrschenden Gottheit, die auch als yakṣarāja und Kubera identifiziert wird. Ṭhā, Jīvā, Jambu, Utta

172 **aṇ-ābādha** m <anābādha> Freisein von Fesseln; unter diesen werden Geburt, Alter und Tod verstanden. Ṭhā, Vava, Dasa.

173 **aṇ-āyataṇa** n, aṇ-āyayaṇa n <anāyatana> (für einen Mönch) nicht geeignete Stätte, verbotener Ort. Paṇhā, Dasa, Oha

174 **aṇ-āyayaṇa** n ↑ **aṇ-āyataṇa**

175 **aṇ-āhiṭṭha** m <anādhṛṣṭa>, aṇ-āhiṭṭhi m <anādhṛṣṭi> Name des Sohnes des Vasudeva und der Dhāriṇī. Aṁta

176 **aṇ-āhiṭṭhi** m ↑ **aṇāhiṭṭha**

177 **aṇ-iḍḍhi** f <anṛddhi> fehlendes Gedeihen, Misslingen; später wird daraus das Nichtbesitzen übernatürlicher Kräfte. Bhaga, Nāyā

178 **a-ṇiyaṭṭi**[1] m <anivartin> Name eines zukünftigen Tīrthaṁkara in Bharata. Sama

179 **a-ṇiyaṭṭi**[2] f <anivṛtti> im spirituellen Aufstieg (↑guṇaṭṭhāṇa) das Erreichen der neunten Stufe. Von dieser gibt es keine Rückkehr auf tiefere

Stufen mehr.

*180* **a-ṇiruddha** m <aniruddha> Name eines Sohnes des Königs Pradyumna Kumāra und der Vaidarbhī. Er wurde von Neminātha zum Jinismus bekehrt und gelangte auf dem Berg Śatruñjaya zur vollständigen Erlösung. Nāyā, Aṁta, Paṇhā

*181* **aṇu** m <aṇu> Atom.

*182* **aṇuoga** m <anuyoga> *Lit* vierter Teil des Diṭṭhivāya. Ṭhā, Naṁdī

*183* **aṇuogadārāiṁ** n Pl <anuyogadvārāṇi> ein selbstständiger Text des Jaina-Kanons; gelegentlich wird er auch zu den Paiṇṇas gerechnet. Das Werk ist in Prosa gehalten, in welche Verse eingelagert sind. Vorherrschend ist die Frage-Antwort-Form. Die A. haben enzyklopädischen Charakter. Ihr Anliegen ist es, den Mönchen alles für sie notwendige Wissen zu vermitteln. Für die Geschichte der altindischen Literatur und Ideologie sind die A. besonders insofern von Bedeutung, als sie zahlreiche Literaturwerke und die in ihnen zum Ausdruck gebrachten Lehrmeinungen zitieren, u.a. das Mahābhārata, das Rāmāyaṇa, das Kauṭilīya Arthaśāstra und das Bhāgavata-Purāṇa. Referiert werden die Grundanschauungen der Buddhisten, der Materialisten, der Vaiśeṣika-Schule und des Sāṁkhya-Systems. Der Verfasser zeigt sich außerdem mit den grammatischen Leistungen des Patañjali sowie mit Mathematik, Dichtkunst, erotischer Literatur und sogar mit den Veden bekannt. Zur Poetik und Grammatik steuert er eigene Lehren bei. Für die Geschichte des jinistischen Philosophie sind die A. von erheblicher Bedeutung; so enthalten sie die vier Beweismittel (↑pamāṇa) paccakkha, aṇumāṇa, uvamāṇa und āgama; auch der Begriff siyā kommt hier vor. Ausgaben und Übersetzungen s.v. in der Liste der Primärliteratur.

*184* **aṇ-uttaraṇāṇi** Adj <anuttarajñānin> höchstes Wissen besitzend, über die vollkommene Erkenntnis verfügend. Sūya, Utta

*185* **aṇ-uttaravimāṇa** n <anuttaravimāna> höchste Götterwelt. Es gibt deren fünf; sie befinden sich jeweils an den Enden der Himmelsrichtungen sowie im Zenit. Ihre Namen lauten Vijaya, Vaijayanta, Jayanta, Aparājita und Sarvārthasiddha. Bhaga, Uva, Jīvā, Paṇṇa, Aṇuoga

*186* **aṇ-uttarovavāiyadasāo** f Pl <anuttaropapātikadaśāḥ> Name des neunten ↑aṁga. Die wörtliche Übersetzung des Titels lautet „Zehn (Geschichten von den Asketen, die) die höchste Himmelswelt erlangt haben“. Das Werk ist in drei Teile gegliedert und umfasst 33 Legenden. Beschrieben werden die drei Klassen der im höchsten Himmel wiedergeborenen Heiligen; sie finden nach der nächsten Existenz die vollkommene Erlösung. Inhaltlich setzen diese Geschichten das achte Aṁga fort. Das Werk gefällt sich besonders darin, den religiösen Freitod durch Fasten als Weg zur Erlösung zu preisen. Interessant ist, wie hier Kṛṣṇa in einen frommen

Jinisten transformiert wird. Der Form nach ist dieses Aṁga weitgehend schablonenhaft. Vieles wird nur in Andeutungen vorgetragen. Wo die Beschreibungen aber voll durchgeführt werden, geschieht dies verschiedentlich im Stil der Kunstdichtung. Ausgaben und Übersetzungen s.v. in der Liste der Primärliteratur. Kurze Skizzierung des Inhalts mit weiteren Literaturangaben bei Schubring 1962:94. Ṭhā, Naṁdī, Aṇuoga

*187* **aṇuppavāda** m, aṇuppavāya m <anupravāda> *Lit* Bezeichnung des neunten ↑puvva. Sūya, Naṁdī

*188* **aṇuppavāya** m ↑ **aṇuppavāda**

*189* **aṇubaṁdha** m <anubandha> Resultat der Taten. Bhaga, Jambu, Utta

*190* **aṇubhāga** m <anubhāga> Intensität der Wirkung des ↑kamma; sie entspricht der Dichte der *kamma*-Stoffe und ist bedingt durch den Grad des ↑kasāya. Sūya

*191* **aṇubhāva** m <anubhāva> Tatenfolge, Tatenfrucht. Sūya, Bhaga, Jīvā, Paṇṇa, Utta

*192* **aṇumāṇa** n <anumāna> Schlussfolgerung, ein Erkenntnismittel in der Philosophie. Ṭhā, Bhaga, Aṇuoga

*193* **aṇ-uvaṭṭhia** Adj PP <anupasthita> nicht bekehrt, (in religiösen Dingen) nachlässig, (zur Mönchsgemeinde) nicht zugelassen. Āyā, Sūya

*194* **aṇuvasu** m <anuvasu> jinistischer Laienanhänger. Āyā

*195* **aṇuvelaṁdhara** m <anuvelandhara> Name von Schlangengöttern (Nāgakumāra), die die Ufer des Salzmeeres bewachen. Ṭhā, Sama, Jīvā

*196* **aṇuvvaya** n <anuvrata> eigentlich: Gelübde von untergeordneter Bedeutung; im weiteren Sinn die ersten fünf Teilgelübde eines Laienanhängers (Nichtverletzung von Lebewesen, Wahrhaftigkeit, Nichtstehlen, keuscher Wandel, Beschränkung des eigenen Besitztums). Näheres bei Schubring 1962:297. Sūya, Ṭhā, Uva, Nira

*197* **aṇ-ekkasiddha** m <anekasiddha> Gruppe von Menschen, die zur selben Zeit Erlösung erlangen. Ṭhā

*198* **aṇ-egaṁtavāya** m <anekāntavāda> der für die Philosophie der Jainas typische relative Pluralismus oder die Nicht-Absolutheit aller Dinge. Sie alle können unter verschiedenen Gesichtspunkten betrachtet und bewertet werden. Beispielsweise kann ein Wald als Ganzes betrachtet werden; man kann aber auch jeden Baum für sich untersuchen. Die Wahrheit hat demnach viele Aspekte. In jedem Wesen, in jedem Ding ist etwas Bleibendes und etwas Wandelbares. Die ganze, absolute Wahrheit kennt nur ein ↑kevalin. Der a. ist die Quelle der jinistischen Logik, ↑siyāvāya. Mahā; Einzelheiten in dem nachkanonischen Werk Saṁmatitarka.

*199* **aṇ-esaṇijja** Adj Ger <aneṣaṇīya> nicht entgegenzunehmen (nämlich Almosen) Āyā, Sūya, Ṭhā, Bhaga, Nāyā.

*200* **aṇ-ojjaṁgī** f <anavadyāṅgī>, aṇ-ojjā f <anavadyā> „makellose Gliedmaßen Habende", „Makellose", Name der Tochter des Mahāvīra.

*201* **aṇ-ojjā** f ↑ **aṇ-ojjaṁgī**

*202* **aṇṇautthiya** Adj <die *chāyā* ist unsicher: sie wird meist mit anyayūthika wiedergegeben, doch liest man wohl besser anyatīrthika> einer anderen Lehre als dem Jinismus angehörend. Āyā, Sūya, Sama, Bhaga. Nāyā, Uva, Jīvā

*203* **aṇṇagilāyaya** m <annaglāyaka> die Bedeutung ist nicht ganz klar: es handelt sich um einen das Fastengelübde verletzenden oder um einen minderwertige Nahrung zu sich nehmenden Asketen. Uva

*204* **aṇṇatitthiya** m <anyatīrthika> Nicht-Jinist. Sama, Bhaga

*205* **aṇṇava** m <arṇava> *bildhaft* Geburtenkreislauf. Utta

*206* **a-ṇṇāṇa** n <ajñāna> vom Standpunkt des Jinismus aus eitles oder unnützes Wissen. Āyā, Ṭhā, Bhaga, Nāyā, Uva, Paṇṇa

*207* **aṇhaga** m, aṇhaya m <die *chāyā* ist unklar; falsch ist jedenfalls āśrava. Nicht von der Hand zu weisen ist āsrava; besser ist aber wohl āsnava> Ursache der Tatenfolgen, Einströmen des *kamma* in die Seele. Paṇhā

*208* **aṇhaya** m ↑ **aṇhaga**

*209* **a-tittha** n <atīrtha> Zeitperiode, in der kein ↑Tīrthaṁkara auftritt; Zeit nach oder vor einer Tīrthaṁkara-Epoche. Bhaga

*210* **a-titthagarasiddha** m <atīrthakarasiddha> der Erlösung erlangt hat, ohne selbst ein ↑Tīrthaṁkara zu sein. Ṭhā. Jīvā, Paṇṇa, Naṁdī

*211* **atihipūyā** f <atithipūjā> Gastfreundschaft. Bhaga, Nira

*212* **attacchaṭṭha** m <ātmaṣaṣṭha> *Lit* Abschnitt aus dem ersten Kapitel des Sūyagaḍaṁga, der sich mit den fünf Elementen und der Seele beschäftigt. Sūya

*213* **attha-** s. auch **aṭṭha-**

*214* **atthasiddha** m <arthasiddha> Name des fünftnächsten ↑Tīrthaṁkara in Airavata in der kommenden aufsteigenden Weltperiode.

*215* **atthāvatti** f <arthāpatti> in der Philosophie eine Art Analogieschluss aus einem scheinbar widersprüchlichen Satz. Beispiel: Auf den nassen Boden fiel tagsüber kein Regen – es muss also (sofern man eine fluviatile Inundation ausschließen kann) nachts geregnet haben. Piṁḍa. Repräsentativ ist das nachkanonische Werk Upadeśapada.

*216* **atthikāya** m <astikāya> in der jinistischen Philosophie die Gesamtheit von fünf Kategorien, nämlich ↑dhamma, ↑adhamma, ↑āgāsa, ↑poggala und ↑jīva; ausgeschlossen bleibt also ↑kāla. Ausführliche Darstellung bei Schubring 1962:126 ff. Sūya, Ṭhā. Sama. Bhaga

*217* **atthiṇatthippavāya** m <astināstipravāda> *Lit* Name des vierten ↑puvva, das ontologische Fragen und die sieben logischen Standpunkte behandelt. Ṭhā, Sama, Naṁdī

*218* **a-tthiraṇāma** n <asthiranāman> eine Art des ↑nāmakamma, die den

Körper des davon Betroffenen instabil und die Sinne unstet macht. KG

219 **a-daṁḍa** m <adaṇḍa> eigentlich „Straflosigkeit". Im Jinismus das Freisein von Übeltaten des Geistes, der Sprache und des Körpers. Sama

220 **a-dattādāṇaveramaṇa** n <adattādānaviramaṇa> das Sichenthalten von Diebstahl; dies ist der dritte Teil des jinistischen Ordensgelübdes. Paṇhā

221 **a-diṭṭhalābhiya** m <adṛṣṭalābhika> (nur) von Fremden (Almosen) nehmender (Mönch). Sūya, Paṇhā, Uva

222 **a-dīṇasattu** m <adīnaśatru> (**1**) Name eines Königs von Hatthiṇāura (skr. Hastināpura). Nāyā. (**2**) Name anderer Männer. Ṭhā, Vivā

223 **addaijja** n <ārdrakīya> Name des sechsten Kapitels des 2. Śrutaskandha des Sūyagaḍaṁga. Hier findet sich u.a. der bekannte Disput zwischen Gośāla und Ārdrakumāra. Sūya, Sama

224 **addagakumāra** m <ārdrakakumāra> (s. das vorhergehende Stichwort). A. war der Name eines Prinzen, der die Fähigkeit besaß, sich an frühere Geburten zu erinnern. Auf dem Weg zu Mahāvīra traf er auch Gośāla und widerlegte dessen Argumente, wie es im sechsten Kapitel des zweiten Śrutaskandha des Sūyagaḍaṁga beschrieben ist.

225 **addhamāsiya** n <ardhamāsika> halbmonatliches Fasten. Bhaga, Nāyā, Aṁta, Nira, Utta

226 **addhahāra** m <ardhahāra> *Myth* Name einer Insel und eines Meeres.

227 **addhahāravara** m <ardhahāravara>, addhahārobhāsa m <ardhahārāvabhāsa> *Myth* Name einer Insel und eines Ozeans. Jīvā

228 **addhahārobhāsa** m ↑ **addhahāravara**

229 **addhāsamaya** m <entweder (und wohl besser) adhvasamaya oder addhāsamaya> (**1**) kleinste, nicht weiter teilbare Zeiteinheit; Details bei Schubring 1962:130; Bhaga; (**2**) in der Philosophie die Zeit als Faktor der Veränderung. Bhaga, Jīvā, Paṇṇa, Utta, Aṇuoga

230 **a-dhamma** m <adharma> in der jinistischen Philosophie das Medium der Ruhe für Geist und Materie. Sūya, Sama, Bhaga, Utta

231 **a-pajjatta** Adj PP <aparyāpta> *Seele* unzureichend, unzulänglich, unvollkommen. Bhaga, Jīvā, Paṇṇa, Utta, KG

232 **a-pajjattaṇāma** n <aparyāptanāman> eine Art des ↑nāmakamma, bei der die Seele in ihrer Unvollkommenheit verharrt. Sama, Paṇṇa, KG

233 **a-paḍiṇṇa,** a-paḍinna Adj <apratijña> von den Fesseln des Begehrens, des Hasses usw. befreit, nichts begehrend. Diese jinistische Version geht also über die eigentliche Wortbedeutung „keine Behauptung aufstellend" weit hinaus. Āyā, Sūya

234 **a-paḍinna** Adj ↑ **a-paḍiṇṇa**

235 **a-parājiya**[1] m <aparājita> (**1**) Name des sechsten Paḍivasudeva in Bharata während der kommenden aufsteigenden Weltperiode; (**2**) Name der Gottheit der vierten Himmelswelt; (**3**) Name des 63. Sohnes des Ṛṣabha.

*236* **a-parājiya²** n <aparājita> **(1)** Name einer Götterstätte. Ṭhā, Sama, Aṇu, Uva, Jīvā, Paṇṇa; **(2)** Bezeichnung des Nordtors vor Jambudvīpa. Ṭhā, Sama, Jīvā, Jambu

*237* **a-parājiyā** f <aparājitā> **(1)** Name der Mutter des achten Baladeva; **(2)** Name von Göttinnen und Königinnen. Ṭhā, Jambu; **(3)** Name der Sänfte des achten Tīrthaṁkara (↑Candraprabha); **(4)** Name einer Stadt in Videha. Ṭhā

*238* **a-pariggaha** m <aparigraha> Verzicht auf weltlichen Besitz, Besitzlosigkeit, eine der wesentlichen Voraussetzungen zur Erlangung der vollständigen Erlösung. Āyā, Sūya, Bhaga, Paṇhā, Uva, Utta

*239* **a-pariṇaya** n <apariṇata> ein Fehler beim Verzehr von Almosen: der Mönch hat gegessen, ohne zuvor die ihm gereichten Speisen auf das Vorhandensein von Kleinlebewesen untersucht zu haben. Āyā, Ṭhā, Bhaga, Nisī, Piṁḍa

*240* **a-parissāi,** a-parissāvi Adj <aparisrāvin> keinen Einfluss (auf die Seele) nehmend (vom *kamma* gesagt). Ṭhā, Bhaga, Paṇhā

*241* **a-parissāvi** Adj ↑ **a-parissāi**

*242* **a-pāvā** f <apāpā> Name der Hauptstadt des Königs Hastipāla (identisch mit Pāvā); hier ging Mahāvīra ins Nirvāṇa ein.

*243* **a-puṭṭhalābhiya** m <apṛṣṭalābhika> Asket, der nur solche Almosen annimmt, nach deren Begehr er zuvor nicht gefragt wurde (er nimmt also Almosen an, ohne eine Auswahl getroffen zu haben). Sūya, Uva

*244* **a-puṇarāgama** m <apunarāgama>, a-puṇarāvitti f <apunarāvṛtti> Nichtwiederkehr (nämlich aus dem Geburtenkreislauf), vollständige Erlösung. Rāya, Jīvā, Jambu, Kappa. Das wichtigste nachkanonische Werk zu diesem Terminus ist das Pañcapratikramaṇasūtra.

*245* **a-puṇarāvitti** f ↑ **a-puṇarāgama**

*246* **a-puvvakaraṇa** n <apūrvakaraṇa> **(1)** eine neue Erfahrung der Seele in ihrer Reinigung und Höherentwicklung durch Verminderung der Dauer und der Intensität des *kamma*-Einflusses. Bhaga, Nāyā, Aṁta, Jambu, KG; **(2)** Bezeichnung der achten Stufe der seelisch-charakterlichen Entwicklung und Vervollkommnung. KG

*247* **apoha** m <apoha> in der Philosophie die durch begründete Negierung aller Einwände erlangte Gewissheit. Dies ist die dritte Art des ↑matiṇāṇa. Bhaga. In der nachkanonischen Kommentarliteratur behandelt den a. am ausführlichsten das Viśeṣāvaśyakabhāṣya.

*248* **a-ppaiṭṭhāṇa** n <apratiṣṭhāna> **(1)** *bildhaft* Erlösung. Āyā; **(2)** Name der mittleren der fünf Stätten der siebenten Hölle. Ṭhā, Sama, Bhaga, Jīvā

*249* **a-ppamattasaṁjaya** Adj <apramattasaṁyata> *Seele* im siebenten Stadium ihrer Höherentwicklung und damit in unverstörter Selbstkontrolle befindlich. Sama, Bhaga

250 **appavāi** m <ātmavādin> jemand, der die Meinung vertritt, dass nichts über das Selbst hinausgeht, Vertreter des Nicht-Dualismus. Naṁdī

251 **a-baṁbhavajjaṇa** n <abrahmavarjana> das sechste Gelübde, nämlich der Verzicht auf Geschlechtsverkehr.

252 **a-baddhiya** m <abaddhika> einer der sieben Leugner von jinistischen Grundsätzen. Der a. sieht die Seele durch das *kamma* nur für berührt, nicht aber für gefesselt an. Hauptvertreter dieser Lehre war Goṣṭhāmāhila. Ṭhā, Uva

253 **a-bahīmaṇa** Adj <abahirmanas> den Geist nicht außerhalb (der Jaina-Lehre schweifen lassend). Āyā

254 **a-bāhā** f <abādhā>, a-bāhākāla m <abādhākāla> eigentlich: Fessellosigkeit. Ungebundenheit; im technischen Sinn jedoch der Zeitraum zwischen dem Eindringen des *kamma* und dessen Wirksamwerden. Bhaga, Jīvā, Paṇṇa

255 **a-bāhākāla** m ↑ **a-bāhā**

256 **abbuya** m <arbuda> **(1)** Name eines Berges, Mount Ābū; **(2)** Bezeichnung des Embryos in der zweiten Graviditätswoche. Taṁdu

257 **abbhaṁtaratava** m <abhyantaratapas> Selbstzucht, Arbeit an sich selbst zur eigenen Vervollkommnung. Sie umfasst sechs Punkte: Ehrfurcht, Pflichterfüllung, Bußübungen, Selbststudium, Meditation, Gleichgültigkeit gegenüber dem Leib. Ṭhā, Paṇhā, Uva

258 **abbhāsakaraṇa** n <abhyāsakaraṇa> die rituelle Wiederzulassung eines Abtrünnigen durch die Wiederaufnahme gemeinsamer Mahlzeiten (saṁbhoga). Der Terminus ist nachkanonisch.

259 **a-bhaya** m <abhaya> **(1)** Name eines von Mahāvīra ordinierten Sohnes und Ministers des Königs Śreṇika und der Nandā; er starb auf dem Berg Vipula und wird nach der nächsten Wiedergeburt die vollkommene Erlösung erlangen. Nira; **(2)** Name eines Kapitels der Aṇuttarovavāiyadasāo.

260 **a-bhayaseṇa** m <abhayasena> Name eines Königs (in nachkanonischer Zeit).

261 **a-bhayā** f <abhayā> Name der Gattin des Königs Dadhivāhana (in nachkanonischer Zeit).

262 **a-bhavva** Adj <abhavya> *Seele* nicht zur Erlösung fähig. KG

263 **abhii,** abhīji m <abhijit> m <abhijit> Name eines Prinzen; er war ein Sohn des Königs Udayana. Obwohl er die Gelübde eines Jaina-Laienanhängers abgelegt hatte, verletzte er sie aus Verärgerung darüber, dass sein Vater ihn nicht zum Thronfolger machte. Bhaga

264 **abhiogiya** m <ābhiyogika> Name einer untergeordneten Göttergruppe.

265 **abhigama** m <abhigama>, abhigamaṇa n <abhigamana> Befolgung be-

stimmter Regeln durch einen Laienanhänger, u.a. Bedecken des Mundes, um keine Lebewesen zu schädigen und das Aneinanderlegen der Hände bei Begrüßung eines Mönchs. Ṭhā, Bhaga, Paṇṇa

*266* **abhigamaṇa** n ↑ **abhigama**

*267* **abhicaṁda** m <abhicandra> **(1)** Name eines Prinzen aus dem Yadu-Geschlecht; er war ein Sohn des Andhakavṛṣṇi und der Dhāraṇī, wurde von Neminātha geweiht und erlangte auf dem Berg Śatruñjaya die vollständige Erlösung. Aṁta; **(2)** Name eines Patriarchen (kulakara). Ṭhā, Jambu

*268* **abhiṇaṁdaṇa** m <abhinandana> Name des vierten Tīrthaṁkara der gegenwärtigen ↑osappiṇī in Bharata. Er war ein Sohn des Königs Saṁvara von Ayodhyā. Weitere Details über sein (mythisches) Leben bei v. Glasenapp 1984: 272. Ṭhā, Sana, Aṇuoga

*269* **abhiṇicāriyā** f <abhinicārikā> eigentlich „Umherschweifen"; im Jinismus eine Art des (gruppenweisen) Almosenganges. Vava

*270* **abhiṇiboha** m <abhinibodha> in der jinistischen Erkenntnistheorie die erste Sinneswahrnehmung eines Objekts, die erste Stufe des ↑matiṇāṇa.

*271* **abhiṇisīhiyā** f <abhinaiṣedhikī> (nächtlicher) Aufenthaltsort für die Mönche, nachdem diese ihr Selbststudium absolviert haben. Vava.

*272* **abhiṇisejjā** f <abhiniṣadyā> (von Mönchen am Tage aufgesuchte) Aufenthaltsstätte. Vava

*273* **abhīji** m ↑ **abhii**

*274* **a-mama** m <amama> Name des zwölften Tīrthaṁkara in der zukünftigen aufsteigenden Weltperiode. Aṁta

*275* **a-maya** n <amṛta> *Myth* Milchmeer, Milchozean (skr. kṣīrodadhi). Bhaga, Nāyā, Rāya, Jīvā, Utta

*276* **a-mayavāsa** m <amṛtavarṣa> *Myth* bei der Geburt eines ↑Tīrthaṁkara einsetzender Nektarregen. Āyā

*277* **a-mara** m <amara> eigentlich: Unsterblicher; im Jinismus **(1)** erlöste Person bzw. Seele. Sūya, Paṇhā, Uva, Paṇṇa; **(2)** Name des 13. Sohnes des Ṛṣabhadeva. Kappa

*278* **a-maravai** m <amarapati> **(1)** Götterherr, Indra. Uva, Jambu, Āyāra; **(2)** Name eines Prinzen aus der Jñātṛka-Dynastie; er wurde von Mallinātha zum Mönch geweiht. Nāyā

*279* **a-maraseṇa** m <amarasena> Name eines Prinzen, identisch mit ↑amaravai 2. Nāyā

*280* **a-mala** m <amala> Name des siebenten Sohnes des Ṛṣabhadeva. Kappa

*281* **a-malā** f <amalā> Name der fünften Gattin (von acht) des Indra. Ṭhā, Bhaga

*282* **a-miyagai** m <amitagati> Name des Hüters der südlichen Himmelsgegend, einer von 20 Beherrschern der Bhavanapatis. Ṭhā, Sama, Bhaga. Nāyā, Jambu

283 **a-miyaṇāṇi** m <amitajñānin> „das Unermessliche Kennender“ oder „unermessliches Wissen Habender“, Name eines Jina-Heiligen in Airavata. Sama

284 **a-miyavāhaṇa** m <amitavāhana> Name des Welthüters der nördlichen Himmelsgegend, einer von 20 Beherrschern der Bhavanapatis. Bhaga, Paṇṇa

285 **a-milā** f <amilā> Name der bedeutendsten Schülerin des 21. Tīrthaṁkara.

286 **a-moha** m <amoha> (**1**) Freisein von Betörtheit. Bhaga; ausführlich wird dieser Begriff im Viśeṣāvaśyakabhāṣya behandelt. (**2**) Name einesBerggipfels. Ṭhā

287 **ammaḍa** m <ambaḍa> Name eines brahmanischen Einsiedlers zur Zeit des Mahāvīra. Bhaga, Uva

288 **ayaṁpula** m <ayaṁpula> (**1**) Name eines Laienanhängers des Gosāla in Śrāvastī. Bhaga; (**2**) Name eines Welthüters des Sakka. Bhaga

289 **a-yala** m <acala> (**1**) Name eines Sohnes des Yadu-Königs Andhakavṛṣṇi. Er wurde von Nemināthа zum Mönch geweiht und fand auf dem Berg Śatruñjaya die vollkommene Erlösung. Aṁta; (**2**) Name des sechsten Kapitels aus dem ersten Abschnitt der Aṁtagaḍadasāo. Aṁta, Aṇu

290 **ara** m <ara> Name des 18. Tīrthaṁkara; er war zugleich der siebente ↑cakkavaṭṭi. Geboren wurde er als Sohn eines Königs von Hastināpura. Weitere Einzelheiten über ihn bei v. Glasenapp 1984:280-281. Ṭhā, Sama, Bhaga, Utta, Aṇuoga

291 **araṇṇavaḍiṁsaga** m, n <araṇyāvataṁsaka> Name einer Stätte in der elften Götterwelt.

292 **araha** m, arahaṁta m <arhat> Bezeichnung der höchsten Mönchswürde (mit einer Parallele im Buddhismus), Erlöster. Āyā, Sūya, Ṭhā. Sama, Bhaga. Nāyā, Uvā, Paṇhā, Uva, Rāya, Jīvā, Paṇṇa, Jambu, Nira, Utta, Naṁdī, Aṇuoga

293 **arahaṁta** m ↑ **araha**

294 **arahaṇṇaya** m <arhannaka> Name mehrerer Mönche sowie eines Laienanhängers (↑sāvaga), der während einer Seefahrt der durch einen Gott an ihn herangetragenen Versuchung widerstand, ein Laiengelübde zu brechen. Nāyā

295 **arichavvagga** m <ariṣaḍvarga> der sechsfache (innere) Feind, der der Erlösung der Seele entgegenwirkt: Leidenschaft, Zorn, Gier, Verblendung, Trunkenheit, Ichsucht.

296 **a-riṭṭha** m <ariṣṭa> (**1**) Name des ersten Mönchsscharenführers unter dem 15. Tīrthaṁkara; (**2**) Beiname des 21. Tīrthaṁkara (Neminātha).

297 **a-riṭṭhanemi** m <ariṣṭanemi> „dessen Radkranz (Felge) unbeschädigt ist“, Name des 22. Tīrthaṁkara der gegenwärtigen ↑osappiṇī. Er war ein Sohn des Königs Samuddavijaya aus dem Yadu-Geschlecht. Statt zu hei-

raten, wurde er Mönch und gelangte zur vollständigen Erlösung. Einzelheiten über seinen (mythischen) Lebenslauf bei Schubring 1962:28 und v. Glasenapp 1984:290-291. Ṭhā, Sama, Nāyā, Aṁta, Nira, Kappa, Utta, Aṇuoga

*298* **aruṇa** m <aruṇa> **(1)** Name der über den Berg Gandhāvatī herrschenden Gottheit. Ṭhā; **(2)** *Myth* Name einer Insel. Jīvā, Paṇṇa

*299* **aruṇakaṁta** n <aruṇakānta> Name einer Götterstätte. Uvā

*300* **aruṇakīla** n <aruṇakīla> Name einer Götterstätte. Uvā

*301* **aruṇagava** n <aruṇagava> Name einer Götterstätte. Uvā

*302* **aruṇappabha** m, aruṇappaha m <aruṇaprabha> **(1)** Name eines Berges. Ṭhā, Jīvā; **(2)** Bezeichnung der Sänfte des neunten ↑Tīrthaṁkara.

*303* **aruṇappaha** m ↑ **aruṇappabha**

*304* **aruṇabhadda** n <aruṇabhadra> die das aruṇavara-Meer beherrschende Gottheit. Jīvā

*305* **aruṇabhūya** n <aruṇabhūta> Name einer Götterstätte. Uvā

*306* **aruṇavaḍiṁsaya** n <aruṇāvataṁsaka> Name einer Götterstätte. Uvā

*307* **aruṇavara** m <aruṇavara> *Myth* Name einer Insel und eines Ozeans. Bhaga, Jīvā, Paṇṇa, Aṇuoga

*308* **aruṇavarobhāsa** m <aruṇavarāvabhāsa> *Myth* Name eines Ozeans und einer Insel. Jīvā

*309* **aruṇābha** m <aruṇābha> Name einer Stätte in der fünften Götterwelt. Ṭhā, Sama, Bhaga, Uvā

*310* **aruṇuttaravaḍiṁsaga** n <aruṇottarāvataṁsaka> Name einer Stätte in der fünften Götterwelt. Sama

*311* **aruṇoda,** aruṇodaya m <aruṇodaka> *Myth* Name eines Ozeans, der die Aruṇa-Insel umschließt. Bhaga, Jīvā, Sūra

*312* **a-rūvikāya** m <arūpikāya> In der jinistischen Philosophie Bezeichnung für eine der formlosen Kategorien: Bewegung, Ruhe, Raum, Zeit. Ṭhā, Bhaga

*313* **alaṁbusā** f <alambuṣā> Name der Göttin einer Weltgegend. Sie ist die erste der acht Diśakumārīs und residiert auf dem nördlichen Rayaṇa-Berg. Ṭhā, Jambu

*314* **alakkha**[1] m <alakṣa> Name eines Königs von Benares, der von Mahāvīra geweiht wurde, den Thron seinem ältesten Sohn übertrug und auf dem Berg Vipula die vollständige Erlösung fand. Aṁta

*315* **alakkha**[2] n <alakṣa> Name des 16. Kapitels aus dem sechsten Teil der Aṁtagaḍadasāo.

*316* **alā** f <alā> Name einer Göttin aus der Gruppe der Vidyutkumārī; sie war Hauptgattin des Dharaṇa. Ṭhā, Bhaga, Nāyā

*317* **a-lesa,** a-lessa Adj <aleśya> der keinen Seelentyp mehr aufweist, eine vollkommen erlöste Seele im 14. ↑guṇaṭṭhāṇa besitzend. Ṭhā, Bhaga, Jīvā,

Paṇṇa

*318* **a-lessa** Adj ↑ **a-lesa**

*319* **a-logāgāsa** m <alokākāśa> „Nichtwelt“, der den Kosmos umhüllende leere Raum. Auf dem höchsten Gipfelpunkt des Kosmos, also an der Grenze von Kosmos und Nichtwelt, finden die erlösten Seelen ihre Stätte. Ṭhā, Bhaga

*320* **a-vaṁjha** m <avandhya> Name des elften ↑puvva; wörtlich „nicht vergeblich, erfolgreich“. Dieses *puvva* beschreibt das Leben der sogenannten 63 großen Männer. Sama, Naṁdī

*321* **avaṁtif**, avaṁtī f <avantī> postkanonischer Name der Stadt Ujjayinī in Mālva

*322* **avaṁtī** f ↑ **avaṁti**

*323* **a-vajjhā** f <avadhyā> (**1**) Name einer Stadt in Mahāvideha. Jambu; (**2**) Name einer Stadt in Dhātakīkhaṇḍa. Ṭhā

*324* **avaṭṭhiyabaṁdha** m <avasthitabandha> beständig gleiche *kamma*-Fessel in einer Zeiteinheit, eine Form des prakṛtibandha. KG

*325* **a-vattavva** Adj Ger <avaktavya> ein für die jinistische Philosophie kennzeichnender Terminus, „unausdrückbar“, „nicht zu beschreiben“. Es handelt sich um den vierten bhaṅga des saptabhaṅgīnaya und muss als Ausdruck des Agnostizismus gewertet werden. Bhaga, Paṇṇa, Dasa, Aṇuoga

*326* **avarakaṁkā** f <aparakaṅkā> (**1**) Name des 16. Kapitels der Nāyādhammakahāo Sama, Nāyā; (**2**) *Myth* Name einer Stadt in der Südhälfte der Bharata-Region. Ṭhā, Nāyā

*327* **avarā** f <aparā> Name einer Stadt in Videha. Ṭhā

*328* **avavaṭṭaṇā** f <apavartanā> verlangsamte bzw. verminderte Wirkungsweise des *kamma*. Der Terminus ist nachkanonisch.

*329* **avaviha** m <avavidha> Name eines (von 12) Anhängern des Gosāla. Bhaga

*330* **avasappiṇī** f <avasarpiṇī> absteigende, schlechter werdende Zeitperiode. Die Zeit wird von den Jainas mit einem zwölfspeichigen Rad verglichen, das sich anfanglos und endlos dreht. Die absteigende Hälfte, ihrerseits also wieder in sechs Unterperioden gegliedert, heißt a. Wir leben jetzt in der zweitschlechtesten Unterperiode; sie begann 3 Jahre und 8 1/2 Monate nach dem Nirvāṇa des Mahāvīra. Aṇuoga

*331* **avahi** m <avadhi> in der Philosophie dritte der fünf Erkenntnisarten, etwa als Hellsehen zu definieren, KG

*332* **a-vāuḍa** Adj <aprāvṛta> „unverhüllt, nackt“. Nacktaskese betreibend. Sūya, Ṭhā, Nāyā, Nisī, Dasa

*333* **avāya**[1] m <avāya> in der Erkenntnistheorie eine mittels Wahrnehmung vorgenommene Definition, die dritte Form des matiṇāṇa. Sama, Bhaga, Paṇṇa, Naṁdī

*334* **avāya**[2] m <apāya> wörtlich: Schaden, Vernichtung, Untergang; im Jinismus ist damit eine durch Leidenschaften herbeigeführte Übeltat gemeint.

Ṭhā, KG

335 **avāyavijaya** n <apāyavicaya> Meditation über die schädlichen Folgen von Leidenschaften, die erste Form der vier sog. Dharmadhyānas. Ṭhā, Bhaga

336 **a-viggahagai** f <avigrahagati> der Übergang der Seele von der einen in die andere Existenz auf direktem Wege. Bhaga, Uva, Paṇṇa

337 **a-virai** f <avirati> Nichtenthaltung von sündigen Taten; dies ist die zweite „Öffnung“ zum Eindringen von *kamma* in die Seele. Sūya, Sama, Bhaga, Nāyā, Piṁḍa, Oha

338 **a-virayasammatta** n <aviratasamyaktva> die Seele im vierten Stadium ihrer Entwicklung (↑guṇaṭṭhāṇa); in diesem Stadium ist sie bereits rechtgläubig, aber noch sündig. Sama

339 **avvābāha** <avyābādha> bedeutet als Adj „kein Hindernis habend, unbeeinträchtigt“; als m definiert der Terminus eine der Grundeigenschaften des ↑jīva, nämlich die Erhabenheit über Lust und Leid. Bhaga, Paṇhā, Uva, Rāya, Jambu.

340 **a-saṁkhaya** Adj PP <asaṁskṛta> wörtlich „nicht wiederherstellbar“, Bezeichnung des vierten Kapitels des Uttarajjhayaṇa. Sama, Utta

341 **a-saṁjala** m <asaṁjvala> Name eines ↑Tīrthaṁkara.

342 **a-saṁvara** m <asaṁvara> Fehlen eines Schutzwalls gegen das Eindringen des *kamma* in die Seele. Ṭhā, Paṇhā

343 **a-saṁvuḍa** Adj <asaṁvṛta> sich (der Sünde) nicht enthaltend, den Einfluss (negativen *kamma*-Stoffes) nicht verhindernd. Sūya, Ṭhā, Bhaga

344 **a-saṁsāra** m <asaṁsāra> Freisein von Wiedergeburt, Befreiung aus dem Geburtenkreislauf, Erlösung. Ṭhā, Bhaga, Paṇṇa

345 **a-sarīrin** m <aśarīrin> Entkörperlichter, Erlöster. Ṭhā, Bhaga, Jīvā

346 **asāḍhabhūi** m <aṣāḍhabhūti> Name eines von Natur aus talentierten Schauspielers, der später Mönch wurde. Er hatte zwei Frauen (die Töchter des Viśvakarman). Als er einmal früher als erwartet nach Hause kam, fand er diese betrunken vor. Der Anblick stieß ihn dermaßen ab, dass er sich entschloss, der Welt zu entsagen und in den Jaina-Orden einzutreten. Piṁḍa

347 **a-siddhatta** n <asiddhatva> Zustand des Nichterlöstseins, der seelischen Unvollkommenheit. Ṭhā

348 **asipatta** n <asipattra> Name einer Hölle, die mit Śālmalī-Bäumen, die messerscharfe Blätter haben, bewachsen ist. Sama, Bhaga, Nāyā, Vivā, Jīvā, Utta

349 **a-suyaṇissiya** n <aśrutaniśrita> ohne das Hören heiliger Texte, also nur durch eigenes Denken erlangte Erkenntnis. Ṭhā, Naṁdī

350 **asurakumāra** m <asurakumāra> „Dämonenprinzen“, Name einer zu den Bhavanapati gehörenden Götterklasse. Ṭhā, Sama, Bhaga, Uva, Paṇṇa, Sūra

*351* **a-soga** m <aśoka> (**1**) Name eines Waldgottes. Rāya, Uva; (**2**) Name der Gottheit von Aruṇadvīpa. Jīvā

*352* **a-sogā** f <aśokā> (**1**) Name einer Göttin, Gattin des Beherrschers der Nāgakumāras. Ṭhā, Bhaga; (**2**) Name einer Stadt. Paüma

*353* **assa** m <aśva> Name der das Sternbild Aśvinī beherrschenden Gottheit. Ṭhā, Paṇhā, Sūra

*354* **assakaṇṇa** m <aśvakarṇa> *Myth* Name einer Zwischeninsel. Naṁdī

*355* **assaggīva** m <aśvagrīva> Name des ersten ↑paḍivāsudeva („Pferdehals"). Details über sein Leben bei v. Glasenapp 1984:275-276. Sama

*356* **assamuha** m <aśvamukha> *Myth* Name einer Zwischeninsel. Paṇṇa, Naṁdī

*357* **assaseṇa** m <aśvasena> Name des Vaters des Pārśva. Näheres im nachkanonischen Pravacanasāroddhāra.

*358* **assi** m <aśvin> Name der das Sternbild Aśvinī beherrschenden Gottheit. Ṭhā

*359* **ahakkhāya** n <yathākhyāta> Handeln nach den Worten (der ↑Tīrthaṁkaras). Ṭhā. Bhasa. Uva. Paṇṇa, Utta

*360* **ahākamma** n <ādhākarman> *bildhaft* Nahrungsgewinnung aus getöteten Tieren. Selbstverständlich durfte ein Mönch solche Nahrung nicht zu sich nehmen, doch galt schon die bloße Zubereitung für einen Mönch als schwere Sünde. Sūya, Bhaga, Paṇhā

*361* **ahākkhāya** Adj <yathākhyāta> (den Wandel betreffend) vollkommen rein, nachdem alle Leidenschaften beseitigt worden sind.

*362* **ahāpavaṭṭikaraṇa** n <yathāpravṛttikaraṇa> ein erster Prozess zur Erhöhung und Förderung der Reinheit des ↑jīva. KG

*363* **ahāsuhuma** m <yathāsūkṣma> (gewöhnlicher) jinistischer Mönch. Ṭhā, Bhaga. Der Terminus wird auch im nachkanonischen Pravacanasāroddhāra ventiliert.

*364* **a-hiṁsā** f <ahiṁsā> Nichtschädigung. Nichtverletzung, Nichttötung, ein Hauptgebot des Jinismus. Sūya, Paṇhā, Dasa

*365* **ahigaya** Adj PP <adhigata> (zur Mönchsweihe) zugelassen. Paṇṇa, Utta

*366* **ahigaraṇa** n <adhikaraṇa> in der jinistischen Philosophie die objektive Realität. Sūya, Sama, Bhaga, Uvā, Rāya, Jambu, Kappa, Piṁḍa

*367* **ahigaraṇasiddhaṁta** m <adhikaraṇasiddhānta> in der Philosophie eine Grundwahrheit. Sūya

*368* **ahicchattā** f <ahicchattrā> Name der Hauptstadt von Nord-Pañcāla. Nāyā, Paṇṇa. Die Stadt wird auch in der nachkanonischen Sirisirivālakahā erwähnt.

*369* **ahiṇiboha** m <abhinibodha> durch die fünf Sinne in Verbindung mit dem Denken erlangte Erkenntnis. Paṇṇa

*370* **ahiyā** f <adhikā> Name der ersten Schülerin des 21. ↑Tīrthaṁkara. Sama

*371* **ahivaḍḍhi** f <abhivṛddhi> Name der über das nördliche Proṣṭhapadā-Sternbild herrschenden Gottheit. Jambu

*372* **ahekamma** n <adhaḥkarman> nach unten (d. h. zum Untergang) führende Tat; für einen Mönch bedeutet das insbesondere die Aufnahme verbotener Nahrung. Piṁḍa

*373* **aheloga** m <adholoka> die aus sieben Höllenregionen bestehende Unterwelt. Bhaga, Nāyā. Ausführliche Beschreibung der einzelnen Regionen bei Schubring 1962:210-213.

*374* **ahesattamā** f <adhaḥsaptamī> Name einer Höllenstätte. Ṭhā, Bhaga, Nāyā

*375* **ahorāiyā** f <ahorātrikī> elftes Gelübde eines Asketen. Es ist während eines Tages und einer Nacht zu beobachten und besteht in einer Bußübung, die in bestimmter Körperhaltung außerhalb einer Siedlung zu vollziehen ist. Sama, Nāyā

*376* **aholoya** m <adholoka> die aus sieben Höllenregionen bestehende Unterwelt (↑aheloga). Bhaga, Paṇṇa, Aṇuoga

## Ā

*377* **āicca** m <āditya> Name einer Gruppe der Lokāntika-Götter. Bhaga, Nāyā

*378* **āiccajasa** m <ādityayaśas> Name eines Königs aus dem Ikṣvāku-Geschlecht. Nachdem er eine Zeitlang regiert hatte, wurde er des Weltlebens überdrüssig, ließ sich zum Mönch weihen und gelangte schließlich zur Erlösung. Paüma

*379* **āititthayara** m <āditīrthakara> Beiname des Ṛṣabhadeva, des ersten Tīrthaṁkara. Naṁdī

*380* **āirāya** m <ādirāja> Beiname des Ṛṣabhadeva, des ersten Tīrthaṁkara, „erster König"; es heißt, dass er als erster das Königtum in Indien eingeführt haben soll. Ṭhā

*381* **āīṇaga** n <ājinaka> *Myth* Name eines Ozeans und eines Kontinents. Jīvā

*382* **āīṇabhadda** m <ājinakabhadra> über Ājinadvīpa herrschende Gottheit. Jīvā

*383* **āīṇavara** m <ājinakavara> *Myth* Name einer Insel und eines Ozeans sowie der über letzteren herrschenden Gottheit. Jīvā

*384* **āukamma** n <āyuṣkarman> Name des fünften *kamma* (von acht). Es entscheidet über die Lebensdauer, doch nicht direkt und unmittelbar. Einzelheiten zu diesem verwickelten Gedankengang bei Schubring 1962:185-186. Bhaga, Nāyā, Paṇṇa, Utta, KG

*385* **āujja** m <āvarja> im jinistischen Sinne das Wohlverhalten von Geist, Sprache und Körper. Paṇṇa

*386* **āurapaccakkhāṇa** n <āturapratyākhyāna> gilt als ↑Paiṇṇa Nr. 2. Die Verfasserschaft wird dem Vīrabhadra Sūri zugeschrieben. In 84 Versen weist ein Kranker auf die Nichtigkeit irdischer Vergnügungen hin. Ausgabe s.v. im Verzeichnis der Primärliteratur.

*387* **āesiya** n <ādeśika> nur für Sādhus (Heilige) vorbestimmte Nahrung. Piṁḍa

*388* **āojiyā** f <āyojika> eine Handlung, die an die Weltlichkeit fesselt. Paṇṇa

*389* **āgama** m <āgama> Gesamtheit des Jaina-Kanons. Ṭhā, Bhaga, Paṇhā, Aṇuoga. Die meist verbreitete Gliederung dieser Textmasse ist die folgende: 11 Aṁgas; 12 Uvaṁgas; 6 Cheyasuttas; 4 Mūlasuttas; 10 Paiṇṇas; 2 Cūliyāsuttas (nämlich Naṁdīsutta und Aṇuogadāra). Man geht also gewöhnlich von 45 Werken aus. Über die Kommentare zu den Āgamas äußert sich ausführlich Kapadia 1941/2000. In der jinistischen Philosophie fungiert ā. auch als Erkenntnismittel, nämlich als glaubwürdige Mitteilung durch heilige Personen oder Schriften.

*390* **āgamavavahāri** m <āgamavyavahārin> der das neunte bis vierzehnte ↑puvva Kennender. Jīvā, Vava

*391* **āgārāvāsa** m <āgārāvāsa> wörtlich: das Wohnen in einem Haus; im jinistischen Sinne ist damit das Nicht-Mönch-Sein, das Leben in weltlichen Verhältnissen gemeint. Nāyā

*392* **āgāsa** m <ākāśa> ist in der jinistischen Philosophie der Raum. Er hat die Bestimmung, für alle vorhandenen Substanzen Platz zu gewährend; ohne ihn könnten sie nicht existieren. Der Raum besteht aus einer unendlichen Menge von Raumpunkten ↑paesa. Er hat weder Farbe noch Geruch oder Geschmack. Es gibt nur einen ā. und wird immer nur einen ā. geben. S. auch logāgāsa und alogāgāsa. Weitere Details bei Nyayavijayaji 1998:12-13. Ṭhā, Sama, Bhaga, Nāyā, Uvā, Paṇhā, Vivā

*393* **āgāsatthikāya** m <ākāśāstikāya> in der jinistischen Philosophie die dritte (von sechs) Grundkategorien. Ṭhā, Sama, Bhaga, Rāya, Paṇṇa, Aṇuoga

*394* **āgāsapaṁcama** m <ākāśapañcama> in der jinistischen Philosophie der Äther als fünftes Element (nach Erde, Wasser, Feuer, Luft). Sūya

*395* **ājīva** m <ājīva> **(1)** ein Fehler beim Almosennehmen, vierter von insgesamt 16 upāyana-Fehlern: das Almosen wird nach einer Mitteilung über die eigene Herkunft entgegengenommen. Ṭhā, Piṁḍa; **(2)** die Lehre des Gośāla. Bhaga

*396* **āṇaṁda** m <ānanda> **(1)** Name mehrerer Götter und Männer, von denen hier nur einige erwähnt werden sollen: a) Hauptschüler des Śītala. Sama; b) künftiger sechster Baladeva. Sama; c) Oberherr der Nāgakumāra-Götter. Ṭhā; d) Sohn des Ṛṣabhadeva. Rāja; e) Schüler des Mahāvīra. Kappa; f) Laienanhänger des Mahāvīra. Uvā; g) ein Gott. Jambu; h) Enkel des Königs Śreṇika. Nira; **(2)** Name mehrerer Aṁga-Kapitel: a) in den Uvā Kapitel l; b) in den Aṇu Kapitel 7; c) in der Nira Kapitel 2,9.

*397* **āṇaṁdā** f <ānandā> Name einer (von acht) über eine Himmelsgegend herrschenden Göttin (Diśākumārī); sie residiert westlich des Meru. Ṭhā, Jambu

*398* **āṇaya** m <ānata> (**1**) Name der neunten Götterwelt. Ṭhā, Bhaga, Nāyā. Aṇu, Paṇhā, Vivā, Uva, Jīvā, Utta; (**2**) die dort herrschenden Gottheiten. Bhaga

*399* **āṇavaṇiyā** f <ājñāpanikā> das Akquirieren von üblem *kamma* durch die Erteilung verbrecherischer Weisungen. Ṭhā. In der nachkanonischen Literatur befasst sich damit besonders das Navatattvaprakaraṇa.

*400* **āṇāvijaya** m <ājñāvicaya> die erste Stufe in der jinistischen Meditation. Ṭhā, Bhaga

*401* **āṇugāmiya** n <ānugāmika> (**1**) visuelle Erkenntnis, eine Art von ↑ohi. Naṁdī; (**2**) Verbindung der Seile mit dem *kamma*. Āyā

*402* **ātapa** m <ātapa> den Körper erleuchtende und erwärmende Art des ↑nāmakamma. Paṇṇa

*403* **ātāvaṇa** n <ātapana> Askese durch Ertragen von Hitze, beispielsweise durch das Sitzen unter der scheitelrecht stehenden Sonne. Ṭhā, Dasa

*404* **ādāṇa** n <ādāna> Wirkung des *kamma*; ↑āyāṇa. Sūya

*405* **ābhaṁkara** m <abhaṅkara> Name einer Stätte in der dritten Götterwelt. Ṭhā, Sama

*406* **ābhāsiya** m <ābhāṣika> *Myth* Name einer Zwischeninsel. Ṭhā, Paṇhā, Jīvā

*407* **ābhioga** m <ābhiyoga> Name einer untergeordneten Göttergruppe, deren Mitglieder höher gestellten Göttern zu dienen verpflichtet sind. Ṭhā, Bhaga, Paṇhā, Jambu

*408* **ābhiṇibohiya** n <ābhinibodhika> durch den Geist und die fünf Sinne erlangtes Wissen. Ṭhā, Sama, Uva, Utta, Aṇuoga

*409* **ābhogabausa** m <ābhogabakuśa> vorsätzlich sündender Mönch. Ṭhā, Bhaga

*410* **āmalaga** m <āmalaka> Name des neunten Kapitels aus dem Vivāgasuya; es befasst sich mit Seuchen. Ṭhā, Bhaga, Vivā

*411* **āmokkha** m <āmokṣa> wörtlich: Befreiung, Erlösung; im jinistischen Sinne die vollständige Befreiung von *kamma*. Sūya

*412* **āyaṁbila** n <ācāmla> eine Fastenart, die den Genuss von Butterschmalz, Salz und anderen Speisezutaten ausschließt. Bhaga, Nāyā, Aṁta, Aṇu, Uva.

*413* **āyaṁsamuha** m <ādarśamukha> *Myth* Name einer Insel im Salzmeer. Ṭhā, Jīvā, Paṇṇa

*414* **āyatana** n <āyatana> eigentlich: Stelle, Platz, Stätte. In der jinistischen Terminologie jedoch (**1**) Tempel. Paṇhā; (**2**) Nebenraum in einem Tempel. Āyā; (**3**) Wirkung des *kamma*. Āyā; Nisī

*415* **āyappavāya** m <ātmapravāda> Name des siebenten ↑puvva; es behandelt die Eigenschaften der Seele. Sama, Naṁdī

416 **āyariya** m <ācārya> führender geistlicher Lehrer, der zugleich den Wandel der Mönche überwachte. Mehr über seine Tätigkeit bei Schubring 1962:253-254. Ṭhā, Sama, Bhaga, Nāyā, Paṇhā, Vivā

417 **āyavā** f <ātapā> (**1**) Name einer Gattin des Sonnengottes. Bhaga; (**2**) Name eines Kapitels aus den Nāyādhammakahāo.

418 **āyāiṭṭhāṇa** n <ājātisthāna> eigentlich: Geburtsort; *bildhaft* Geburtenkreislauf; *Lit* Name des zehnten Kapitels der Āyāradasāo.

419 **āyāṇa** n <ādāna> eigentlich „Ergreifen, Sichaneignen". Im Jinismus hat das Wort jedoch mehrere spezifische Bedeutungen: (**1**) Wirken des *kamma*. Sūya; (**2**) Grund, Ursache des *kamma*-Einflusses. Āyā; (**3**) Ablegung des ersten Gelübdes durch einen Laien. Sūya; (**4**) Tätigkeit der Sinnesorgane Bhaga; bei einem ↑kevalin ist sie erloschen.

420 **āyāraṁgasutta** n <ācārāṅgasūtra> Name des ersten ↑aṁga, wörtlich „Buch über das (richtige) Betragen und Verhalten (der Mönche)". Das Sutta enthält also Regeln über die vom Jinismus geforderte Lebensführung (āyāra) der Mönche. Das Werk zerfällt in zwei Teile, die gewöhnlich sanskritisch als Śrutaskandha bezeichnet werden. Der erste Śrutaskandha ist der altertümlichste in Ardhamāgadhī überlieferte Text und seine Übersetzung durch Hermann Jacobi entspricht in der indologischen Wissenschaftsgeschichte der Übersetzung von Pāṇinis Aṣṭādhyāyī durch Otto von Böhtlingk. Dieser Śrutaskandha gehört zu den vier ältesten Werken des Kanons. Er hatte früher neun, jetzt noch acht Kapitel, denn das siebente ging verloren. Der Form nach ist er charakterisiert durch eine Mischung von Prosa und Versen. In Lehrgesprächen werden die Lebensregeln vorgetragen, denen sich die Mönche zu unterwerfen haben. Dabei wird insbesondere die Tötung von Lebewesen als schwerste Sünde verurteilt. Kapitel I, 8 schildert die Verfolgungen, denen Mahāvīra als unbekleideter Wanderprediger ausgesetzt war, und legt besonderes Gewicht auf die von ihm übernommenen Kasteiungen. Teilweise laufen diese unserem ästhetischen Empfinden zuwider: so wird gerühmt, dass sich Mahāvīra in dieser Zeit niemals gewaschen oder die Zähne geputzt hätte. Weit jünger als der erste ist der zweite Śrutaskandha, der aus 16 Kapiteln besteht. Er enthält ebenfalls in Form von Appendices Vorschriften für die Mönche und Nonnen, besonders was ihre Bettelgänge anlangt. Entsprechend der asketischen Grundrichtung des Jinismus wird großer Wert auf Fastenübungen gelegt. Der Selbstmord durch Fasten wird ausdrücklich gepriesen. In II, 15 – gegen Schluss dieses Teils – finden sich wertvolle Ansätze für eine Biographie Mahāvīras. Es verwundert nicht, dass es zu diesem grundlegenden, aber schwer deutbaren Werk mehrere Kommentare gibt, unter denen die Ācāravṛtti des Vasunandin hervorragt. Ausgaben, Übersetzungen

und exegetische Werke zum ā. finden sich im Verzeichnis der Primärliteratur. Zum philosophischen Gehalt des ā. s das dort angegebene Buch von Dalsukh D. Malvania. Werksbeschreibung und weitere Literatur auch bei Schubring 1962:85-86.

*421* **āyāradasāo** f Pl <ācāradaśāḥ> wörtlich „Zehn (Kapitel) über den guten Wandel"; sie sind im Rahmen des Kanons ein besonders altes Werk und gelten als viertes ↑cheyasutta. Das achte Kapitel des Werkes gilt traditionell als Kappasutta des Bhadrabāhu. Nach der jinistischen Tradition soll Bhadrabāhu 170 Jahre nach dem Tode Mahāvīras gestorben sein. Sein Kappasutta enthält im ersten Teil eine überaus wichtige Biographie des Mahāvīra, die allerdings auch nicht frei von bombastischen Übertreibungen ist und damit an manche Buddha-Biographien wie den Lalitavistara erinnert. Im zweiten Teil findet sich eine historisch nicht unwichtige, im einzelnen aber schwer zu deutende Liste von religiösen Schulen mit den Namen ihrer Gründer oder Leiter. Der dritte Teil ist von besonders hohem Alter; er enthält die Regeln für das Leben der Mönche während der Regenzeit. Traditionell wird behauptet, dass Bhadrabāhu das dritte und vierte Cheyasutta aus dem neunten ↑puvva ausgezogen haben soll. Ausgaben usw. s.v. im Verzeichnis der Primärliteratur. Ausführliche Inhaltsangabe bei Schubring 1962:109-111.

*422* **āyāravatthu** n <ācāravastu> Name des dritten Kapitels des neunten ↑puvva. Bhaga

*423* **āyāvaṇa** n <ātāpana>, āyāvaṇā f <ātāpanā> Askese durch Ertragen von Hitze. Bhaga, Nāyā, Uva, Nira, Vava.

*424* **āyāvaṇā** f ↑ **āyāvaṇa**

*425* **āra** m <āra> eine Stätte in der vierten Höllenregion. Ṭhā, Paṇhā

*426* **āraṁbhakaraṇa** n <ārambhakaraṇa> allgemeine eine jede Übeltat; im Jinismus speziell die Schädigung von Lebewesen. Ṭhā, Paṇhā

*427* **āraṁbhiyā** f <ārambhikī> durch Verletzung oder Schädigung (von Lebewesen) verschlechtertes *kamma*. Ṭhā, Bhaga, Paṇṇa

*428* **āriya** m <ārya> zunächst ein Edler schlechthin, im Jinismus oft ein Epitheton ornans für einen ↑Tīrthaṁkara. Sama, Bhaga, Uvā, Paṇhā

*429* **ārovaṇā** f <āropaṇā> eine mehrmalige Bußübung, die immer dann erforderlich wird, wenn während der ersten erneut eine Sünde begangen wird. Ṭhā, Sama, Nisī, Kappa

*430* **āloyaṇā** f <ālocanā> Bezeichnung für ein Sündenbekenntnis, das der Mönch in der Mitte eines jeden Monats abzulegen hatte. Weitere Details dazu bei Schubring 1962:287. Ṭhā, Sama, Bhaga

*431* **āvaṭṭa** m, āvatta m <āvarta> **(1)** Name eines Welthüters. Ṭhā; **(2)** Name einer Götterstätte. Sama

*432* **āvatta** m ↑ **āvaṭṭa**

*433* **āvaṭṭaṇa** n <āvartana> eine vor dem ↑sāmāiya auszuführende und als Ausdruck der Verehrung der Tīrthaṁkaras gewertete Handbewegung: vor dem Gesicht wird ein Halbkreis vom linken zum rechten Ohr beschrieben.

*434* **āvaraṇa** n <āvaraṇa> wörtlich nur „Hülle, Decke", im jinistischen Sinn jedoch das negative *kamma*, das die Seele verhüllt und ihre Einsicht beschränkt. Aṇuoga, KG

*435* **āvassaga** n <āvaśyaka> *Lit* Bezeichnung des zweiten ↑Mūlasutta. Es gehört zu den ältesten Werken des Kanons, war von jeher ein Hauptgegenstand des Studiums und zugleich Ausgangspunkt für die spätere Kommentarliteratur. Das ā. ist begleitet von der Nijjutti des Bhadrabāhu. Das Werk besteht aus sechs Abschnitten, die den sechs täglichen Pflichten bzw. Verhaltensvorschriften der jinistischen Mönche entsprechen. Es sind dies **(1)** sāmāia <sāmāyika> Gleichmut und Meditation; **(2)** cauvīsathava <caturviṁśatistava> Lob der 24 (Tīrthaṁkaras); **(3)** vaṁdaṇā <vandanā> Verehrung (des religiösen Lehrers); **(4)** paḍikkamaṇa n <pratikramaṇa> Eingeständnis begangener Sünden, Reumütigkeit und Bußfertigkeit; **(5)** kāussagga <kāyotsarga> Abhaltung bestimmter asketischer Übungen; **(6)** paccakkhāṇa <pratyākhyāna> Zurückweisung (weltlicher Begierden, Abtötung der Sinnlichkeit). Einzelheiten bei Schubring 1962: 269. Ausgaben, Übersetzungen und Exegese s.v. im Verzeichnis der Primärliteratur. Die Nijjutti enthält je nach Überlieferung 2575 bis 3550 Ślokas, gibt Erläuterungen zu den sechs āvassagas und berichtet über stattgefundene Schismen. Ausführliche Inhaltsangabe und weitere Literatur hierzu bei Schubring 1962:117-120.

*436* **āvassiyā** f <āvaśyakī> vierte der (insgesamt sechs) täglich notwendigen Pflichten: vor Beginn einer unbedingt notwendigen Tätigkeit ruft man „Āvassahi!" Ṭhā, Bhaga

*437* **āvāsa** m <āvāsa> *Myth* Name eines Ozeans und einer Insel. Jīvā, Paṇṇa

*438* **āsa** m <aśva> **(1)** Name einer Gottheit, die über das Sternbild Aśvinī herrscht. Sūra, Jambu; **(2)** das Sternbild Aśvinī. Caṁda

*439* **āsakaṇṇa** m <aśvakarṇa> *Myth* Name einer der 56 Zwischeninseln im Salzmeer. Ṭhā, Jīvā, Paṇṇa

*440* **āsamitta** m <aśvamitra> Name eines häretischen Jaina-Philosophen; er vertrat die Lehre von der absoluten Vergänglichkeit aller Wesen. Ṭhā.

*441* **āsava** m <āsrava> das „Einströmen" von *kamma* in die Seele, wofür fünf „Tore" offen stehen. Insgesamt gibt es 42 Arten des ā. Behindert und getilgt wird der ā. durch ↑saṁvara. Āyā, Sūya, Ṭhā, Bhaga, Utta, Piṁḍa, Uvā, KG. Vgl. Enomoto 1979 und Wayman 1991 im Verzeichnis der Sekundärliteratur. Treffend wird die jinistische Auffassung im Sarvadarśanasaṁgraha III, 61 beschrieben: „Āsrava ist die Ursache der Welt und saṁvara ist die Ursache der Erlösung." Eine zusammenfassende Darstellung des wichtigen jinistischen Terminus bei Nahar/Ghosh 1996:Kapitel XXVI.

*442* **āsaseṇa** m <aśvasena> **(1)** Name des Vaters des 23. Tīrthaṁkara (Pārśva); **(2)** Name eines Königs von Benares. Kappa

*443* **āsūya** n <ohne Sanskrit-Ableitung; es handelt sich um ein Deśī-Wort> Gelübde, um einen Gott für die Erfüllung eines bestimmten Wunsches zu gewinnen. Piṁḍa

*444* **āhattahia** n, āhattahīya n <yathātathya> eigentlich „Tatsache, Wahrheit"; Name des 13. Kapitels aus dem Sūyagaḍaṁga: hier wird die Wahrheit der religiösen Lehren postuliert. Sūya, Sama

*445* **āhattahīya** n ↑ **āhattahia**

*446* **āhārasamugghāya** m <āhārasamudghāta> kurzfristiges Versetzen der Seele außerhalb des irdischen Leibes in den āhāraga-Körper („Versetzungsleib"; es ist dies der dritte von fünf Körperarten. Sama. Beschreibung dieses komplizierten Prozesses bei v. Glasenapp 1984:168,174.

*447* **āhārapariṇṇā** f <āhāraparijñā> Titel des von der Nahrungsaufnahme handelnden dritten Kapitels des zweiten Śrutaskandha des Sūyagaḍaṁga. Sūya, Sama

*448* **āhigarāṇiyā** f <ādhikaraṇikā> durch den Gebrauch von (Ackerbau-) Geräten bewirkter moralischer Abstieg der Seele, da durch diesen Lebewesen getötet werden. Ṭhā

*449* **āhohiya** m <adho'vadhika> übersinnliche, aber an ein bestimmtes Areal gebundene Schauung, eine Art von ↑ohi. Sama, Bhaga

## I

*450* **iṁgiṇīmaraṇa** n <iṅginīmaraṇa> Tod durch Fasten ohne fremden Beistand. Sama

*451* **iṁda** m <indra> Götterherr. Ṭhā. Sama, Bhaga, Paṇhā

*452* **iṁdakaṁta** m <indrakānta> Name einer Himmelsstätte, wo die dort residierenden Götter erst nach 19000 Jahren Hunger verspüren. Sama

*453* **iṁdaggaha** m <indragraha> schädlicher Einfluss durch Höllengötter. Bhaga, Jīvā

*454* **iṁdajasā** f <indrayaśas> Name der Königsgattin von Kāmpilya. Utta

*455* **iṁdabhūi** m <indrabhūti> Name des Hauptschülers und ersten Mönchsscharenleiters des Mahāvīra. Details über ihn bei Schubring 1962:44. Bhaga, Nāyā, Uvā, Aṇu, Vivā, Kappa, Naṁdī

*456* **iṁdavasu** f <indravasu> Name einer Königsgemahlin. Rāja

*457* **iṁdasirī** f <indraśrī> Name der Gattin des Königs Brahmadatta von Kāmpilya im Lande der Pañcāla. Rāja

*458* **iṁdā** f <indrā> **(1)** *Myth* Name eines Flusses nördlich des Meru. Ṭhā; **(2)** Name der fünften Gattin des Königs Dharaṇa. Bhaga

*459* **iṁdiya** n <indriya> Sinnesorgan, Sinne. Lebewesen mit einem einzigen Sinnesorgan haben nur Gefühl. Bei zwei Sinnesorganen kommt Geschmack hinzu, bei drei Geruchssinn, bei vier das Sehen. Vollständigkeit ist bei fünf Sinnen erreicht, wenn nämlich noch das Gehör hinzukommt. Sūya, Ṭhā, Sama, Bhaga, Nāyā, Paṇhā

*460* **iṁdiyaṭṭhāṇa** n <indriyasthāna> in der Philosophie die Außenwelt als objektive Realität.

*461* **iṁdiyaṇāṇa** n <indriyajñāna> in der jinistischen Erkenntnistheorie das direkt über die Sinnesorgane erlangte Wissen. Vava

*462* **iṁduttaravaḍiṁsaga** n <indrottarāvataṁsaka> Name eines Göttersitzes. Sama

*463* **ikkhuvara** m <ikṣuvara> *Myth* Name einer Insel und eines Ozeans. Jīvā

*464* **itthiṇāma** n <strīnāman> ein bestimmtes *kamma*, das zur Wiedergeburt als Frau führt. Nāyā

*465* **itthipariṇṇā** f, itthīparinnā f <strīparijñā> Name des vierten Kapitels aus dem ersten Teil des Sūyagaḍaṁga. Zu Details s. die Studien von Alsdorf 1958/1974 sub Sūyagaḍaṁga im Verzeichnis der Primärliteratur.

*466* **itthīparinnā** f ↑ **itthipariṇṇā**

*467* **iriyāvahiya** Adj <īryāpathika oder airyapathika> gemäß den Ordensregeln lebend. Sūya, Bhaga

*468* **ila** m <ila> Name eines Hausvaters in Vārāṇasī. Nāyā

*469* **ilā** f <ilā> Name mehrerer Göttinnen und Frauen, unter anderen eine auf dem Berg Rucaka residierende Göttin einer Himmelsgegend. Ṭhā

*470* **isigutta** m <ṛṣigupta> Name eines jinistischen Heiligen aus der Vasiṣṭha-Familie. Kappa

*471* **isidāsa** m <ṛṣidāsa> **(1)** Name des dritten Kapitels aus der dritten Abteilung der Aṇuttarovavāyadasāo; **(2)** Name eines Kaufmannssohnes; er erreichte nach dem Studium des Kanons und nach Fastenaskese die letzte Wiedergeburt vor der endgültigen Erlösung. Ṭhā, Aṇu

*472* **isipāliya** m <ṛṣipālita> *Myth* Name des fünften Tīrthaṁkara in Airāvata. Sama

*473* **isibhaddaputta** m <ṛṣibhadraputra> Name eines berühmten Laienanhängers der Jaina-Lehre in Ālambhikā. Bhaga

*474* **isibhāsiyāiṁ** n Pl <ṛṣibhāṣitāni> ein als aṁgabāhira (außerhalb des Kanons stehendes) zählendes Werk mit Lehrsätzen bestimmter Asketen und Weiser über Moral. Kurze Inhaltsskizze und weitere Literatur bei Schubring 1962:121. Text und Übersetzung von W. Schubring in den Alt- und Neu-Indischen Studien, Band 14 (Hamburg 1969).

*475* **isivaṁsa** m <ṛṣivaṁśa> Geschlecht eines Schülers von Tīrthaṁkaras.

*476* **isivāi**, isivāya m <ṛṣivādin> Name einer Klasse von Gottheiten der Unterwelt. Uva, Paṇṇa

477 **isivāla** m <ṛṣipāla> Name mehrerer Götter. Ṭhā, Paṇṇa

## Ī

478 **īsara** m <īśvara> (**1**) Hochgott, Śiva, Indra. Paüma; (**2**) Name einer Hölle inmitten des Salzmeeres. Ṭhā, Sama, Jīvā

479 **īsarakāraṇiya** Adj <īśvarakāraṇika> Gott für den Weltschöpfer haltend. Sūya

480 **īsāṇa** m <īśāna> (**1**) Name der zweiten Himmelswelt. Ṭhā, Sama, Bhaga, Uva, Jīvā, Aṇuoga; (**2**) Herrscher über diese Himmelswelt. Ṭhā, Sama, Bhaga, Paṇṇa. Weitere Details bei Schubring 1962:241.

481 **īsipabbhārā** f, īsippabbhārā f, īsopabbhārā f <īṣatprāgbhāra> die an Gestalt einem aufgespannten Sonnenschirm ähnliche Region, die die Wohnstätte der erlösten Seelen, der Siddhas, bildet. Ṭhā, Bhaga. Weitere Einzelheiten bei v. Glasenapp 1984:243.

482 **īsippabbhārā** f ↑ **īsipabbhārā**

483 **īsopabbhārā** f ↑ **īsipabbhārā**

484 **īhā** f <īkṣā> in der Philosophie die zweite Stufe der Erkenntnis, das Nachdenken über das Wahrgenommene, die Analyse der Wahrnehmung. Ṭhā, Bhaga, Nāyā, Uva, Rāya, Paṇṇa, Kappa, Oha, Naṁdī

## U

485 **uuṁvaradatta** m <udumbaradatta> (**1**) Name eines Sohnes des Kaufmanns Sāgaradatta. Ṭhā; (**2**) Name eines Yakṣa (↑yakkha). Vivā

486 **uṁbara** m <udumbara> Name von Göttern, Dämonen und heiligen Bäumen. Ṭhā, Bhaga, Aṁta

487 **uṁmuya** m <ulmuka> Name eines Yādava-Prinzen. Paṇhā

488 **ukkāmuha** n <ulkāmukha> (**1**) Name einer Zwischeninsel. Ṭhā, Jīvā; (**2**) Gebirgsstätte der Herrscherin über die Gaṅgā. Ṭhā

489 **ukkāliya** n <utkālika> Bezeichnung einiger kanonischer Werke, die nicht während bestimmter Stunden oder Zeiten zu studieren sind. Dazu zählen vor allem folgende Werke: Dasaveyāliya, Rāyapaseṇaijja, Jīvābhigama, Naṁdī, Paṇṇavaṇā, Aṇuogadāra, Taṁdulaveyāliya und Sūrapaṇṇatti. Ṭhā, Naṁdī, Aṇuoga.

490 **ukkhittapuvvavasahi** m <utkṣiptapūrvavasati> einem Bettelmönch angebotene Unterkunft.

491 **uggamaṇa** n <udgamana> vom Hausvater bei der Zubereitung der Almosenspeise für einen Bettelmönch begangener Fehler; es gibt insgesamt 16 solcher möglicher Fehler. Sama, Bhaga, Paṅhā, Utta, Dasa, Piṁḍa

492 **uggaseṇa** m <ugrasena> Name eines Yadu-Königs von Mathurā; er war der Vater des Kaṁsa. Nāyā, Aṁta, Aṇu, Nira

*493* **uggaha** m <avagraha> in der Erkenntnistheorie die Wahrnehmung durch die Sinne. Sūya, Ṭhā, Sama, Bhaga, Kappa, Naṁdī

*494* **uggahamaisaṁpayā** f <avagrahamatisaṁpad> Erkenntnis durch Wahrnehmung. Dasa

*495* **uggahiya** n <avagrahika> vom Mönch nur leihweise zu benutzender Gegenstand.

*496* **ugghāiya** m <udghātika> milde Bußübung. Bhaga, Nisī

*497* **uccagoya** n <uccagotra> Art des *gotrakamma*, welche Wiedergeburt in einer vornehmen Familie bewirkt. Utta

*498* **uccodaya** m <uccodaka> *Myth* Name eines Palastes des Cakravartin (Weltherrschers) Brahmadatta. Utta

*499* **ucchūḍhasarīra** m <utkṣiptaśarīra> auf den Körper keine Rücksicht mehr nehmender jinistischer Asket. Nāyā, Vivā

*500* **ujjuvāliyā** f <ṛjuvālukā> Name des Flusses, an dem ↑Mahāvīra die Allwissenheit erlangte. Kappa

*501* **ujjusutta** n <ṛjusūtra>, ujjusuttaṇaya m <ṛjusūtranaya> in der jinistischen Philosophie die dritte der sieben Betrachtungsweisen (↑naya). Es ist dies ein Standpunkt, von dem aus man ein Ding betrachtet, wie es augenblicklich ist (es werden also nur die gegenwärtigen Bedingungen berücksichtigt), ohne den Zustand in Erwägung zu ziehen, den es früher gehabt hat oder in Zukunft haben könnte. Ṭhā

*502* **ujjusuttaṇaya** m ↑ **ujjusutta**

*503* **ujjusuya** m <ṛjuśruta> in der Philosophie die Auffassung von der Einheitlichkeit der Materie. Es ist dies der vierte von sieben ↑nayas. Sama, Paṇṇa, Aṇuoga

*504* **ujjhiya** m <ujjhita> Name eines Sohnes des Kaufmanns Vijayamitra. Vivā

*505* **ujjhiyā** f <ujjhitā> Name der Gattin des Karawanenherrn Dhanapāla. Nāyā

*506* **uḍuvimāṇa** m <uḍuvimāna> Name einer Stätte im Saudharma-Himmel. Ṭhā, Sama

*507* **uḍḍhaloga** m, uḍḍhaloya m <ūrdhvaloka> die Oberwelt, die hoch oberhalb der Sterne beginnt. Ṭhā, Bhaga. Einzelheiten bei Schubring 1962:237.

*508* **uḍḍhaloya** m ↑ **uḍḍhaloga**

*509* **uḍḍhavāiya** m <ūrdhvavātika> Name der fünften Gruppe (von neun) von Heiligen in der Umgebung des Mahāvīra.

*510* **uttamajogitta** n <uttamayogitva> Verhinderung des Einströmens von *kamma* in die Seele.

*511* **uttamapurisa** m <uttamapuruṣa> ein Vollendeter, Tīrthaṁkara, Cakravartin, Vāsudeva. Ṭhā, Sama, Nāyā, Paṇṇa

*512* **uttamā** f <uttamā> **(1)** *Myth* Name der dritten Gattin des Yakṣa-Fürsten Pūrṇabhadra. Ṭhā, Bhaga; **(2)** Name eines Kapitels der Nāyādhammakahāo.

513 **uttarakurā** f <uttarakurā> Name der Sänfte des 22. Tīrthaṁkara. Kappa

514 **uttarakuru** m <uttarakuru> Name eines Gebietes in Nordindien und seiner Bewohner. Ṭhā, Bhaga, Nāyā, Paṇhā, Vivā, Jīvā, Aṇuoga

515 **uttarajhayaṇa** n, uttarajjhayaṇa n <uttarādhyayana> Name des ersten Mūlasuttas und zugleich des wichtigsten dieses Teils des Kanons. Zudem gehört es zu den vier ältesten Werken des Jaina-Kanons. Die vorherrschende Form ist die der 1643 Verse. Die 36 Abschnitte sind zwar zeitlich heterogen, doch enthalten sie, wie eben ausgeführt, Partien von außerordentlich hohem Alter. Zu diesen zählen Sprüche, Dialoge und Balladen. Inhaltlich finden sich interessante, noch näher zu untersuchende Anklänge an die Thematik des buddhistischen Suttanipāta und des Dhammapada. Im Mittelpunkt stehen Belehrungen an die Mönche über die Auswirkungen des *kamma*-Gesetzes sowie über Askese und das Sterbefasten. Die jinistische Tradition schreibt das achte Kapitel – es heißt kāvilīya – dem Kapila zu. Es predigt den Mönchen die Entsagung von allem Weltlichen und verpflichtet sie zu absoluter Keuschheit. Im neunten Kapitel findet sich die Ballade von König Nami, der so recht dem jinistischen Herrscherideal entsprach, indem er sich mehr als Asket denn als König fühlte. Gegen den formal-ritualistischen Kult der Brahmanen (der bekanntlich auch von den Buddhisten kritisiert wurde) richtet sich ein Dialog im zwölften Kapitel. Kapitel 22 enthält die Ballade von Rājīmatī, die den Asketen Rathaṇemi, der sie verführen wollte, zurechtweist. Ein Dialog im folgenden Kapitel hat die Form eines Rätselgesprächs und erinnert damit an ein *brahmodya*. Dabei geht es um ein Gespräch zwischen Goyama Indabhūti und Keśin, wobei ersterer der Befragte ist. Dass es den Kompilatoren des u. an Selbstbewusstsein nicht mangelte, zeigt das 14. Kapitel. Hier nimmt ein purohita – also nicht ein einfacher ṛtvij, sondern der Hofpriester eines Königs – nach einem interessanten Dialog die Jaina-Weihe. – Ausgaben, Übersetzungen und exegetische Werke s.v. im Verzeichnis der Primär-Literatur. Skizze des Inhalts und weitere Literatur bei Schubring 1962:115-116. Besonders ausführliche Darstellung des Inhalts bei Kapadia 1941/2000:135-140.

516 **uttarajjhayaṇa** n ↑ **uttarajhayaṇa**

517 **uttarapagai** f, uttarapayaḍi f <uttaraprakṛti> das Wissen verdunkelndes *kamma*. Sama, Bhaga, Utta

518 **uttarapayaḍi** f ↑ **uttarapagai**

519 **uttarabalissaha** m <uttarabalissaha> Name des ersten Schülers des Mahāgiri. Ṭhā

520 **uttarā** f <uttarā> Name einer dem Norden zugeordneten Göttin. Ṭhā

521 **uttarājjhayaṇa** n ↑ **uttarajhayaṇa**

522 **uttarāṇaṁdā** f <uttarānandā> Name einer Göttin („Wonne des Nor-

dens“). Rāja

523 **udaia** m <audayika> Reifezustand des *kamma*. Ṭhā, Bhaga

524 **udaya** m ↑ **udaia** Bhaga, Piṁḍa

525 **udahikumāra** m <udadhikumāra> Name einer Gruppe der Bhavanapati-Götter. Ṭhā, Bhaga, Paṇṇa

526 **udāi** m <udāyin> (**1**) Name eines Sohnes des Königs Koṇika; er gilt als Begründer der Stadt Pāṭaliputra. Starb durch Mörderhand und wird unter dem Namen Supārśva ein künftiger Tīrthaṁkara werden. Ṭhā; (**2**) Name eines Elefanten. Bhaga

527 **udāyaṇa** n <udāyana> (**1**) Name eines Sindhu-Königs, der zum Jinismus bekehrt und von Mahāvīra geweiht wurde. Bhaga, Utta; (**2**) Name eines Sohnes des Śatānīka, Königs von Kośāmbī. Bhaga, Vivā

528 **udīriya** Adj PP <udīrita> zum Reifen gebracht (das *kamma* betreffend). Bhaga, Paṇhā, Rāya, Paṇṇa, Utta

529 **uddaḍḍha** m <uddagdha> Name einer Höllenstätte in Ratnaprabhā. Ṭhā

530 **uddiṭṭhabhatta** m <uddiṣṭabhakta> Asketenmahlzeit. Sūya. Sama

531 **uddesiya** n <uddeśika> für bestimmte Mönche zubereitete Almosenspeise. Sūya, Ṭhā, Sama. Bhaga, Nāyā, Uva. Nisī, Piṁḍa, Dasa

532 **uddhacalaṇabaṁdha** m <ūrdhvacaraṇabandha> eine asketische Übung, die im Hängen an den gebundenen Füßen besteht. Paṇhā

533 **upahāṇa** n <upadhāna> Bezeichnung bestimmter Gelübde. Ṭhā

534 **uppala** n <utpala> (**1**) *Myth* Name eines Ozeans. Paṇṇa; (**2**) *Myth* Name eines Kontinents. Jīvā; (**3**) Name einer Himmelsstätte, in der die Götter nur einmal in zehn Monaten atmen und nur einmal in 20000 Jahren essen müssen. Sama

535 **uppalā** f <utpalā> (**1**) Name einer Göttin, der dritten Hauptgattin des Piśāca-Herrschers. Ṭhā, Bhaga; (**2**) Name der Gattin des Laien Śaṅkha. Bhaga; (**3**) Name der Gattin des Metzgers Bhīma in Hastināpura. Vivā; (**4**) Name eines Kapitels aus den Nāyādhammakahāo.

536 **uppāya** m <utpāda>, uppāyaṇa n <utpādana> ein Verstoß gegen die jinistischen Speisegesetze. Ṭhā, Nāyā, Paṇhā, Piṁḍa

537 **uppāyaṇa** n ↑ **uppāya**

538 **uppāyapavvaya** m <utpādaparvata> Name eines Berges in der Himmelswelt von Sūryābha. Sama, Bhaga, Rāya, Jīvā

539 **uppāyapuvva** n <utpādapūrva> Name des ersten ↑puvva; es behandelt das Entstehen und Vergehen der Substanzen. Ṭhā, Sama, Naṁdī

540 **ubbhinna** n <udbhinna> Bezeichnen des zwölften (von 16) Almosenfehlern: die Annahme von Speisen nach dem Öffnen einer Tür. Nāyā, Piṁḍa

541 **umā** f <umā> (**1**) *Myth* Beiname der Gattin des Śiva; (**2**) *Myth* Name der Muttr des zweiten Vāsudeva.

*542* **ummajja** m <ummajjana> wörtlich „das Auftauchen"; im Jinismus bildhaft: das Sicherheben über die Weltlichkeit.

*543* **urabbhiya** n <urabhrīya> Name des siebenten Kapitels des Uttarajjhayaṇasutta

*544* **uvaesarui** f <upadeśaruci> nach einem religiösen Lehrgespräch entstandener Glaube. Ṭhā, Utta

*545* **uvaoga** m <upayoga> die Fähigkeit der Seele, die Kontakte mit den Sinnesobjekten in Bewusstsein umzusetzen. Ṭhā, Bhaga, Paṇṇa, Jīvā, Piṁḍa

*546* **uvaṁga** n <upāṅga> *Lit* Zusatzglied zu den ↑aṁgas. Die u. gelten traditionell jeweils einem aṁga zugeordnet, so dass also insgesamt 12 u. vorhanden sind. Der Zusammenhang mit den aṁgas bezieht sich jedoch nicht auf die Thematik, sondern ist ein ganz äußerlicher. Das Hauptanliegen der u. ist die Darlegung dogmatischer Grundsätze, doch finden sich hier auch wertvolle Angaben zur Mythologie. Die Śvetāmbaras haben die folgenden zwölf u.: 1. Uvavāiya (Aupapātika); 2. Rāyapaseṇaijja (Rājapraśnīya); 3. Jīvābhigama (Jīvābhigama); 4. Paṇṇavaṇā (Prajñāpanā); 5. Sūrapannatti (Sūryaprajñapti); 6. Jambuddīvapannatti (Jambūdvīpaprajñapti); 7. Caṁdapannatti (Candraprajñapti); 8. Nirayāvaliyāo (Nirayāvalikāḥ); 9. Kappāvaḍaṁsiāo (Kalpāvataṁsikāḥ) 10. Pupphiyāo (Puṣpikāḥ); 11. Pupphacūliāo (Puṣpacūlikāḥ); 12. Vaṇhidasāo (Vṛṣṇidaśāḥ). Ausführlich behandelt werden die u. bei Kapadia 1941/2000:27-33.

*547* **uvakkama** m <upakrama> Bewirken der Reife des *kamma*. Ṭhā

*548* **uvaghāya** m <upaghāta> Verstoß gegen eine Ordensregel. Paṇhā, Oha

*549* **uvaghāyaṇāma** n <upaghātanāman> zu körperlicher Missbildung führendes *kamma*. Sama

*550* **uvajjhāya** m <upādhyāya> geistlicher Lehrer, der im Rang nur dem ↑ācariya nachstand. Ṭhā. Sama, Bhaga. Nāyā. Paṇhā. Nähere Ausführungen bei Schubring 1962:253-254.

*551* **uvaṭṭhāṇa** n <upasthāna> asketische Lebensführung. Sūya, Nāyā

*552* **uvaṭṭhāvaṇa** n <upasthāpana> Mönchsweihe eines Novizen, nachdem dieser die Ordensgelübde abgelegt hat. Ṭhā, Vava. Einzelheiten bei Schubring 1962:250.

*553* **uvaṇaya** m <upanaya> in der Philosophie die Anwendung eines Beispiels.

*554* **uvaṇihia** Adj <aupanidhika> *Mönch* nur das schon bereitgestellte Almosen annehmend. Ṭhā, Paṇhā

*555* **uvanaṁda** m <upananda> Name eines Jaina-Mönchs. Kappa

*556* **uvabhogaparibhogaparimāṇa** n <upabhogaparibhogaparimāṇa> siebentes Laiengelübde; es hat die Beschränkung von beständigem und transitorischem Besitz zum Inhalt. Bhaga

*557* **uvamāṇa** n <upamāna> in der Philosophie der Vergleich. Uvā, Uva. Rāya. Paṇṇa, Utta. Mehrfach auch als Erkenntnismittel zugelassen: Ṭhā.

Aṇuoga

558 **uvayāli** m <upajāli> (**1**) Name eines Sohnes des Königs Vasudeva und der Dhāraṇī. Er wurde von Neminātha geweiht, war 16 Jahre lang Wandermönch, starb nach einmonatigem Fasten auf dem Berg Śatruñjaya und fand die vollkommene Erlösung. Aṁta, Aṇu; (**2**) Name eines Sohnes des Königs Śreṇika; er wurde zum Mönch geweiht, starb den Fastentod auf dem Berg Vipula, wurde in der Himmelswelt Jayanta wiedergeboren und wird nach der nächsten Existenz die vollkommene Erlösung finden.

559 **uvaraya** Adj PP <uparata> sich der Sünde enthaltend. Sūya, Bhaga. Nāyā. Vava, Kappa, Utta, Dasa

560 **uvarudda** m <uparaudra> Name einer Gruppe höllischer Wesen, die die Gliedmaßen der Hölleninsassen abhauen. Sama, Bhaga

561 **uvaleva** m <upalepa>, uvalevaṇa n <upalepana> eigentlich: das Beschmieren; im Jinismus gemeint ist damit die Tatenfessel, die Beeinträchtigung der Seele durch das *kamma*. Bhaga, Uva

562 **uvalevaṇa** n ↑ **uvaleva**

563 **uvavāiya**[1] Adj <aupapātika> im Geburtenkreislauf befindlich, von Existenz zu Existenz wandernd. Āyā. Bhaga, Paṇhā, Utta, Dasa

564 **uvavāiya**[2] n <aupapātika, weniger wahrscheinlich sind upapādika und aupapādika>, häufig Ovavāiya oder Ovāiya geschrieben. Name des ersten ↑Uvaṁga. Der Titel könnte „Erlangung einer Existenz" oder „Manifestwerdung" bedeuten. Das u. wurde auf dem Konzil von Valabhī als erstes Werk kodifiziert. Die Suttas 168 bis 189 stehen in Versen, das übrige ist meist Prosa. Im ersten Teil, der den Namen samosaraṇa führt, wird König Kūṇiya von Mahāvīra über die Existenzen belehrt, die man infolge der eigenen Taten erlangt. Der zweite Teil steht mit dem ersten in keinem Zusammenhang. Er bringt in Frage- und Antwortform eine Belehrung, die Mahāvīra seinem Hauptschüler Goyama Indabhūti über die Arten der Wiedergeburt (uvavāya) zuteil werden lässt. Breit ausgemalt wird das Bild, das sich die Jinisten vom Paradiese machten. Interessant ist auch die Beschreibung der Stadt Campā. Ausgaben und Übersetzungen s.v. im Verzeichnis der Primärliteratur. Kurze Skizze des Inhalts bei Schubring 1962:96.

565 **uvavāya** m <von den Digambaras als upapāda, von den Śvetāmbaras als upapāta gedeutet; die erste Version dürfte vorzuziehen sein> (**1**) Name einer Ratsversammlung der Vijaya-Götter. Jīvā; (**2**) Entstehung, Geburt durch Manifestation; dieser Vorgang ist nur bei Göttern und Höllenwesen möglich. Kappa; weitere Details bei v. Glasenapp 1984:174; (**3**) Wiedergeburt. Eine Beschreibung findet sich im Paṇṇavaṇāsutta. Ausführliche und tiefgründige Behandlung bei Schubring 1962:188-203.

566 **uvasaṁpayā** f <upasaṁpad> der Eintritt in die Ausbildung durch einen

jinistischen Lehrer. Ṭhā, Bhaga. Utta

*567* **uvasama** m <upaśama> Beseitigung des *kamma* der Verblendung. Ṭhā, Sama, Uva, Utta, Aṇuoga

*568* **uvasamaseṇi** f <upaśamaśreṇi> Stufenleiter der seelischen Vervollkommnung.

*569* **uvasamia** m <aupaśamika> Erlöschen des *kamma* der Verblendung. Bhaga, Aṇuoga

*570* **uvasāmaga** m <upaśamaka> die Leidenschaften unterdrückender Asket, zu innerem Frieden gelangter Mönch. Bhaga

*571* **uvassaya** m <upāśraya> Stätte für einen Mönch, Kloster. Āyā, Ṭhā, Nāyā, Paṇhā, Rāya, Nira, Nisī, Vava, Kappa, Utta, Dasa

*572* **uvahāṇasuya** n <upadhānaśruta> Name des achten Kapitels des Āyāraṁgasutta. Ṭhā, Sama

*573* **uvahi** m <upādhi> eigentlich „Ausstattung, Werkzeug, Hilfsmittel"; in der jinistischen Philosophie: Bedingung, Voraussetzung.

*574* **uvahiviussagga** m <upādhivyutsarga> Verzicht auf materiellen Besitz. Bhaga, Uva

*575* **uvāsa** m <avakāśa> eigentlich „Stätte, Platz", im Jinismus: Kloster. Nisī

*576* **uvāsaga** m <upāsaka> Laienanhänger (das Wort hat sowohl im Jinismus als auch im Buddhismus die gleiche Bedeutung). Bhaga, Uvā, Paṇhā, Utta

*577* **uvāsagadasāo** f Pl <upāsakadaśāḥ> ist der Titel des siebenten ↑aṁga und bedeutet „Zehn (Kapitel) über die Laienanhänger". Sie äußern sich über die den Laienanhängern erwachsenden Pflichten und zwar anhand von Legenden über besonders fromme Laien, meist Kaufleute, sowie über Personen, die sich um die Ausbreitung des Jinismus verdient gemacht haben. Allerdings geschieht das (mit Ausnahme des siebenten Kapitels) in meist recht eintöniger Weise. Von großer sozialgeschichtlicher Bedeutung sind dagegen die Informationen über das damalige Alltagsleben. Im ersten Kapitel werden die Observanzen geschildert, die der reiche Hausvater Āṇaṁda und seine Gattin Sivaṇaṁdā auf sich nahmen. Ersterer erlangte über den Weg des Sterbefastens die Erlösung, wie sie sonst nur Mönchen vorbehalten blieb. Im zweiten Kapitel hielt Kāmadeva trotz Lebensgefahr sein jinistisches Gelübde aufrecht. Gleiches tat Surādeva im vierten Kapitel, obwohl das Gelübde seine Gesundheit bedrohte. Im sechsten Kapitel wird gezeigt, wie der Laienanhänger Kuṁḍakoliya der Versuchung widersteht, einer nicht-jinistischen Lehre (hier der des Fatalisten Makkhali Gosāla) anheimzufallen. Höher als das durchschnittliche literarische Niveau steht die siebente Geschichte. Hier bekehrt Mahāvīra in einem lebendigen, gut gelungenen Dialog gegen die Lehre des Gosāla den reichen Töpfer Saddālaputta. Im achten Kapitel schließlich bemüht sich die lüsterne Revaī, ihren Gatten Mahāsayaga zu verführen und ihn der

Jaina-Lehre abspenstig zu machen, doch erfährt sie dadurch eine schwere Schicksalsstrafe. Die Geschichte ist für die misogyne Haltung des Jinismus typisch; Revaī, sicher eine vollblütige junge Frau mit ganz normalen Neigungen, wird zu einem wahren Monstrum stilisiert. – Ausgaben, Übersetzungen und exegetische Werke s.v. im Verzeichnis der Primärliteratur. Inhaltsübersicht über alle zehn Kapitel und weitere Literatur bei Schubring 1962:92-93.

578 **uvāsagapaḍimā** f <upāsakapratimā> die elf Gelübde eines jinistischen Laienanhängers. Ṭhā, Sama, Uvā

579 **uvāsiyā** f <upāsikā> Laienanhängerin. Bhaga

580 **uvvaṭṭaṇā** f <udvartanā> beschleunigte Wirkungsweise des *kamma*. Ṭhā, Bhaga, Uvā, Vivā

581 **uvvaṭṭiya** Adj PP <udvartita> ein Höllendasein beendet habend. Bhaga

582 **usabha** m <ṛṣabha, vṛṣabha> (**1**) Name des ersten Tīrthaṁkara; er war ein Sohn des Nābhi und der Marudevī. Seine (mythische) Biographie findet sich bei v. Glasenapp 1984:266-267. Sama, Bhaga, Paṇhā, Kappa, Aṇuoga; (**2**) Name von Göttern und Brahmanen.

583 **usabhaṇārāyasaṁhaṇaṇa** n <ṛṣabhanārācasaṁhanana> Körperbau, bei dem die Knochengelenke gelockert bzw. instabil sind. Jīvā

584 **usabhadatta** m <ṛṣabhadatta> Name eines Brahmanen, der mit Mahāvīra in Verbindung stand. Bhaga, Vivā, Kappa

585 **usukāra** m, usugāra m, usuyāra m <iṣukāra> (**1**) Name eines Königs. Vivā, Utta; (**2**) Name einer Stadt. Vivā, Utta

586 **usugāra** m ↑ **usukāra**

587 **usuyāra** m ↑ **usukāra**

588 **ussappiṇī** f <utsarpiṇī> aufsteigende Weltperiode; sie besteht aus sechs Abschnitten (ārā). Ṭhā, Sama, Bhaga, Paṇṇa, Kappa, Utta, Naṁdī, Aṇuoga

## Ū

589 **ūṇoyariā** f <ūnodarikā> eine Bußübung: es wird zwar gegessen, der Magen aber nicht richtig gefüllt, so dass ein Hungergefühl bestehen bleibt. Bhaga, Utta

## E

590 **ekāvalī** f <ekāvalī> eine Art des Fastens in auf- und absteigender Dauer. Paṇhā, Uva

591 **ekāsaṇa** n, egāsaṇa n <ekāśana> Gelübde, nur einmal am Tage zu essen.

592 **egaṁtadiṭṭhi** f <ekāntadṛṣṭi> nicht-jinistische Anschauung oder Lehre. Nāyā, Aṁta

*593* **egapaesa** m <ekapradeśa> in der jinistischen Philosophie der kleinste, nicht weiter zerlegbare Teil der Materie. Bhaga

*594* **egabhatta** n <ekabhakta> nur einmal innerhalb von 24 Stunden erfolgende Nahrungsaufnahme. Dasa

*595* **egavāī** m <ekavādin> der nur eine einzige Seele für existent hält.

*596* **egasiddha** m <ekasiddha> allein für sich, ohne Gemeinschaft mit anderen Seelen, erlöste Seele. Paṇṇa, Naṁdī

*597* **egāsaṇa** n ↑ **ekāsaṇa**

*598* **egiṁdiya** Adj ↑ **egeṁdiya**

*599* **egūruya** m <ekoruka> Name der ersten von 56 mythischen Zwischeninseln. Ṭhā, Bhaga

*600* **egeṁdiya** Adj, egiṁdiya Adj <ekendriya> wird von einem ↑jīva gesagt, der nur ein einziges Sinnesorgan besitzt, nämlich das des Fühlens oder Tastens. Ṭhā, Bhaga, Paṇhā

*601* **eṇijjaya** m <eṇeyaka> Name eines von Mahāvīra bekehrten Königs. Ṭhā

*602* **eravaya** m <airavata> **(1)** *Myth* Name eines Berges. Jambu; **(2)** Name einer Region nördlich des Meru. Ṭhā, Sama, Bhaga, Jīvā, Paṇṇa, Naṁdī, Aṇuoga

*603* **erāvaī** f <airāvatī> Name eines Flusses. Ṭhā, Kappa

*604* **erāvaṇa** m <airāvaṇa> **(1)** *Myth* Name des Elefanten des Indra in der ersten Götterwelt. Sūya, Ṭhā, Bhaga, Uvā, Paṇhā, Paṇṇa; **(2)** Name eines Sees im nördlichen Kurukṣetra. Jīvā

*605* **evaṁbhūya** m <evaṁbhūta> Bezeichnung des siebenten logischen Standpunktes. Ein Objekt wird als solches nur dann bezeichnet, solange und insoweit es sich in einer für dasselbe typischen Situation oder Prozedur befindet. Beispielsweise ist ein Topf nur insoweit ein Topf, als er mit Wasser gefüllt ist. Ṭhā, Sama, Bhaga, Paṇṇa

*606* **esaṇa** n <eṣaṇa> eigentlich „Suchen, Wunsch"; im Jinismus wird damit ein religiös vertretbares und geeignetes Nahrungsmittel bezeichnet. Bhaga, Nāyā, Uvā, Vivā

*607* **esaṇā** f <eṣaṇā> eigentlich: **(1)** Wünschen, Verlangen; **(2)** Erhalt, Empfang; im Jinismus einer von zehn Almosenfehlern, die sowohl von Mönchen als auch von Laien begangen werden können. Āyā, Ṭhā, Bhaga, Uvā, Aṁta, Aṇu, Paṇhā, Piṁḍa

*608* **esaṇijja** Adj Ger <eṣaṇīya> nach jinistischen Begriffen einwandfrei; ein solches Almosen etwa ist nicht zurückzuweisen. Ṭhā, Bhaga, Nāyā, Uvā, Rāya, Utta, Piṁḍa

*609* **esiya** m <eṣika> ein Mönch, der wegen Nahrungsgewinnung lieber einen Elefanten als unzählige Kleinlebewesen tötet. Sūya, Bhaga

## O

610 **ogiṇhaṇa** n <avagrahaṇa> in der jinistischen Erkenntnistheorie der erste Eindruck, das vorläufige Erfassen. Naṁdī

611 **oggaha** m <avagraha> (**1**) *Phil* das Gewahrwerden, der erste Eindruck, die primäre Wahrnehmung und damit die erste Stufe der Erkenntnis. Zu den weiteren Stufen s. Schubring 1962:154-155; (**2**) der einem in einem Haus als Gast weilenden Mönch zugewiesene Aufenthaltsraum. Āyā. Mehr darüber bei Schubring 1962:262.

612 **obhāsa** m <avabhāsa> eigentlich: Licht, Glanz; im Jinismus der Name des 65. Planeten. Ṭhā, Bhaga, Nāyā

613 **omarāiṇia** m <avamarātnika> *bildhaft* Novize. Ṭhā

614 **omoyariyā** f <avamodarikā> freiwillige Einschränkung der Nahrungszufuhr als asketische Übung. Ṭhā. Mehr darüber bei Schubring 1962:275.

615 **oya** Adj <ojas> frei von Einflüssen des *kamma*. Āyā, Sūya, Ṭhā, Bhaga, Nāyā

616 **ovavāiya** n ↑ **uvavāiya**

617 **osappiṇī** f <avasarpiṇī> absteigende, schlechter werdende Zeitperiode. Ṭhā, Sama, Bhaga, Paṇṇa, Kappa. Utta, Aṇuoga

618 **oha** m <ogha> eigentlich (**1**) Schwall, Flut; (**2**) Gruppe, Menge; (**3**) Allgemeingut, Gemeinsamkeit. Im Jinismus speziell Bezeichnung für den Geburtenkreislauf. Āyā, Sūya, Bhaga

619 **ohanijjutti** f <oghaniryukti> *Lit* Name des vierten Mūlasutta. Es handelt sich nicht, wie manchmal angenommen, um ein Cheyasutta. Als Autor gilt Bhadrabāhu. In über 1100 Gāthās wird fromme Lebensführung gelehrt. Von Bedeutung ist der Kommentar des Droṇācārya. Ausgaben und exegetische Literatur s.v. im Verzeichnis der Primärliteratur. Kurze Inhaltsangabe und weitere Literatur bei Schubring 1962:120-121.

620 **ohāṇa** n <avadhāna> Rückkehr eines Mönchs ins weltliche Leben.

621 **ohi** m <avadhi> eigentlich: Grenze, Grenzpunkt, Termin. In der jinistischen Philosophie (auch ohiṇāṇa) versteht man darunter das allein durch die Seelenkraft – also ohne Hilfe durch die Sinnesorgane – erlangte Wissen. Oberhalb des ohiṇāṇa gibt es keine falsche Erkenntnis mehr, wenngleich die nunmehr einsetzende richtige Erkenntnis noch Abstufungen aufweist. Bhaga, Nāyā, Uvā, Kappa, Utta, Naṁdī. Ausführliche Details zu diesem wichtigen Terminus bei Schubring 1962:165-168.

## K

622 **kaṁcaṇakūḍa** n <kāñcanakūṭa> Name einer Stätte in der dritten und vierten Himmelswelt. Sama

623 **kaṁcaṇiyā** f <kāñcanikā> Name einer Himmelsstadt. Jīvā

*624* **kaṁḍacchāriya** m <kāṇḍacchāriya> Name eines Bürgermeisters

*625* **kaṁḍarīya** m <kaṇḍarīka> (**1**) Name eines Sohnes des Königs Mahāpadma und der Padmāvatī. Er ließ sich zum Mönch weihen, kehrte aber ins weltliche Leben zurück, starb kurz darauf und fuhr zur Hölle. Nāyā; (**2**) Name eines Frauenentführers. Piṁḍa, Naṁdī

*626* **kaṁḍiyāyaṇa** n <kaṇḍikāyana> Name eines Tempelparks bei Vaiśālī. Bhaga

*627* **kaṁdiya** m <krandita> eigentlich, aber im n: Jammern, Wehklagen; im m jedoch Name einer Gruppe von Göttern der Unterwelt. Paṇhā, Uva, Paṇṇa

*628* **kaṁpilla** <kāmpilya> (**1**) m Name eines Prinzen aus dem Yadu-Geschlecht. Er war ein Sohn des Königs Andhakavṛṣṇi, erhielt die Mönchsweihe von Neminātha und fand nach dem Fastentod Erlösung auf dem Berg Śatruñjaya. Aṁta; (**2**) n Name einer Stadt der südlichen Pañcāla; sie war die Stätte der Gattenwahl der Draupadī. Ṭhā, Paṇṇa, Nisī, Utta

*629* **kaṁpillapura** n ↑ **kaṁpilla** (2)

*630* **kaṁbala** m <kambala> Wolltuch, Decke, Gewand (für einen Mönch); vgl. dazu Schubring 1962:258.

*631* **kaṁbuggīva** m <kambugrīva> Name einer Stätte im fünften Devaloka. Sama

*632* **kaṁsa** m <kaṁsa> (**1**) *Myth* Name eines Sohnes des Königs von Mathurā, Ugrasena. Paṇhā; (**2**) Name des 22. Planeten. Ṭhā

*633* **kakkoḍaya** m <karkoṭaka> Name von Göttern und Bergen, (**1**) Name eines Velaṁdhara-Gottes. Bhaga; (**2**) *Myth* Name eines Berges Jīvā; (**3**) Name eines weiteren Berges. Ṭhā

*634* **kaccha** m <kaccha> Name einer Gottheit. Jambu

*635* **kacchabha** m <kacchapa> eigentlich: Schildkröte; Beiname des Dämons Rāhu. Bhaga, Sūra

*636* **kajjalappabhā** f <kajjalaprabhā> *Myth* Name eines Lotusteiches. Jīvā

*637* **kajjaseṇa** m <kāryasena> *Myth* Name eines bedeutenden Patriarchen (kulakara) der vergangenen ↑osappiṇī.

*638* **kajjovaga** m <kāryopaga> Name eines Planeten. Ṭhā

*639* **kaṇa** m <kana> Name des siebenten Planeten. Ṭhā

*640* **kaṇaga** m <kanaka> Name der über Ghṛtadvīpa herrschenden Gottheit. Jīvā

*641* **kaṇagakeu** m <kanakaketu> Name eines Königs von Ahicchattra. Nāyā

*642* **kaṇagapura** n <kanakapura> *Myth* goldene Stadt. Vivā

*643* **kaṇagalayā** f <kanakalatā> Name der zweiten Hauptgattin eines Welthüters. Ṭhā, Bhaga

*644* **kaṇagā** f <kanakā> *Myth* Name der dritten Gattin des Bhīma. Ṭhā, Bhaga, Nāyā

*645* **kaṇagāvali,** kaṇagāvalī f <kanakāvali, kanakāvalī> eigentlich: goldene Halskette; im Jinismus jedoch eine Sequenz von Fastenübungen, die graphisch ausgedrückt die Form einer Halskette aufweist, Uva

*646* **kaṇagāvalī** f ↑ **kaṇagāvali**

*647* **kaṇiyāra** m <karṇikāra> Name eines Heiligen. Ṭhā, Bhaga

*648* **kaṇṇa**[1] m <karṇa> Name eines Aṅga-Königs; er war ein Bruder des Yudhiṣṭhira. Nāyā

*649* **kaṇṇa**[2] m <kaṇva> Name eines alten Weisen. Uva

*650* **kaṇṇapāuraṇa** m <karṇaprāvaraṇa> *Myth* Name einer Insel im Salzmeer. Ṭhā

*651* **kaṇha** m <kṛṣṇa> **(1)** Name eines Heroen, später eines mit Viṣṇu identischen Gottes. Im Jinismus ist er der neunte Vāsudeva. Weitere Details bei v. Glasenapp 1984:289. Sama, Nāyā, Paṇṇa; **(2)** Name eines Wandermönchs. Uva; **(3)** ein schlechtes *kamma*; ↑kiṇhalessā

*652* **kaṇhakumāra** m <kṛṣṇakumāra> Name eines Sohnes des Königs Śreṇika. Nira

*653* **kaṇhaṇāma** n <kṛṣṇanāman> ein *kamma*. dessen Auswirkung den Körper schwärzt. Rāya

*654* **kaṇharāi**[1] f <kṛṣṇarāti oder kṛṣṇarāji> Name einer Göttin. Ṭhā, Jīvā

*655* **kaṇharāi**[2] f <kṛṣṇarāji> **(1)** Name eines Kapitels der Nāyādhammakahāo; **(2)** *Myth* schwarze Linien, die die Wohnstätte der Lokāntika-Götter im fünften Devaloka umgeben. Ṭhā, Bhaga

*656* **kaṇhalesā** f, kaṇhalessā f <kṛṣṇaleśyā> schwarzer, schlechtester Seelentyp. Ṭhā, Bhaga, Paṇhā. Jīvā

*657* **kaṇhalessā** f ↑ **kaṇhalesā**

*658* **kaṇhavaḍiṁsaya** n <kṛṣṇāvataṁsaka> Name einer Götterstätte. Nāyā, Rāya

*659* **kaṇhā** f <kṛṣṇā> Beiname der Durgā, der Draupadī und anderer Göttinnen und Königinnen, u.a. **(1)** Name einer Gattin des Königs Śreṇika, die von Mahāvīra die Weihe empfing und elf Jahre lang ein Asketenleben führte; nach dem Fastentod fand sie die vollkommene Erlösung. Aṁta, Nira; **(2)** Name der Gattin des Königs Vāsavadatta von Vijayapura. Vivā

*660* **kattiya** m <kārttika> Name eines Kaufmanns aus Hastināpura; er wurde von Suvrata geweiht und als Hauptgottheit im ersten Devaloka wiedergeboren. Bhaga, Nira

*661* **kaddama** m <kardama>, kaddamaa m <kardamaka> Name des zweiten Königs der Anuvelaṁdhara-Götter. Bhaga, Paṇhā, Jīvā

*662* **kaddamaa** m ↑ **kaddama**

*663* **kappa** m <kalpa> **(1)** *Myth* Name eines Ozeans und einer Insel. Jīvā; **(2)** Name eines Ministers des Königs Nanda. Rāya; **(3)** Name des fünften Cheyasutta. Naṁdī; **(4)** Mönchsleben und die dieses regelnden Vorschriften. Einzelheiten und weitere Literaturhinweise bei Schubring 1962:247ff.

*664* **kappaṭṭhiya** m <kalpasthita> die Ordensregeln einhaltender Mönch.

*665* **kapparukkha** m <kalpavṛkṣa> Gesamtbezeichnung für die zehn Wunschbäume, die den Menschen im glücklichsten Zeitalter ↑susamasusamā zur Verfügung standen. Ihre Namen und speziellen Eigenschaften bei v. Glasenapp 1984:263. Ṭhā, Nāyā, Paṇhā

*666* **kappavaḍiṁsiyāo** f Pl <kalpāvataṁsakāḥ> Name des neunten uvaṁga. Hier wird geschildert, wie Paüma gegen den Willen seiner Eltern Mönch wird. In einer künftigen Existenz wird er vollständige Erlösung erlangen. Eine Skizze des (nicht sehr bedeutenden) Inhalts findet sich bei Schubring 1962:106.

*667* **kappasutta**[1] n <kalpasūtra> Name eines Werkes von Bhadrabāhu. Es umfasst drei Teile. Der erste Teil führt den Namen Jiṇacariya und behandelt die Lebensläufe von Ariṣṭanemi, Pārśva und Mahāvīra. Der zweite Teil, genannt Therāvalī, befasst sich mit dem Wirken von 33 Nachfolgern Mahāvīras als ↑gaṇadharas. Der dritte Teil – sāmāyāri – gibt die für das Mönchsleben während der Regenzeit gültigen Regeln. Nur dieser Teil kann wirklich von Bhadrabāhu stammen, der 170 Jahre nach Mahāvīra gestorben sein soll. Die ersten beiden Teile sind wohl erst in der zweiten Hälfte des 5. Jahrhunderts n.Ch. zusammengestellt worden. Alle drei Texte sollen dem Kanon, zu dem sie ursprünglich nicht gehörten, von Devarddhi hinzugefügt worden sein.

*668* **kappasutta**[2] n <kalpasūtra> ist das fünfte und älteste Cheyasutta. Es ist das eigentliche, ursprüngliche Kappasutta. Das Werk enthält Lebensregeln für die Mönche und Nonnen, durch die *kappa*, der rechte Wandel, gewährleistet werden soll. Ausgaben und Übersetzungen im Verzeichnis der Primärliteratur.

*669* **kappāīa** m <kalpātīta> Name einer besonders hoch stehenden Göttergruppe; sie umfasst die neun Graiveyaka- und die fünf Anuttara-Götter. Paṇṇa, Utta

*670* **kappāgabhikkhu** m <kalpākabhikṣu> zur Wiederzulassung eines Verstoßenen berechtigter Mönch. Vava

*671* **kappāvaḍaṁsiāo** m Pl <kalpāvataṁsikāḥ> Name des neunten uvaṁga. Die Geschichte der zehn Prinzen aus dem achten uvaṁga wird hier fortgeführt, und es wird geschildert, wie sie zum Jinismus bekehrt wurden.

*672* **kappiākappia** n <kalpākalpa> Name eines Jaina-Lehrbuches. Naṁdī

*673* **kappiyā** f <kalpikā> ebenfalls Name des neunten uvaṁga. Naṁdī, Nira

*674* **kappovaga** m <kalpopaga> eine Gottheit der ersten bis zwölften Himmelswelt. Bhaga, Paṇṇa

*675* **kamaḍhaga** n <kamaḍhaka> Almosenschale, auch hölzerner oder irdener Wassertopf, einer Nonne. Vava, Oha

*676* **kamatha** m <kamatha> Name eines Bruders des Pāsa (Pārśva); Einzelheiten bei v. Glasenapp 1984: 293-295.

*677* **kamalappabhā** f <kamalaprabhā> (**1**) *Myth* Name der zweiten Gattin des Piśāca-Königs. Ṭhā, Bhaga; (**2**) Name eines Kapitels der Nāyādhammakahāo.

*678* **kamalasirī** f <kamalaśrī> Name einer Königin. Nāyā

*679* **kamalā** f <kamalā> (**1**) Beiname der Lakṣmī; (**2**) Name der zweiten Gattin des Piśāca-Königs. Ṭhā, Bhaga; (**3**) Name eines Kapitels aus den Nāyādhammakahāo.

*680* **kamma** n <karman> eigentlich: Werk, Tat; im Jinismus eine seiner allerwichtigsten Kategorien, nämlich die Folge der Taten, die Förderung oder Hemmung der Erlösung. Die jinistischen Religionsphilosophen unterscheiden nicht weniger als 148 Arten des k.; diese werden in acht Hauptarten zusammengefasst: (**1**) nāṇāvaraṇijja <jñānāvaraṇīya>: es verhüllt das Wissen der im Grunde allwissenden Seele; (**2**) daṁsaṇāvaraṇijja <darśanāvaraṇīya>: es verhüllt das Schauen, nämlich eines Dinges in seiner begrifflichen Allgemeinheit; (**3**) veyaṇijja <vedanīya>: es ruft die Empfindung von Lust und Unlust hervor und beseitigt die der Seele an sich zueigene Seligkeit; (**4**) mohaṇijja <mohanīya>: es verdunkelt den wahren Glauben, versetzt die Menschen in Betörung und Verblendung und erweckt somit die Leidenschaften; (**5**) āuya <āyuṣya>: es verleiht dem Lebewesen ein bestimmtes Lebensquantum; (**6**) nāma <nāman>: es verleiht die individuellen, auch die somatischen Eigenschaften; (**7**) goya <gotra>: es bestimmt den Geburtsrang und den sozialen Stand; (**8**) aṁtarāiya <antarāya>: es hemmt die Entschlussfreudigkeit und Willenskraft der Seele und wirkt zudem gegen rechtes Geben und Nehmen. Die kamma-Lehre, mag sie auch sittliche Ziele verfolgen, gehört zu den schwächsten Elementen der altindischen Philosophie – sei sie orthodox oder heterodox. Dieser Einsicht neigen jetzt in wachsender Zahl auch indische Gelehrte zu. So konstatiert die Philosophin Sukumari Bhattacharji, „... that the theories of karman and rebirth were two of the most vicious ever invented by man“ (Bhattacharji 1995:pref.). Angesichts des moralischen Anspruchs der kamma-Lehre ist zu fragen, wer die Maßstäbe eines moralischen Lebens festsetzt? Gibt es überhaupt solche Maßstäbe, die allgemein und zeitlos gültig sind? Vgl. im Verzeichnis der Sekundärliteratur v. Glasenapp 1915/1980; Nyayavijayaji 1998:267-316 behandelt das Thema vom jinistischen Standpunkt. Zu den acht Hauptarten des k. äußert sich Schubring 1962:179-182. Sūya, Bhaga, Nāyā, Uvā, Paṇṇa, Kappa, Piṁḍa

*681* **kammakaraṇa** n <karmakaraṇa> Ursache des *kamma*. Bhaga

*682* **kammakkhaya** m <karmakṣaya> Schwund des *kamma*. Nāyā

*683* **kammaṭṭhii** f <karmasthiti> Dauer der Wirkung des *kamma*. Sama,

Bhaga

*684* **kammaṇa** n <kārmaṇa> *kamma*-Leib

*685* **kammaṇisega** m, kammaṇiseya m <karmaniṣeka> eine Form des *kamma*. Ṭhā, Bhaga

*686* **kammaṇiseya** m ↑ **kammaṇisega**

*687* **kammapurisa** m <karmapuruṣa> eigentlich: Arbeiter; im Jinismus ein pejoratives Epitheton des Vāsudeva. Ṭhā

*688* **kammappavāya** m <karmapravāda> *Lit* Name des achten ↑puvva, das von den Arten des *kamma* handelt. Naṁdī

*689* **kammabaṁdha** m <karmabandha> *kamma*-Fessel. Nāyā

*690* **kammamūla** n <karmamūla> eine Ursache (von fünf) des *kamma*. Āyā

*691* **kammalessā** f <karmaleśyā> durch die Wirkung der Taten bedingte Persönlichkeitsstruktur. Bhaga

*692* **kammavaggaṇā** f <karmavargaṇā> Aggregat von *kamma*-Partikeln.

*693* **kammavivāga** m <karmavipāka> Resultat des *kamma*. Utta

*694* **kammavisohi** f <karmaviśuddhi> Reinigung vom *kamma*. Bhaga

*695* **kammādāṇa** n, kammāyāṇa n <karmādāna> eine (von 15) Arten, *kamma* zu akquirieren; hier durch die Ausübung eines sündhaften Berufs. Bhaga

*696* **kammāyāṇa** n ↑ **kammādāṇa**

*697* **kammiyā** f <karmitā> unausgelöschtes *kamma*. Tat mit unvergänglichen Folgen. Bhaga

*698* **kayaṁgalā** f <kṛtaṅgalā> Name einer Nachbarstadt von Śrāvastī im nördlichen Kosala. Bhaga

*699* **kayamālaga** m, kayamālaya m <kṛtamālaka> *Myth* Name von Höhlen und deren Gottheiten. Ṭhā

*700* **kayamālaya** m ↑ **kayamālaga**

*701* **kayavaṇamālapiya** m <kṛtavanamālapriya> Name eines Dämons. Vivā

*702* **kayavamma** m <kṛtavarman> Name eines Königs, Vaters des Vimalanātha, der zum 13. Tīrthaṁkara wurde.

*703* **kayavvayakamma** n <kṛtavratakarman> das zweite Gelübde eines jinistischen Laienanhängers. Sama

*704* **karoḍiga** m <karoṭika> ein aus Schädeln bestehendes Halsband tragender Asket. Nāyā, Vivā

*705* **kalaṁkalībhāva** m <kalaṅkalībhāva> eigentlich: Jammer, Klage; im Jinismus das Umherirren im Geburtenkreislauf. Āyā

*706* **kalaṁbavāluyā** f <kalambavālukā> *Myth* ein Höllenfluss. Paṇhā, Utta

*707* **kalā** f <kalā> Teil. Teilchen, Atom. Ṭhā, Sama, Bhaga, Nāyā, Aṇu, Jambu, Utta

*708* **kaliṁga** m <kaliṅga> Name eines Volkes an der nördlichen Koromandelküste. Paṇṇa, Utta

*709* **kavila** m <kapila> (**1**) Name des Begründers des Sāṁkhya-Systems. Uva; (**2**) Name eines alten Weisen, der später Mönch wurde. Utta; (**3**) Name einer Erscheinungsform des Rāhu. Sūra

*710* **kavilīya** n <kāpilya> Bezeichnung des achten Kapitels des Uttarajjhayaṇa, das dem Kapila zugeschrieben wird. Es enthält Ermahnungen an die Mönche, dem Hass, der Verletzung von Lebewesen und weltlichen Vergnügungen zu entsagen.

*711* **kasāya** m <kaṣāya> eigentlich (**1**) Röte, rotes Gewand; (**2**) Aroma, Schärfe. Im Jinismus ist das Wort zu einem wichtigen Terminus umgestaltet worden, nämlich zu einem Sammelbegriff für unmoralische Eigenschaften, insbesondere für die folgenden vier: Zorn, Stolz, Falschheit, Gier. Diese verdunkeln die an sich reine Seele und verursachen die Seelenwanderung (dieser Ausdruck ist hier weitaus besser geeignet als für den Buddhismus!). Mit den vier k. befasst sich speziell das 14. Kapitel des Paṇṇavaṇāsutta. Bhaga, Nāyā, Uva, Jīvā, Kappa, Utta, Dasa, Aṇuoga

*712* **kasāyamohaṇijja** n <kaṣāyamohanīya> Verblendung, Betörung und Leidenschaften erzeugendes *kamma*. Utta

*713* **kasiṇā** f <kṛtsnā> eine Buße, die in ihrer Radikalität nicht mehr übertroffen werden kann. Ṭhā

*714* **kāu** f <kāpotī> taubengraue Farbe

*715* **kāulessā** f, kāvoyalessā f <kāpotaleśyā> drittschlechtester (von sechs) Charaktertypen. Ein ↑jīva dieses Typs neigt zu Diebstahl, Lügen und Intrigen; die Fehler anderer werden überall verkündet, die eigenen verborgen. Ṭhā, Sama, Bhaga, Paṇṇa, Utta

*716* **kāussagga** m <kāyotsarga> Aufgabe des Körpers, Lossagen vom Ich. Bhaga, Nāyā, Kappa, Utta, Naṁdī

*717* **kākaṁdaga** m <kākandaka> Name eines Jaina-Weisen. Kappa

*718* **kāgaṁdī** f <kākandī> Name einer Stadt in Bihar. Aṇu

*719* **kāmaḍḍhiya** m <kāmārddhika> jinistische Mönchsschar. Ṭhā

*720* **kāmaduhā** f <kāmaduh> *Myth* eine Wunschkuh, die unbegrenzt Milch gibt. Utta

*721* **kāmadeva** m <kāmadeva> Name eines Laienanhängers (von zehn) des Mahāvīra. Uvā

*722* **kāmappabha** n <kāmaprabha> Name einer Götterstätte. Jīvā

*723* **kāmamahāvaṇa** n <kāmamahāvana> Name eines Parks bei Benares. Bhaga, Nāyā, Aṁta

*724* **kāmiḍḍhi** m <kāmarddhi> Name eines Schülers des Suhastisūri. Kappa

*725* **kāyaoga** m <kāyayoga> körperliche Aktivität.

*726* **kāyagutti** f <kāyagupti> Kontrolle über den Körper, Bewahrung des Körpers vor üblen Taten, Selbstbeherrschung. Ṭhā, Sama, Bhaga

*727* **kāyariya** m <kātarika> Name eines Laienanhängers des Gosāla. Bhaga

*728* **kāraya** n <kāraka> Veranlassen anderer zu guten Taten, Vorbildlichkeit. Ṭhā, Bhaga, Nāyā, Utta

*729* **kāla** m <kāla> (**1**) Name des 56. Planeten. Ṭhā; (**2**) Name verschiedener Götter a) zweier Lokapālas: Vilaṁba und Prabhañjana. Ṭhā; b) Beherrscher der Vāyukumāra-Götter. Bhaga; c)Höllenwesen, die ihre Opfer in einem Eisenkessel sieden. Sama; (**3**) Name verschiedener Himmels- und Höllenwelten: a) Stätte im achten Devaloka, wo die Götter nur einmal in 18000 Jahren essen. Sama; b) Stätte in der siebenten Hölle. Ṭhā, Jīvā, Paṇṇa; (**4**) Name des ersten Kapitels der Nirayāvaliyāo; (**5**) Zeit, Zeitbegriff; dazu Mylius, K.: Die Zeit in der Philosophie der Jainas, in: Asiatische Studien/Études Asiatiques LVII/1 (2003) 55-61. k. hat als Zeit keine Ausdehnung und ist aṇ-atthikāya. Es ist die Zeit, in welcher Dinge entstehen, sich entwickeln und verändern, k. ist ein anfang- und endloses Kontinuum. k. besteht aus unendlich vielen Momenten, besitzt aber keine Raumpunkte. Vgl. Nyayavijayaji 1998:225-231, wo eingehend dargestellt wird, dass es bei den Jainas unterschiedliche Auffassungen über das Wesen der Zeit gibt. Weiteres Material bei v. Glasenapp 1984:154-155.

*730* **kālacakka** n <kalacakra> Zyklus, der aus sechs aufsteigenden und sechs absteigenden Zeitepochen beseht. Naṁdī

*731* **kālaparamāṇu** m <kālaparamāṇu> kleinste Zeiteinheit, entsprechend einem ↑samaya. Bhaga

*732* **kālapāla** m <kālapāla> Name eines Welthüters. Ṭhā

*733* **kālappabha** m <kālaprabha> Name eines Berges. Ṭhā

*734* **kālasirī** f <kālaśrī> Name der Gattin eines Hausvaters. Nāyā

*735* **kāliā** f <kālikā> die Göttin Kāli

*736* **kāliṁjara** m <kāliñjara> Name eines Berges. Utta

*737* **kāliyadīva** m <kālikadvīpa> Name einer Insel. Nāyā

*738* **kāliyaputta** m <kālikaputra> Name eines gelehrten Mönchs. Bhaga

*739* **kāliyasuya** n <kālikaśruta> *Lit* nur zu bestimmten Zeiten zu lesendes *sutta*, beispielsweise das Āyāraṁgasutta. Bhaga, Nisī

*740* **kāliyāṇuoga** m <kālikānuyoga> Erläuterung der nur zu bestimmten Tageszeiten zu studierenden Schriften. Bhaga

*741* **kālī** f <kālī> Name einer Gattin des Königs Śreṇika, Stiefmutter des Koṇika. Sie wurde von Mahāvīra geweiht, war acht Jahre Wandernonne und fand nach dem Sterbefasten die endgültige Erlösung. Aṁta, Nira; 2. Name des ersten Kapitels des achten Teils der Aṁtagaḍadasāo.

*742* **kālodahi** m <kālodadhi> *Myth* Name eines Ozeans. Paṇhā

*743* **kāloya** m <kāloda> *Myth* Name eines Ozeans. Ṭhā, Sama

*744* **kāviṭṭha** m <kāpiṣṭha> Name einer Götterstätte im sechsten Devaloka; die dort residierenden Götter atmen nur einmal in sieben Monaten. Sama

*745* **kāviliya** n <kāpilika> Name des achten Kapitels des Uttarajjhayaṇasutta, das die Lehren des Kapila darlegt; ↑kavilīya. Sama. Naṁdī

*746* **kāvoyalessā** f ↑ **kāulessā**

*747* **kāsava** m <kāśyapa> (**1**) Sippenname des Mahāvīra. Sūya, Bhaga, Utta, Dasa, Naṁdī; (**2**) Name eines Mönchs zur Zeit des Pārśva. Bhaga; (**3**) Name eines Hausvaters; (**4**) Name des vierten Kapitels aus dem sechsten Teil der Aṁtagaḍadasāo.

*748* **kāsavijjayā** f <kāśyapīyā> Name einer Mönchsgruppe. Kappa

*749* **kāsavīrai** f <kāśyapīrati> Name der ersten Schülerin des Sumatinātha. Sama

*750* **kāsīvaḍḍhaṇa** m <kāśīvardhana> Name eines von Mahāvīra bekehrten Königs von Benares

*751* **kiikamma** n <kṛtikarman> Dienst, den sich die Mönche untereinander in der Ordensgemeinschaft erweisen. Ṭhā, Bhaga; vgl. Schubring 1962:265-266.

*752* **kiṁkamma** n <kiṁkarman> (**1**) Name eines Hausvaters in Rājagṛha, der von Mahāvīra geweiht wurde, 16 Jahre als Asket umherzog und auf dem Berg Vipula zur vollständigen Erlösung gelangte. Aṁta; (**2**) Name des zweiten Kapitels des sechsten Teils des Aṁtagaḍasutta.

*753* **kiṁnara** m, kiṇṇara m, kinnara m <kiṁnara> Name einer Gruppe der Vyantara-Götter. Ṭhā, Bhaga, Nāyā, Uvā, Paṇhā. Rāya, Jīvā, Utta, Aṇuoga

*754* **kiṇṇara** m ↑ **kiṁnara**

*755* **kinnara** m ↑ **kiṁnara**

*756* **kiṁpuriṣa** m <kiṁpuruṣa> (**1**) Name einer Gruppe der Vyantara-Götter. Ṭhā, Sama, Bhaga, Nāyā, Paṇhā, Jīvā, Paṇṇa, Utta, Aṇuoga; (**2**) bei den Digambaras Name des ↑yakkha des 16. Tīrthaṁkara

*757* **kiṇhalessā** f <kṛṣṇaleśyā> schwarzer (schlechtester) Seelentypus. Sein Geruch ist der einer verendeten Kuh, das Betasten gleicht dem einer Säge. Jīvās dieses Typs sind grausam und zu allem bösem Tun fähig.

*758* **kittikara** m <kīrtikara> Name eines Sohnes des Ādinātha. Rāya

*759* **kittimaī** f <kīrtimatī> Name einer Gattin des Brahmadatta.

*760* **kibbisiya** m <kilbiṣika> Bezeichnung einer im Rang tief stehenden Göttergruppe. Ṭhā, Sama, Bhaga, Uva

*761* **kiriyā** f <kriyā> die konkrete Tat. Zum Unterschied zwischen k. und *kamma* äußert sich Schubring 1962:198-201; dort werden auch die einzelnen k. mit ihren jeweiligen Folgen aufgeführt. Sūya, Ṭhā

*762* **kiriyāṭṭhāṇa** n <kriyāsthāna> Tat als Ursache von *kamma*; es gibt davon 13 Arten. Sūya, Sama

*763* **kiriyāvisālapuvva** m, n <kriyāviśālapūrva> *Lit* Name des 13. ↑puvva; es behandelt Künste wie Musik und Dichtung sowie Rituale. Sama

*764* **kīyaga** m <kīcaka> Name eines Virāṭa-Königs. Nāyā

*765* **kīliā** f <kīlikā> eigentlich: Ellenbogen, Gelenk; in der Anatomie des Jinismus durch zwei Nägel (unvollkommen) verbundene Knochen. Jīvā, Paṇṇa, KG

*766* **kuṁkaṇa** m <koṅkaṇa> Name eines Küstenstrichs im südwestlichen Indien.

*767* **kuṁjarasenā** f <kuñjarasenā> Name einer Gattin des Brahmadatta.

*768* **kuṁḍakoliya** m <kuṇḍakolika> Name eines Laienanhängers des Mahāvīra, einer der zehn Śrāvakas; er widerstand den verlockenden Lehren des Gosāla. Uvā

*769* **kuṁḍaggāma** m <kuṇḍagrāma> Name eines Dorfes in Magadha. Bhaga

*770* **kuṁḍala** m <kuṇḍala> *Myth* Name der zehnten Insel und des zehnten Ozeans. Jīvā, Aṇuoga

*771* **kuṁḍalavara** m <kuṇḍalavara> (**1**) Name einer Gottheit, die über den in (**3**) genannten Ozean herrscht. Jīvā; (**2**) *Myth* Name eines Berges. Ṭhā; 3. Name eines Ozeans. Jīvā; (**4**) Name einer Insel. Jīvā

*772* **kuṁḍalā** f <kuṇḍalā> Name eincr Stadt in Videha. Ṭhā

*773* **kuṁḍaloda** m <kuṇḍaloda> *Myth* Name eines Ozeans. Jīvā, Sūra

*774* **kuṁthu** m <kunthu> Name der 17. Tīrthaṁkara, der zugleich der sechste Cakravartin war. Einzelheiten über ihn bei v. Glasenapp 1984:280. Bhaga, Kappa, Utta, Aṇuoga

*775* **kuṁbha** m <kumbha> (**1**) Name des ersten Mönchsscharenführers des Aranātha, der der 18. Tīrthaṁkara war; (**2**) Name des Vaters des Mallinātha, der der 19. Tīrthaṁkara war.

*776* **kuṁbhaga** m <kumbhaka> Name eines Königs von Mithilā. Nāyā

*777* **kuṁbhīpāga** m <kumbhīpāka> eigentlich: Kochtopfinhalt; im Jinismus eine besondere Art der Höllenstrafe. Sūya, Sama

*778* **kuccha** m <kutsa> Name eines alten Weisen und Stammvaters. Bhaga, Kappa

*779* **kuḍivvaya** m <kuṭivrata> im Hause lebender und dort an seiner Erlösung arbeitender Asket. Uva

*780* **kuṇāla** m <kuṇāla> Name eines Sohnes des Aśoka und Enkels des Bindusāra.

*781* **kutitthiya** m <kutīrthika> der einer falschen Lehre folgt. Irrgläubiger, Ketzer. Nāyā

*782* **kudaṁsaṇa** n <kudarśana>, kudhamma m <kudharma> auf das Gebiet der Religion bezogene Irrlehre, Ketzerei. Paṇṇa

*783* **kudhamma** m ↑ **kudaṁsaṇa**

*784* **kubbara** m <kūbara> Name eines ↑yakkha. Aṁta

*785* **kumāra** m <kumāra> Name einer Göttergruppe. Jīvā

*786* **kumāraputtiya** m <kumāraputraka> Name eines Asketen. Sūya

*787* **kumua** n, kumuda n <kumuda> Name eines Landesteils von Videha. Ṭhā, Bhaga, Nāyā, Jambu

*788* **kumuda** n ↑ **kumua**

*789* **kumudagumma** n <kumudagulma> Name einer Himmelswelt, des achten Devaloka. Die hier wohnenden Götter atmen einmal in neun Monaten und speisen einmal in 18000 Jahren. Sama

*790* **kuru** m <kuru> Name eines Landes und Volkes in Nordindien. Nāyā, Paṇṇa

*791* **kulaṁpa** m <kulampa> Name eines Barbarenlandes. Sūya

*792* **kulagara** m <kulakara> „Patriarch", Gesetzgeber. Die Śvetāmbaras nehmen ihre Zahl mit sieben an. Ihre Namen nennt v. Glasenapp 1984:265. Ṭhā

*793* **kullāga** m <kulyāka> Name eines Dorfes in Magadha. Kappa

*794* **kuvaa** m <kuvaya> (**1**) Name eines Prinzen; er war ein Sohn des Königs Baladeva von Dvārakā. Von Neminātha geweiht, gelangte er nach dem Sterbefasten auf dem Berg Śatruñjaya zur vollständigen Erlösung. Aṁta; (**2**) Name des elften Kapitels des dritten Teils des Aṁtagaḍasutta.

*795* **kuhaṁḍa** m <kuṣmāṇḍa> Name einer Gruppe der Vyantara-Götter. Paṇhā, Uva, Paṇṇa

*796* **kūḍa** m <kūṭa> *Myth* (**1**) Name eines Ozeans. Jīvā, Paṇṇa; (**2**) Name eines Kontinents. Jīvā, Paṇṇa

*797* **kūḍasāmali** f <kūṭaśālmali> Name eines als Sitz für die Veṇudeva dienenden Baumes. Ṭhā, Sama

*798* **kūṇia** m <kūṇika> Name eines Sohnes des Königs Śreṇika und dessen Gattin Chelaṇā; er war Beherrscher der Stadt Campā. Nāyā, Uvā, Uva, Nira

*799* **kūvaya** m <kūpaka> eigentlich: Hauptmast; Name eines Jaina-Weisen. Aṁta

*800* **kūhaṁḍa** m <kūṣmāṇḍa> eine Gruppe der Vyantara-Götter (= kuhaṁḍa).

*801* **keai** m, kekaya m <kekaya> Name eines Landes (West-Panjab, Pakistan).

*802* **keuga** m <ketuka> *Myth* Name eines inmitten des Salzmeeres befindlichen Behälters. Sama, Jīvā

*803* **keumaī** f <ketumatī> Name der zweiten Gattin des Herrschers über die ↑kiṁnara-Götter. Bhaga, Nāyā

*804* **kekaya** m ↑ **keai** Paṇhā, Rāya

*805* **kelāsa**[1] m <kelāsa> (**1**) Name eines Kaufmanns, der von Mahāvīra geweiht wurde, zwölf Jahre als Wandermönch Askese übte und nach dem Fastentod auf dem Berg Vipula die vollkommene Erlösung erlangte. Aṁta; (**2**) Name des siebenten Kapitels des sechsten Teils der Aṁtagaḍadasāo.

*806* **kelāsa**[2] m <kailāsa> (**1**) Name eines Berges im Himalāya; (**2**) *Myth* Name von Bergen, unter anderen einer Wohnstatt der Aṇuvelaṁdhara-Götter inmitten des Salzmeeres. Ṭhā

*807* **kevalaṇāṇa** n <kevalajñāna> vollkommenes Wissen, Allwissenheit über Vergangenheit, Gegenwart und Zukunft. Ṭhā, Bhaga

*808* **kevalaṇāṇāvaraṇa** n <kevalajñānāvaraṇa> Name eines *kamma*, das die vollkommene Erkenntnisfähigkeit der Seele hemmt. Sama

*809* **kevalaṇāṇi** m <kevalajñānin> Allwissender, Tīrthaṁkara, Siddha. Ṭhā, Bhaga, Nāyā, Paṇhā

*810* **kevali** m <kevalin> Allwissender, Tīrthaṁkara, Siddha. Einzelheiten über den Status eines solchen bei Schubring 1962:169-170. Sūya, Ṭhā, Sama, Bhaga, Nāyā, Uvā, Paṇhā, Uva, Paṇṇa, Dasa, Piṁḍa, Aṇuoga

*811* **kevalipakkhiya** m <kevalipākṣika> im jinistischen Sinne ein Religionsstifter bzw. Reformator.

*812* **kesara** m <kesara> Name eines Hains bei Kāmpilya. Jambu

*813* **kesari** m <kesarin> Name des vierten künftigen Prativāsudeva. Sama, Paṇhā

*814* **kesava** m <keśava> Beiname eines Großkönigs, später des Viṣṇu und Kṛṣṇa. Nāyā, Paṇhā, Jīvā, Utta

*815* **kesi** m <keśi> **(1)** Name eines Schülers des Pārśva. Bhaga, Uvā, Rāya, Nira, Utta; **(2)** Name eines Prinzen. Bhaga

*816* **koṁkaṇa** n <koṅkaṇa> Name eines Landstrichs an der Malabarküste im südwestlichen Indien.

*817* **koṭṭakiriyā** f <koṭṭakriyā> Name furchterregender Göttinnen. Bhaga, Nāyā, Aṇuoga

*818* **koṭṭhaya** m <koṣṭhaka> Name eines Parks nordöstlich von Sāvatthī. Bhaga, Uvā, Rāya, Nira

*819* **koḍia** m <koṭika> Name eines Jaina-Weisen

*820* **koḍiṇṇa** m, koḍinna m <kauḍinya> Name eines Jaina-Weisen; er war Schüler des Mahāgiri. Ṭhā, Nāyā, Kappa

*821* **koḍinna** m ↑ **koḍiṇṇa**

*822* **koṇia** m, koṇiga m, koṇiya m <koṇika> Name eines Sohnes des Königs Śreṇika; er war Beherrscher der Stadt Campā. Nāyā, Aṁta, Aṇu

*823* **koṇiga** m ↑ **koṇia**

*824* **koṇiya** m ↑ **koṇia**

*825* **kotthubha** m, kotthuha m <kaustubha> *Myth* ein Edelstein des Viṣṇu. Paṇṇa

*826* **kotthuha** m ↑ **kotthubha**

*827* **koraṁṭa** n, koriṭa n, koreṁṭa n <kuraṇṭa oder koraṇṭa> Name eines Hains bei Bhṛgukaccha. Bhaga, Vava

*828* **koriṭa** n ↑ **koraṁṭa**

*829* **koreṁṭa** n ↑ **koraṁṭa**

*830* **kolavāla** m <kolapāla> *Myth* Name eines Welthüters. Ṭhā, Bhaga

*831* **kosaṁba** m <kośāmra oder kauśāmba> Name eines zwischen Dvārakā und Mathurā gelegenen Waldes. Aṁta

*832* **kosaṁbiyā** f <kauśāmbikā> Bezeichnung einer jinistischen Mönchsgruppe. Kappa

*833* **kosaṁbī** f <kauśāmbī> Hauptstadt des Vatsa-Landes (beim heutigen Allahābād). Ṭhā, Bhaga, Vivā, Paṇṇa, Nisī, Utta

*834* **kosala** m <kosala> Name eines Landes im nördlichen Indien. Nāyā, Paṇṇa, Kappa

*835* **kosiya** n <kauśika> Name einer Sippe. Ṭhā, Sūra, Naṁdī

*836* **kosiyā** f <kośikā> Name eines Flusses.

*837* **koha** m <krodha> Zorn; im Jinismus eine wichtige Kategorie, da k. eines der vier Grundübel ist, das die Erlösung des ↑jīva verhindert. Sūya, Ṭhā, Sama, Bhaga, Nāyā, Aṁta, Paṅhā, Uva, Paṇṇa, Nisī, Utta, Dasa, Piṁḍa

*838* **kohapiṁḍa** m <krodhapiṇḍa> durch Vorspiegelung besonderer übernatürlicher Fähigkeiten oder Beziehungen zu mächtigen Personen erlangtes Almosen (selbstverständlich ein schwerer Almosenfehler). Piṁḍa

## KH

*839* **khaovasama** m <kṣayopaśama> Vernichtung des Einflusses des *kamma*. Bhaga, Nāyā, Uvā, Uva

*840* **khaṁḍaga** m <khaṇḍaka> *Myth* ein Berggipfel. Ṭhā. Jambu

*841* **khaṁda** m <skanda> Name des Kriegsgottes („Angreifer") und anderer Gottheiten und Personen. Bhaga, Nāyā, Jīvā, Aṇuoga

*842* **khaṁdaga** m <skandaka> Name eines brahmanischen Gelehrten, der von Mahāvīra bekehrt wurde. Bhaga, Aṁta, Aṇu. Wiedergabe der Legende bei Weber 1865 sub Bhagavatīviyāhapaṇṇatti im Verzeichnis der Primärliteratur.

*843* **khaṁdasirī** f <skandaśrī> Name der Gattin eines Heerführers. Vivā

*844* **khaṁdila** m <skandila> Name eines berühmten Jaina-Lehrers in Mathurā. Naṁdī

*845* **khaṁdha** m <skandha> in der jinistischen Philosophie ein Aggregat von Atomen des ↑poggala. Nach ihrer Dichte unterscheidet man sechs Arten von Aggregaten: vom Atom über den *kamma*-Stoff bis zu Stein und Metall.

*846* **khaggā** f <khaḍgā> Name einer Stadt in Videha. Ṭhā, Jambu.

*847* **khaṇiyavāi** Adj <kṣaṇikavādin> entsprechend der buddhistischen Philosophie alles als in jedem Augenblick sich verändernd betrachtend. Rāya

*848* **khattaya** m <śatraka> Beiname des Dämons Rāhu. Bhaga

*849* **khattiakuṁḍaggāma** m <kṣatriyakuṇḍagrāma> Name der Residenz des Siddhatta und Geburtsortes des Mahāvīra. Bhaga

*850* **khamaṇa** n <kṣapaṇa> ein Askese betreibender Bettelmönch. Uvā, Oha, Aṇuoga

851 **kharassara** m <kharasvara> eigentlich: rauher Klang; im Jinismus Name einer Gruppe von Höllengöttern; sie jagen ihre Opfer, die Höllenbewohner, auf Śālmalī-Bäume, die mit nadelspitzen Dornen bewehrt sind, wobei sie misstönende Laute wie Esel ausstoßen. Sama, Bhaga

852 **khavaga** m <kṣapaka> Asket, der das ↑mohaṇijjakamma beseitigt hat. Bhaga, Piṁḍa, KG

853 **khahacarī** f, khahayarī f <khacarī> eigentlich bildhaft: Vogel; in der jinistischen Mythologie eine zauberische Luftgenie. Ṭhā

854 **khahayarī** f ↑ **khahacarī**

855 **khāḍakhaḍa** m <khāḍakhaḍa> Name einer Abteilung in der vierten Hölle. Ṭhā

856 **khippagai** m <kṣipragati> Name von Welthütern („Schnelllauf"). Ṭhā, Bhaga

857 **khīṇakasāya** Adj <kṣīṇakaṣāya> *Seele* nach dem Schwinden aller Leidenschaften die zwölfte Stufe auf dem Weg zur vollständigen Erlösung erreicht habend.

858 **khīra** n <kṣīra> eigentlich: Milch; in der jinistischen Mythologie der Name eines Ozeans und eines Kontinents. Jīvā, Paṇṇa, Aṇuoga

859 **khīrappabha** m <kṣīraprabha> Name einer Inselgottheit. Jīvā

860 **khīravara** m <kṣīravara> *Myth* Name einer Insel. Ṭhā

861 **khīrasāgara** m <kṣīrasāgara> *Myth* Milchozean. Bhaga, Kappa

862 **khuḍḍaga** m, khuḍḍaya m <kṣudraka oder kṣullaka> im Jinismus ein unbedeutender Schüler. Ṭhā, Sama, Bhaga

863 **khuḍḍaya** m ↑ **khuḍḍaga**

864 **khuḍḍiyāmoyapaḍimā** f <kṣudrikāmokapratimā> ein Fastengelübde. Ṭhā

865 **khetta** n <kṣetra> in der Kosmographie der Jainas die im Raum zwischen den Quergebirgen liegenden sieben Zonen; sie und die betreffenden Gebirge werden behandelt bei v. Glasenapp 1984:227.

866 **khettaparamāṇu** m <kṣetraparamāṇu> in der jinistischen Philosophie ein Atom der Weltraummaterie. Bhaga

867 **khettaya** m <kṣetraka> der Dämon Rāhu. Sūra

868 **khemaa** m <kṣemaka> **(1)** Name eines von Mahāvīra bekehrten Kaufmanns aus Kākandī; er führte 16 Jahre lang das Leben eines Asketen und fand nach dem Fastentod auf dem Berg Vipula die vollkommene Erlösung. Aṁta; **(2)** Name des fünften Kapitels aus dem sechsten Teil der Aṁtagaḍadasāo.

869 **khemaṁkara** m <kṣemaṁkara> eigentlich: Beschützer; **(1)** Name von Heiligen. Jambu; **(2)** Name des 68. Planeten. Ṭhā, Sūra

870 **khemaṁdhara** m <kṣemaṁdhara> Name von Heiligen. Ṭhā, Jambu

871 **khemaya** m <kṣemaka> Name eines erlösten Weisen; ↑khemaa **(1)**

*872* **khoḍa** m <khoṭaga> rituelle Reinigung von Kleidungsstücken. Ṭhā, Utta, Oha

*873* **khododa** m <kṣododa> *Myth* (**1**) Name eines Ozeans. Jīvā, Sūra; (**2**) Name eines einen Süßtrank enthaltenden Brunnens. Jīvā

*874* **khoya** m <kṣaudra> eigentlich: Zuckerrohr. In der jinistischen Mythologie Name sowohl eines Ozeans als auch eines Kontinents. Aṇuoga

## G

*875* **gai** f <gati> eigentlich (**1**) Gang, Verlauf; (**2**) Zustand, Lage. Im Jinismus (**1**) Geburtenkreislauf. Paṇṇa; (**2**) ein Stadium innerhalb des Geburtenkreislaufs; als Stadien gelten: Höllenbewohner - Tier - Mensch - Gott - Erlöster. Sūya, Bhaga, Paṇṇa, Kappa, Utta, Dasa, Aṇuoga

*876* **gaināma** n <gatināman> zur Hölle führendes ↑nāmakamma. Sama

*877* **gaṁga** m <gaṅga> Name eines Denkers. Ṭhā

*878* **gaṁgadatta** m <gaṅgadatta> Name eines Heiligen und anderer Männer, unter anderen eines Kaufmanns aus Hastināpura. Bhaga, Aṁta

*879* **gaṁgadattā** f <gaṅgadattā> Name einer Frau. Vivā

*880* **gaṁgā** f <gaṅgā> der Fluss Ganges. Ṭhā, Sama, Bhaga, Nāyā, Aṇu, Paṇhā, Vivā, Uva, Jīvā, Sūra, Jambu, Kappa, Utta, Aṇuoga

*881* **gaṁgeya** m <gāṅgeya> (**1**) Epitheton des Großvaters des Bhīṣma. Nāyā; (**2**) Name eines Weisen, der sich mit Mahāvīra über die Höllenregionen unterhielt. Bhaga

*882* **gaṁtuṁpaccāgayā** f <gatvāpratyāgatā> eine Art des Bettelgangs. Dieser erfolgt in der Weise, dass am Ende einer Straße das gegenüberliegende Haus der anderen Straßenseite aufgesucht wird. Ṭhā

*883* **gaṁtha** m <grantha> eigentlich: Buch, Lehrbuch; im Jinismus speziell (**1**) Name des 14. Kapitels aus dem Sūyagaḍaṁga; hier wird gelehrt, wie ein Mönch sprechen soll, ohne auf Manuskripte zurückzugreifen. Sūya, Jambu; (**2**) Knotenpunkt von *kammas*. Sama, Paṇhā

*884* **gaṁdha** m <gandha> eigentlich (**1**) Geruch, Duft; (**2**) Puder. In der jinistischen Kosmographie Name sowohl einer Insel als auch eines Kontinents. Jīvā, Paṇṇa

*885* **gaṁdhadevī** f <gandhadevī> Name einer Göttin. Nira

*886* **gaṁdhavva** m <gandharva> Name eines die Musik liebenden Halbgöttergeschlechts (Art der Vyantara-Götter). Ṭhā. Sama. Bhaga, Nāyā, Uvā, Aṁta, Paṇhā, Vivā, Uva, Jīvā, Jambu, Kappa, Utta, Aṇuoga

*887* **gaṁdhārī** f <gāndhārī> (**1**) Name einer Gattin des Kṛṣṇa Vāsudeva, die sich, von Neminātha beeinflusst, weihen ließ, 20 Jahre lang als Wandernonne umherzog und nach dem Fastentod vollkommene Erlösung erlangte. Ṭhā, Aṁta; (**2**) Name des dritten Kapitels aus dem fünften Teil der Aṁtagaḍadasāo.

888 **gacchāyāra** m <gacchācāra> *Lit* Bezeichnung des siebenten Paiṇṇa. Inhaltlich ist es ein Extrakt besonders aus dem Mahānisīha, aber auch aus dem Vavahāra und enthält in 138 gāthās Lebensregeln für Lehrer, Mönche und Nonnen. Der wichtigste Kommentar ist der von Vijayavimalagaṇi aus dem Jahre 1577. Ausgaben s.v. im Verzeichnis der Primärliteratur. Kurzfassung und weitere Literatur bei Schubring 1962:114.

889 **gaṇa** m <gaṇa> eigentlich: Schar, Gefolge, Menge; im Jinismus Mönchsgemeinde, Mönchsschar. Bhaga, Nāyā, Nisī, Vava, Kappa, Piṁḍa, Oha

890 **gaṇaviussagga** m <gaṇavyutsarga> Austritt aus dem Mönchsorden. Bhaga

891 **gaṇahara** m <gaṇadhara> Leiter einer (großen) Mönchsgruppe. Nach der Tradition der Śvetāmbaras hatte Mahāvīra elf g.; neun davon starben noch zu seinen Lebzeiten, nur Goyama und Ajja überlebten ihn. Auf letzteren beziehen sich heute die Śvetāmbaras; die Digambaras bezeichnen sich als die geistigen Nachfahren des Goyama. Ṭhā, Sama, Nāyā, Jambu

892 **gaṇi** m <gaṇin> geistlicher Jaina-Lehrer oder -Führer. Ṭhā, Uvā, Paṇṇa, Nisī, Piṁḍa, Aṇuoga

893 **gaṇiṇī** f <gaṇinī> leitende Nonne.

894 **gaṇivijjā** f <gaṇividyā> *Lit* Titel des achten ↑Paiṇṇa. In 86 Versen werden astrologische Fragen und Omina behandelt sowie günstige und ungünstige Tage aufgezeigt. Ausgaben s.v. im Verzeichnis der Primärliteratur.

895 **gaddatoya** m <gardatoya> Name einer Gruppe (von neun) der Lokāntika-Götter. Ṭhā, Sama, Bhaga, Nāyā

896 **gaddabhāla** m <gardabhāla> Name eines Wandermönchs; er bekehrte den König Sañjati. Bhaga, Utta

897 **gabhīra** m <gabhīra> **(1)** Name eines Prinzen; er war ein Sohn des Königs Andhakavṛṣṇi, wurde von Neminātha zum Mönch geweiht, wanderte 12 Jahre als Asket umher und wurde nach dem Fastentod auf dem Berg Śatruñjaya zum Siddha. Aṁta; **(2)** Name des vierten Kapitels aus dem ersten Teil der Aṁtagaḍadasāo.

898 **gamia,** gamiya Adj <gamika> *Lit* Bezeichnung des Diṭṭhivāya. Naṁdī

899 **gamiya** Adj ↑ **gamia**

900 **gaya** m <gaja> eigentlich: Elefant, **(1)** Name des jüngsten Sohnes des Vāsudeva und der Devakī; er wurde von Neminātha zum Mönch geweiht. G. übte sich in Meditation und Askese und ertrug auch Feuerpein, die ihm von einem Brahmanen zugefügt wurde. Schließlich erlangte er die vollkommene Erlösung. Nāyā, Aṁta, Paṇhā; **(2)** Name des achten Kapitels aus dem dritten Teil der Aṁtagaḍadasāo.

901 **gayaṁka** m <gajāṅka> Name einer Göttergruppe. Uva

902 **gayasukumāla** m, gayasūmāla m ↑ **gaya** (1) Ṭhā, Aṁta

903 **gayasūmāla** m ↑ **gayasukumāla**

*904* **gayā** f <gadā> *Myth* (eiserne) Keule des Viṣṇu-Kṛṣṇa. Jīvā, Utta

*905* **gayāhara** m <gadādhara> Keulenträger, Beiname des Kṛṣṇa. Utta

*906* **garula** m <garuḍa> *Myth* Name eines schlangenfeindlichen Vogels. Paṇhā, Uva

*907* **garulakeu** m <garuḍaketu> Beiname des Kṛṣṇa. Paṇhā

*908* **garulajjhaya** m, garuladdhaya m <garuḍadhvaja> Beinamen des Kṛṣṇa. Rāya

*909* **garuladdhaya** m ↑ **garulajjhaya**

*910* **gali** m <gali>, galia m <galika> fauler Schüler. Utta

*911* **galia** m ↑ **gali**

*912* **gaha** m <graha> eigentlich: Greifen, Festhalten; im Jinismus jedoch **(1)** die Fessel, mit der das *kamma* die Seele umschnürt. Dasa; **(2)** *Myth* Gestirn, Planet, Planetengottheit. Bhaga, Nāyā, Paṇhā, Uva, Jīvā, Sūra, Utta, Naṁdī. Ihre Namen finden sich bei Schubring 1962:235.

*913* **gāhā** f <gāthā> Name des 16. Kapitels des ersten Śrutaskandha aus dem Sūyagaḍaṁga; hier werden Wörter wie nirgrantha, bhikkhu, śramaṇa erklärt. Sūya, Utta

*914* **girirāya** m <girirājan> der Berg Meru („König der Berge"). Sama, Paṇhā, Jambu

*915* **gihidhamma** m <gṛhidharma> Pflicht des Laienanhängers; sie wird in zwölf Gelübden zusammengefasst. Nāyā, Uvā, Vivā, Rāya

*916* **gīyajasa** m <gītayaśas> Name eines Gottes; er ist der zweite Beherrscher der Gandharva-Gruppe der Vyantara-Götter. Ṭhā, Bhaga, Jīvā, Paṇṇa

*917* **gīyarai** m <gītarati> *Myth* Name eines Gandharva-Herrschers. Ṭhā, Bhaga, Vivā, aṇṇa

*918* **gucchaga** m <gucchaka> wollene Bürste zur (schonenden) Entfernung von Insekten aus der Kleidung und zur Reinigung von Gefäßen. Utta, Oha

*919* **gujjhaga** m <guhyaka> Name einer zu den Bhavanapati-Göttern gehörenden Gruppe. Sama. Vivā, Dasa, Piṁḍa

*920* **guṇa** m <guṇa> eigentlich: **(1)** Eigenschaft; **(2)** Tugend; **(3)** Aufgabe, Pflicht; **(4)** Unterabteilung, Spezies; **(5)** Bestandteil, Komponente. Im Jinismus bedeutet der Terminus die Zusammenfassung des sechsten bis achten Laiengelübdes. Bhaga, Nāyā, Uvā, Paṇṇa

*921* **guṇaṭṭhāṇa** n <guṇasthāna> dieser wichtige Terminus bezeichnet die 14 Stufen, die die Seele auf dem Weg zur Vollkommenheit und damit zur Erlösung zu durchlaufen hat. Die ersten Stufen beinhalten die Festigung des Glaubens an den Jinismus. Die nächsten fünf Stufen umfassen die allmähliche Beherrschung und Überwindung der Leidenschaften. In den folgenden vier Stufen wird die Askese vervollkommnet und die Vernichtung des *kamma* eingeleitet. Auf der dreizehnten Stufe ist das *kamma* getilgt, doch ist noch immer eine Anspannung der Kräfte gegen Rückfälle nötig. Erst auf der vierzehnten Stufe wird die vollkommene Erlösung erlangt. Weitere Einzelheiten dieser für die Jainas so wichtigen, ja, entscheidenden seelischen Vervollkommnung im Verzeichnis der Sekundärliteratur bei v. Glasenapp 1915/1980:86-102; Nahar/Ghosh 1917/1996: Kap. XXXVI; Nyayavijayaji 1998:67-80; v. Glasenapp 1984:195-197; Schubring 1962:320-321.

*922* **guṇarayaṇasaṁvacchara** m <guṇaratnasaṁvatsara> eine Bußübung mit einer Dauer von 16 Monaten: im ersten Monat wird an einem Tag gefastet, im zweiten an zwei Tagen usw., bis im 16. Monat an 16 Tagen gefastet wird; dabei hat der Asket bei Tag und Nacht in jeweils einer bestimmten Position zu sitzen. Bhaga, Nāyā, Aṁta, Aṇu, Kappa

*923* **guṇavaya** n, guṇavvaya n <guṇavrata> ein die Grundgelübde eines Laienanhängers ergänzendes Gelübde. Dasa; Schubring 1962:297.

*924* **guṇavvaya** n ↑ **guṇavaya**

*925* **guṇasilaya** m <guṇaśīlaka> **(1)** Name eines Parks bei Rājagaha. Bhaga, Nāyā, Aṇu; **(2)** Name eines Tempels. Nira

*926* **guṇaseḍhi** f <guṇaśreṇi> die Stufenleiter der seelischen Entwicklung; ↑guṇaṭṭhāṇa. KG

*927* **gutti** f <gupti> eigentlich: Schutz; im Jinismus die Selbstkontrolle, Selbstbeherrschung von Körper, Geist und Sprache, eines der sechs Mittel des ↑saṁvara, der Abwehr des Eindringens von *kamma*-Einfluss. Ṭhā, Sama, Paṇhā, Paṇṇa, Nisī. Utta. Ausführliche Darstellung bei Schubring 1962:304-305.

*928* **guttiseṇa** m <guptisena> Name des 16. Tīrthaṁkara in der Airavata-Region.

*929* **gumma** m <gulma> eigentlich **(1)** Strauch, Busch. Dickicht; **(2)** Trupp, Schwarm; im Jinismus bedeutet der Ausdruck eine Mönchsschar. Uva

*930* **guru** m <guru> religiöser Lehrer. Bhaga, Nāyā, Uvā, Aṇuoga

*931* **guruṇāma** n <gurunāman> ein die Herausbildung eines massigen Körpers bewirkendes *kamma*. KG

*932* **gūḍhadaṁta** m <gūḍhadanta> *Myth* **(1)** Name einer Insel im Salzmeer. Ṭhā; **(2)** Name eines künftigen Weltherrschers. Sama; **(3)** Name eines Prinzen; er war der Sohn des Königs Śreṇika und der Dhāriṇī, wurde Mönch, übte sich 16 Jahre lang in Askese, machte dann das Sterbefasten auf dem Berg Vipula durch und wird nach der nächsten Wiedergeburt vollkommene Erlösung erlangen. Aṇu; **(4)** Name des vierten Kapitels des zweiten Teils des Aṇuttarovavāiya.

*933* **gevijja** m, gevejja m <graiveyaka> Name einer Götterklasse und deren Stätte. Ṭhā, Sama, Nāyā

*934* **gevejja** m ↑ **gevijja**

*935* **gehāgāra** m <gehākāra> *Myth* ein Wünsche erfüllender Baum, der wie ein Haus gegen Witterungseinflüsse schützt. Ṭhā. Sama, Jīvā

*936* **goama** m <gautama> Name des ersten Mönchsscharenleiters und Hauptschülers des Mahāvīra. Uva, Kappa

*937* **gokaṇṇa** m <gokarṇa> eigentlich: Rinderohr; *Myth* Name einer Insel im Salzmeer. Ṭhā

*938* **gotama** m <gautama> (**1**) Name des ersten Kapitels der Aṁtagaḍadasāo; (**2**) Name eines Prinzen; er war der erste Sohn des Königs Andhakavṛṣṇi, wurde von Neminātha zum Mönch geweiht, war zwölf Jahre lang Wanderasket und erlangte nach dem Sterbefasten auf dem Berg Śatruñjaya vollkommene Erlösung. Aṁta; (**3**) Name des ersten Mönchsscharenleiters und Hauptschülers des Mahāvīra (= Goama, Goyama). Bhaga, Nāyā, Uvā und viele andere Texte.

*939* **gotta** m <gotra> Name der siebenten (von acht) *kamma*-Arten. Sama, Bhaga

*940* **gottakamma** n <gotrakarman> das zur Geburt in einer Familie von bestimmtem Rang führende *kamma*. Ṭhā

*941* **godāsa** m <godāsa> Name des ersten Schülers des Bhadrabāhu. Kappa

*942* **gobhadda** m <gobhadra> Name des Vaters des Śālibhadra. Ṭhā

*943* **gomuttiyā** f <gomutrikā> eigentlich: (wie) eine urinierende Kuh; gemeint ist der Zickzack-Kurs beim Almosenbettelgang: der Asket betritt das erste Haus einer Straßenseite und begibt sich danach zum gegenüberliegenden Haus, dann zum zweiten Haus auf der ersten Straßenseite usw. Ṭhā, Utta

*944* **gomuha** n <gomukha> *Myth* Name einer Insel im Nordosten des Salzmeeres. Ṭhā

*945* **goya** m, n <gotra> eigentlich: Geschlecht, vaterseitliche Sippe, Familie; im Jinismus der Name der siebenten (von acht) *kamma*-Art: das zur Geburt in einer Familie von bestimmtem Rang führende *kamma*. Utta

*946* **goyama** m <gautama> (**1**) (auch ↑goama, ↑gotama) Name des Hauptschülers und ersten Mönchsscharenleiters des Mahāvīra. Bhaga, Nāyā, Uvā und zahlreiche andere Texte; (**2**) *Myth* Name einer Insel. Jīvā

*947* **goyamakumāra** m <gautamakumāra> Name eines Prinzen; er war ein Sohn des Königs Andhakavṛṣṇi. Aṁta

*948* **goyara** m <gocara> Almosengang des Bettelmönchs. Bhaga, Nāyā, Paṅhā, Rāya, Dasa, Piṁḍa

*949* **gorī** f <gaurī> (**1**) Name einer Gattin des Kṛṣṇa-Vāsudeva. Von den Lehren des Neminātha beeinflusst, wurde sie Nonne, führte 20 Jahre lang ein Wanderasketenleben und erlangte nach dem Fastentod vollkommene Erlösung. Aṁta; (**2**) Name der Gattin des Gottes Śiva; (**3**) Name des zweiten Kapitels aus dem fünften Teil der Aṁtagaḍadasāo.

*950* **govāliyā** f <gopālikā> Name einer Jaina-Nonne („Rinderhirtin“). Nāyā

*951* **goviṁda** m <gopendra> (**1**) Beiname des Kṛṣṇa („Oberhirt“); (**2**) Name eines Weisen. Naṁdī

952 **gosāla maṁkhaliputta** m <gośāla maskariputra> Name des zunächst von Mahāvīra bekehrten, später von ihm abgewandten Oberhauptes der Ājīvikas. Nach 16 Jahren trafen sich beide wieder, jedoch kam es zu keiner Annäherung, sondern vielmehr zu einem heftigen Streit. G. M. war der profilierteste Verfechter des altindischen Fatalismus. Bhaga, Nāyā, Uvā. Ausführlich erörtert seine Lehre Bhattacharji 1995 (im Verzeichnis der Sekundärliteratur); weitere Angaben bei Schubring 1962:35 und v. Glasenapp 1984:29-31.

## GH

953 **ghaoda** m <ghṛtoda> *Myth* Milchmeer. Ṭhā

954 **ghaṇatava** n <ghanatapas> eine asketische Übung, die man sich als Kubus vorstellte.

955 **ghaṇadaṁta** m <ghanadanta> *Myth* Name einer Insel im Salzmeer. Ṭhā

956 **ghaṇodahi** m <ghanodadhi> *Myth* **(1)** Name eines kreisrunden Eismeeres, das sich unter einer jeden der sieben Höllen befindet. Ṭhā, Bhaga; **(2)** Name eines Buttermilchmeeres in der Region Ratnaprabhā. Bhaga

957 **ghammā** f <gharma> m Name der ersten Hölle („Glut, Hitze"). Ṭhā, Bhaga

958 **ghaya** n <ghṛta> eigentlich: Butterschmalz, Fett; in der jinistischen Kosmographie Name einer Insel und eines Meeres. Jīvā, Paṇṇa, Aṇuoga

959 **ghāikamma** n <ghātikarman> die Seele negativ beeinflussende und ihre Qualitäten verhüllende Tat. Aṁta, Aṇuoga

960 **ghāṇiṁdiya** n <ghrāṇendriya> Geruchssinn. Ṭhā, Bhaga, Nāyā, Paṇhā, Uva, Paṇṇa, Utta, Naṁdī

961 **ghosa** m <ghoṣa> eigentlich **(1)** Laut, Geräusch; **(2)** Lärm, Geschrei. Im Jinismus Name einer zum dritten und vierten Devaloka gehörenden Himmelswelt. Ṭhā

## C

962 **caukasāya** m, caukkasāya m <catuṣkaṣāya> die vier grundlegenden Übel, die die Seele an ihrer Befreiung und auf ihrem Weg zur Erlösung behindern; es sind dies Zorn, Hochmut. Hinterlist und Gier. Dasa

963 **caukkasāya** m ↑ **caukasāya**

964 **caugai** f <caturgati> die Vierheit der Existenzen, nämlich als Höllenwesen, Tier, Mensch und Gott. KG

965 **cauttīsaima** n <catustriṁśattama> eine Art des Fastens, die im Auslassen von 34 Mahlzeiten besteht. Nāyā

*966* **cautthabhatta** n <caturthabhakta> eine Fastenübung, die darin besteht, dass man innerhalb von drei Tagen nur vier Mahlzeiten zu sich nimmt. Bhaga, Nāyā. Paṅhā, Uva, Jīvā, Paṇṇa

*967* **caumāsiyā** f, caummāsiya n <cāturmāsika> viertes Fastengelübde eines Asketen. Bhaga, Vava

*968* **caummāsiya** n ↑ **caumāsiyā**

*969* **caurimdiya** Adj <caturindriya> mit vier Sinnesorganen ausgestattet, nämlich mit dem Tast-, Geschmacks-, Geruchs- und Gesichtssinn. Ṭhā, Sama, Bhaga, Paṇhā. Vivā, Jīvā, Paṇṇa, Utta. Dasa

*970* **cauvimsaitthava** m <caturvimśatistava> Lobpreisung der 24 (nämlich der Tīrthaṁkaras).

*971* **causaraṇa** n <catuḥśaraṇa> Bezeichnung des elften ↑Paiṇṇa. Es wird dem Vīrabhadda zugeschrieben. In 63 Versen wird gezeigt, wie man die vierfache Zuflucht erreichen kann, nämlich Enthaltsamkeit. Tugendverdienst, rechte Lebensführung und geistige Sammlung. Die Jaina-Mönche rezitieren dieses Paiṇṇa beim ↑paḍikkamaṇa. Ausgaben s.v. im Verzeichnis der Primärliteratur.

*972* **caṁḍā** f <caṇḍā> *Myth* Beiname der Durgā. Ṭhā. Bhaga

*973* **caṁḍī** f <caṇḍī> eigentlich: zornige Frau; Epitheton der Gattin des Śiva. Bhaga, Paṇhā

*974* **caṁda** m <candra> eigentlich: Mond; im Jinismus *Myth* **(1)** Name eines Kontinents. Jīvā. Paṇṇa; **(2)** Name einer Stätte im dritten Devaloka. Sama; **(3)** Name eines Sees im nördlichen Kurukṣetra. Jīvā

*975* **caṁdakaṁtā** f <candrakāntā> Name der Gattin des zweiten Kulakara (Patriarchen). Sama

*976* **caṁdakūḍa** n <candrakūṭa> *Myth* **(1)** Name einer Stätte im dritten Devaloka. Sama; **(2)** Name einer Bergspitze.

*977* **caṁdacchāya** m <candracchāya> Name eines Aṁga-Königs. Ṭhā. Nāyā

*978* **caṁdajasā** f <candrayaśas> Name der Gattin eines Kulakara (Patriarchen). Ṭhā

*979* **caṁdaṇā** f <candanā> Name einer Kusine des Mahāvīra; sie wurde Vorsteherin der Nonnen. Kappa

*980* **caṁdapaḍimā** f <candrapratimā> eine asketische Übung: bei zunehmendem Mond wird täglich ein Bissen mehr erlaubt, bei abnehmendem Mond wird die Nahrung entsprechend reduziert. Ṭhā, Uva, Vava

*981* **caṁdapaṇṇatti** f <candraprajñapti> Name des siebenten uvaṁga, in dem unter anderem der Mond beschrieben wird. Das Werk besteht aus 23 Kapiteln und ist mit der ↑Sūrapaṇṇatti fast identisch. Der wichtigste Kommentar stammt von Malayagiri. Ausgabe s.v. im Verzeichnis der Primärliteratur; weitere Angaben bei Schubring 1962:105. Ṭhā, Naṁdī

*982* **caṁdappabha** m <candraprabha> **(1)** Name einer Stätte im dritten Devaloka. Sama; (**2**) Name des achten Tīrthaṁkara; er war ein Sohn des Königs Mahāseṇa. Ṭhā. Einzelheiten über sein Leben bei v. Glasenapp 1984:273.

*983* **caṁdappabhā** f <candraprabhā> Name der Hauptgattin des Mondgottes. Ṭhā, Bhaga, Jīvā, Sūra, Jambu.

*984* **caṁdappaha** m ↑ **caṁdappabha** (2) Kappa

*985* **caṁdavaṇṇa** n <candravarṇa> Name einer Stätte im vierten Devaloka. Sama

*986* **caṁdasiṁga** n <candraśṛṅga> Name einer Götterstätte. Sama

*987* **caṁdasirī** f <candraśrī> Name der Mutter des zweiten Kulakara (Patriarchen). Nāyā

*988* **caṁdā** f <candrā> Residenz des Mondgottes. Jīvā, Jambu

*989* **caṁdāṇaṇa** m <candrānana> Name des ersten Tīrthaṁkara der gegenwärtigen Weltperiode („Mondgesicht").

*990* **caṁdāvatta** n <candrāvarta> Name einer Stätte im dritten Devaloka. Sama

*991* **caṁdāvijjhaya** m <candāvedhyaka> *Lit* Bezeichnung des sechsten Paiṇṇa. In 174 Versen wird die Ordensdisziplin erörtert, zudem aber auch das Verhalten vor dem Eintritt des Todes.

*992* **caṁdima** m <candramas> eigentlich: Mond; Name eines Jaina-Weisen. Aṇuoga

*993* **caṁdimā** f <candrikā> Name des sechsten Kapitels aus dem dritten Teil des Aṇuttarovavāiya.

*994* **caṁdimāiya** n <cāndraka> Name eines Kapitels aus den Nāyādhammakahāo. Rāya

*995* **caṁdottaraṇa** n <candrottaraṇa>, caṁdottarāyaṇa n <candrottarāyaṇa> Name eines Hains bei Kauśāmbī. Bhaga, Vivā, Nira

*996* **caṁdottarāyaṇa** n ↑ **caṁdottaraṇa**

*997* **caṁpā** f <campā> Name der Hauptstadt des Aṁga-Königs Koṇika in West-Bengalen, sechs Kilometer vom heutigen Bhagalpur entfernt. Mahāvīra hat während seines Lebens drei Regenzeiten in c. verbracht, daher die häufige Erwähnung dieser Stadt in der kanonischen Literatur: Ṭhā, Bhaga, Nāyā, Uvā, Aṁta. Vivā, Jīvā, Nisī, Kappa, Utta

*998* **caṁpijjiyā** f <campīyā> Name einer Mönchsschar. Kappa

*999* **cakkavaṭṭi** m <cakravartin> Epitheton einer Gruppe von 12 Männern, die jeweils über einen Weltteil gebieten. Ihre Namen sind in der üblichen Form wie folgt überliefert: Bharaha, Sagara, Maghavan, Sanatkumāra, Śānti, Kunthu, Āra, Subhauma, Padma, Hariṣeṇa, Jayasena, Brahmadatta. Bharaha war der Sohn des Ṛṣabha, des ersten Tīrthaṁkara; Biographie in Jambu. Sie alle besitzen die 14 „Juwelen" (rayaṇa) und neun „Schätze" (nidhi). Diese werden genannt bei v. Glasenapp 1984:256-258;

weitere Angaben bei Schubring 1962:21. Nach langer Herrschaft werden die c. entweder zu ↑kevalins oder zu Göttern; sie können aber auch zu Höllenbewohnern werden.

*1000* **cakkhiṁdiya** n, cakkhuriṁdiya n <cakṣurindriya> Gesichtssinn. Ṭhā, Sama, Bhaga, Nāyā, Paṇhā, Uva, Naṁdī

*1001* **cakkhuriṁdiya** n ↑ **cakkhiṁdiya**

*1002* **cakkhukaṁtā** f <cakṣuṣkāntā> Name der Gattin des fünften Kulakara (Patriarchen). Ṭhā

*1003* **cakkhudaṁsaṇa** n <cakṣurdarśana> visuelle Wahrnehmung. Ṭhā, Bhaga, Jīvā, Aṇuoga

*1004* **cakkhuphāsa** m <cakṣuḥsparśa> Wahrnehmung durch den Gesichtssinn, visueller Kontakt mit der Außenwelt. Sama, Bhaga, Nāyā, Uva, Jambu, Kappa

*1005* **cakkhusuha** m <cakṣuḥsukha> Name einer Meeresgottheit. Jīvā

*1006* **camara** m <camara> eigentlich *Zool* Bos grunniens, Yak; im Jinismus **(1)** Name des ersten Mönchsscharenleiters des fünften Tīrthaṁkara. Sama; **(2)** Name eines im Süden herrschenden Dämonenfürsten. Ṭhā, Bhaga, Nāyā, Uva, Jīvā, Paṇṇa

*1007* **cammapakkhi** m <carmapakṣin> *Myth* Vogel mit ledernen Flügeln. Sūya, Ṭhā, Bhaga, Jīvā, Paṇṇa, Utta

*1008* **cayaṇa** n <cyavana> eigentlich **(1)** Fall, Sturz; **(2)** Sterben, Tod. Im Jinismus bildhafte Bezeichnung für den Geburtenkreislauf bzw. die Seelenwanderung.

*1009* **caramatitthayara** m <caramatīrthaṁkara> Epitheton des Mahāvīra (carama = letzter). Ṭhā, Kappa.

*1010* **calaṇigā** f, calaṇiyā f <calanikā> ein einer Weste ähnliches Nonnengewand. Oha

*1011* **calaṇiyā** f ↑ **calaṇigā**

*1012* **cavvāga** m <cārvāka> Vertreter der materialistischen Philosophie. Rāya

*1013* **cāujjāma** n <caturyāma> Gesamtheit der vier jinistischen Hauptpflichten, nämlich Nichtverletzung bzw. Nichtschädigung von Lebewesen, Wahrhaftigkeit, Nichtstehlen, Besitzlosigkeit. Sūya, Ṭhā, Bhaga, Nāyā, Aṁta, Rāya. Utta

*1014* **cāujjāmadhamma** m <cāturyāmadharma> identisch mit dem im vorangegangenen Stichwort genannten Gesetz der vier Gelübde. Nāyā

*1015* **cāuraṁgijja** n <caturaṅgīya> oder (weniger wahrscheinlich) <caturaṅgika> Name des dritten Kapitels aus dem Uttarajjhayaṇasutta. Aṇuoga

*1016* **cāuvaṇṇa** m <cāturvarṇya> in der brahmanischen Literatur die Gesamtheit von Brāhmaṇa, Kṣatriya, Vaiśya und Śūdra; in der jinistischen Terminologie jedoch die Gesamtheit von Mönch, Nonne, Novize und Novizin. Ṭhā, BHaga

*1017* **cāṇūra** m <cāṇūra> *Myth* Name eines von Kṛṣṇa getöteten Ringkämpfers. Paṇhā

*1018* **cāraṇa** m <cāraṇa> jinistischer Wandermönch. Sama, Bhaga, Nāyā, Paṇhā, Uva, Jīvā

*1019* **cāriā** f <cārikā> Asketin, Wandernonne. Oha

*1020* **cārittamohaṇijja** n <cāritramohanīya> Bezeichnung eines *kamma*, das den rechten Wandel negativ beeinflusst.

*1021* **cāru** m <cāru> Name des ersten Schülers des dritten Tīrthaṁkara.

*1022* **cāvoṇṇaya** n <cāponnata> Name einer Stätte im elften Devaloka; die dort residierenden Götter essen nur einmal in 21000 Jahren. Sama

*1023* **citta** m <citra> **(1)** *Myth* Name eines Heiligen. Utta; **(2)** Name des Wagenlenkers des Königs Pradeśin. Rāya, Nira

*1024* **cittaṁga** m <citrāṅga> *Myth* Name eines Wunschbaums. Ṭhā, Sama, Jīvā

*1025* **cittakaṇagā** f <citrakanakā> Name von Göttinnen: **(1)** die zweite von vier Göttinnen der Weltgegenden. Jambu; **(2)** die Fackelträgerin bei der Geburt eines Tīrthaṁkara. Ṭhā

*1026* **cittaguttā** f <citraguptā> Name von Göttinnen: **(1)** die Hauptgattin des dritten Welthüters (lokapāla). Ṭhā, Bhaga; **(2)** die siebente von acht Diśākumārīs. Jambu

*1027* **cittapakkha** m <citrapakṣa> Name eines Welthüters (Lokapāla). Ṭhā, Bhaga

*1028* **cittā** f <citrā> Name von Göttinnen: **(1)** dritte Hauptgattin des Soma. Bhaga; **(2)** Fackelträgerin bei der Geburt eines Tīrthaṁkara. Ṭhā

*1029* **cīvara** n <cīvara> Bettlerkleid, Mönchsgewand. Āyā, Ṭhā, Bhaga, Aṇu, Nisī

*1030* **culaṇī** f <culanī> Name der Gattin des Königs Drupada von Kāmpilya. Nāyā, Uvā, Jīvā, Utta

*1031* **culaṇīpitha** m, culaṇīpiya m <culanīpitṛ> Name eines Laienanhängers des Mahāvīra. Uvā

*1032* **culaṇīpiya** m ↑ **culaṇīpitha**

*1033* **cullasagaya** m, cullasayaya m <kṣullaśataka> einer der zehn Laienanhänger des Mahāvīra. Uvā

*1034* **cullasayaya** m ↑ **cullasagaya**

*1035* **cūā** f <cūtā> Name einer Göttin. Ṭhā

*1036* **ceia** n, ceiya n <caitya> **(1)** Grabmal; **(2)** Tempel. Ṭhā; **(3)** *Myth* Stätte der Vyantara-Götter. Nāyā, Vivā, Nira, Kappa, Oha

*1037* **ceiya** n ↑ **ceia**

*1038* **ceiathūbha** m <caityastūpa> Reliquienschrein bei einem Jaina-Tempel. Ṭhā, Jīvā, Jambu

*1039* **ceiarukkha** m <caityavṛkṣa> *Myth* Name eines Juwelenbaums. Ṭhā, Sama

*1040* **ceḍa** m, ceḍaga m, ceḍaya m <ceṭa, ceṭaka> eigentlich: Diener, Sklave; hier jedoch Name eines Königs von Viśāla und Anhängers des Mahāvīra. Bhaga, Nira

*1041* **ceḍaga** m ↑ **ceḍa**

*1042* **ceḍaya** m ↑ **ceḍa**

*1043* **cellaṇā** f <cellaṇā> oder <cillaṇā> Name einer Gattin des Königs Śreṇika. Nāyā, Aṁta, Aṇu

*1044* **cokkhā** f <cokṣā> Name einer Bettelnonne. Nāyā

*1045* **coddasapuvva** n <caturdaśapūrva> *Lit* die 14 ↑puvva. Nāyā

## CH

*1046* **chauma** n <chadman> die acht Arten des *kamma*. die die Qualitäten der Seele verhüllen, ihre Erkenntnisfähigkeit verringern und ihre Allwissenheit verhindern. Jambu, Utta

*1047* **chaṭṭhakkhamaṇa** n <ṣaṣṭhakṣamaṇa oder ṣaṣṭhakṣapaṇa> ein Fastengelübde, wobei man jeweils fünf Mahlzeiten auslässt und erst die sechste wieder einnimmt. Bhaga, Nāyā, Aṁta, Aṇu, Vivā

*1048* **chaḍḍiya** Adj PP <chardita> von einem, der erbrochen hat, Speise annehmend (was einen Almosenfehler darstellt). Piṁḍa

*1049* **chaṇṇia** m <channika> Name eines Metzgers. Vivā

*1050* **chattāha** m <chattrābha> *Myth* Name des Baumes, unter dem Padmaprabha, der sechste Tīrthaṁkara, Allwissenheit erlangte. Sama

*1051* **chiṇṇaggaṁtha** m <chinnagrantha> wörtlich: der die Fesseln abgeschnitten hat; im Jinismus bildhaft Heiliger, Erlöster. Paṅhā, Kappa

*1052* **cheovaṭṭhāvaṇa** n <chedopasthāpana> Wiederaufnahme, erneute Weihe eines aus dem Orden ausgestoßenen Mönchs. Ṭhā, Bhaga

*1053* **cheda** m, cheya m <cheda> eigentlich **(1)** Tilgung, Vernichtung; **(2)** Schwund. Verlust, Mangel; **(3)** Abschnitt. Stück. Im Jinismus ein spezieller Terminus der Nichtanrechnung eines Teils der Mönchszeit entsprechend der Schwere eines Vergehens des betreffenden Mönchs. Diese Annullierung kann von fünf Tagen an aufwärts zählen. Weiteres bei Schubring 1962:282.

*1054* **cheya** m ↑ **cheda**

*1055* **cheyasutta** n <chedasūtra> Gesamtbezeichnung für die vierte Textgruppe des Jaina-Kanons. Inhaltlich weisen die dazu gehörenden Werke manche Parallelen zum Vinayapiṭaka des Pāli-Kanons auf, denn sie enthalten vorwiegend Gebote und Verbote zur Regelung des Lebens der Mönche und Nonnen, daneben auch die erforderlichen Buß- und Sühnevorschriften. Die einzelnen Werke des ch. heißen: Nisīha (Niśītha), Mahānisīha

(Mahānisītha), Vavahāra (Vyavahāra), Āyāradasāo (Ācāradaśāḥ), Kappasutta (Kalpasūtra), Paṁcakappa (Pañcakalpa). Teil 8 der Āyāradasāo ist das Kalpasūtra des Bhadrabāhu. Die Cheyasuttas 3 bis 5 bilden nicht nur den Kern dieses Teils des Kanons, sondern ragen auch durch ihr hohes Alter heraus. Sie gelten traditionell als aus dem ↑Diṭṭhivāya hervorgegangen und führen den gemeinsamen Titel Dasākappavavahāra. Ausgaben, Übersetzungen und exegetische Werke s.v. im Verzeichnis der Primärliteratur. Inhaltsübersicht und weitere Literaturhinweise bei Schubring 1962:109-114.

## J

*1056* **jai** m <yati> Asket, Mönch. Uva, Utta, Piṁḍa

*1057* **jaicchāvāi** m <yadṛcchāvādin> ein Philosoph, der sämtliche Geschehnisse als vom Zufall diktiert betrachtet. Naṁdī

*1058* **jaṁbavaī** f <jāmbavatī> Name einer Gattin des Kṛṣṇa. Aṁta

*1059* **jaṁbu** m <jambu> eigentlich Rosenapfelbaum (Eugenia Jambolana); im Jinismus Name eines berühmten Heiligen, Schülers des Sudhamma. Vivā

*1060* **jaṁbuddīva** m <jambudvīpa> nach jinistischer Auffassung der zentrale Kontinent, auf dem sich das menschliche Leben abspielt („Indien"). Beschreibungen finden sich bei Schubring 1962:217 und v. Glasenapp 1984:226. Weitere Details bei Bhattacharyya 1999:166-167.

*1061* **jaṁbuddīvapaṇṇatti** f <jambudvīpaprajñapti>, jaṁbūpaṇṇatti f <jambūprajñapti> *Lit* Name des sechsten Uvaṁga. Es bietet die jinistische Konzeption einer mythischen Geographie. Dieses Hauptwerk der Jaina-Kosmographie gibt in sieben Teilen eine Beschreibung aller Teile des zentralen Kontinents ↑jaṁbuddīva. Im dritten Teil finden sich zudem Legenden um den König Bharata. Ausgaben s.v. im Verzeichnis der Primärliteratur. Ausführliche Inhaltsangabe mit weiterführender Literatur bei Schubring 1962:103-105. Bhaga, Jaṁbu, Naṁdī

*1062* **jaṁbūpaṇṇatti** f ↑ **jaṁbuddīvapaṇṇatti**

*1063* **jaṁbūvaī** f <jambūvatī> Name der sechsten Gattin des Vāsudeva; sie wurde von Neminātha geweiht und erlangte die vollkommene Erlösung. Aṁta

*1064* **jaṁbūsāmi** m <jambusvāmin> war als Mönchsscharenleiter Nachfolger des ↑Sudhamma und wurde ↑kevali. Einzelheiten zu seiner Biographie bei v. Glasenapp 1984:303.

*1065* **jaṁbhaga** m, jaṁbhaya m <jṛmbhaka> Name einer Klasse der Vyantara-Götter. Bhaga, Nāyā, Paṇhā

*1066* **jaṁbhaya** m ↑ **jaṁbhaga**

*1067* **jaṁbhiya** m <jṛmbhika> Name eines Dorfes in Bengalen, in dessen Nähe Mahāvīra die vollkommene Erkenntnis erlangte. Āyā, Kappa

*1068* **jakkha** m <yakṣa> *Myth* (**1**) Name einer Götterklasse; Spukgestalt, Geist, Dämon. Jeder Tīrthaṁkara hatte einen ihm zugeordneten j. Nāyā, Vivā, Uva, Paṇṇa, Utta, Dasa. Oha; (**2**) Name eines Ozeans und einer Insel. Jīvā, Paṇṇa, Sūra

*1069* **jakkhasirī** f <yakṣaśrī> Name einer Brahmanin. Nāyā

*1070* **jakkhiṇī** f <yakṣiṇī> eigentlich: Geisterfrau, Dämonin; konkret: Name der Hauptschülerin des 22. Tīrthaṁkara (Neminātha). Aṁta, Kappa

*1071* **jagaī** f <jagatī> eigentlich; Erde, Welt; in der jinistischen Kosmographie die allseitige Umwallung von ↑jaṁbuddīva mit zahlreichen fensterähnlichen Öffnungen. Beschreibung bei Schubring 1962:227. Sama

*1072* **jagaguru** m <jagadguru> Religionsgründer, Reformator, Tīrthaṁkara. Naṁdī

*1073* **jagasavvadaṁsi** m <jagatsarvadarśin> Beiname des Mahāvīra („der die Welt vollkommen erkennt"). Sūya

*1074* **jaḍilaya** m <jaṭilaka> Beiname eines die Sonne und den Mond verfinsternden Dämons, Rāhu. Bhaga, Sūra

*1075* **jama** m <yama> (**1**) Name des über die südliche Himmelsrichtung herrschenden Welthüters. Ṭhā, Bhaga, Paṇhā, Sūra; (**2**) Gesamtheit der fünf Hauptgelübde eines Jaina-Mönchs. Nāyā, Utta

*1076* **jamaṇiyā** f <yamanikā> von einem Mönch unter der rechten Achselhöhle getragener Gegenstand. Rāya

*1077* **jamadaggi** m <jamadagni> *Myth* Name des Vaters des Paraśurāma. Jīvā, Piṁḍa

*1078* **jamā** f <yamā>, <yamī> *Myth* Residenz des Gottes Yama. Bhaga

*1079* **jamāli** m <jamāli> Name eines Prinzen, des Schwiegersohnes des Mahāvīra, der auch von ihm geweiht wurde. Ṭhā, Bhaga, Nāyā, Aṇu, Vivā, Nira

*1080* **jaya** m <jaya> eigentlich: Sieg, Eroberung; hier jedoch (**1**) Name des elften Weltherrschers (Cakravartin). Jaṁbu, Utta; (**2**) Name eines Hausvaters, der als erster dem 13. Tīrthaṁkara ein Almosen spendete.

*1081* **jayaṁta** m <jayanta> (**1**) Name des dritten Schülers (von 4) des Vajrasena. Kappa; (**2**) Name der dritten der fünf großen Himmelswelten; die dort residierenden Götter atmen einmal in 16 Monaten und essen einmal in 32000 Jahren. Ṭhā, Bhaga, Nāyā

*1082* **jayaṁtī** f <jayantī> (**1**) Name der Mutter des siebenten Baladeva; (**2**) Name einer bedeutenden Schülerin des Mahāvīra aus Kauśāmbī. Bhaga; (**3**) Name einer Stadt in Videha. Ṭhā; (**4**) Name von Götterfrauen. Ṭhā, Bhaga, Jīvā

*1083* **jayaghosa** m <jayaghoṣa> eigentlich: Siegesruf, Siegesgeschrei; hier jedoch Name eines Asketen, der in einer Brahmanenfamilie in Benares geboren, später aber Mönch wurde. Als solcher begab er sich zu seinem Bruder Vijayaghosa, der gerade ein vedisches Opferritual durchführte, und gewann diesen für den Jinismus. Utta

*1084* **jayaddaha** m <jayadratha> Name eines Sindhu-Königs. Nāyā

*1085* **jayaseṇa** m <jayasena> Name des elften ↑cakkavaṭṭi; nach seiner Herrschaft erlangte er die Erlösung.

*1086* **jayā** f <jayā> **(1)** Name der Hauptgattin des vierten Weltherrschers. Sama; **(2)** Name der Mutter des zwölften Tīrthaṁkara (= Vāsupūjya).

*1087* **jaraya** m <jaraka> Name einer Stätte in der ersten Hölle. Ṭhā

*1088* **jarākumāra** m <jarākumāra> *Myth* Name eines Yādava-Prinzen, der den Kṛṣṇa tötete. Aṁta

*1089* **jarāsaṁdha** m <jarāsaṁdha> Name eines Herrschers von Rājagṛha; er war der neunte ↑Paḍivāsudeva. Mehr über ihn bei v. Glasenapp 1984:289. Paṇhā

*1090* **jarāsiṁdhu** m <jarāsindhu> Name eines Königs. Nāyā

*1091* **jalaiya** m <jalakita> *Myth* Name eines Welthüters. Ṭhā

*1092* **jalakaṁta** m <jalakānta> **(1)** Name eines Götterfürsten. Ṭhā, Paṇṇa; **(2)** Name eines Welthüters. Ṭhā, Bhaga

*1093* **jalaṇa** m <jvalana> eigentlich: Wut, Zorn; n: Brennen, Leuchten; *Myth* Name der Gottheit Agnikumāra. Paṇhā

*1094* **jalappabha** m <jalaprabha> **(1)** Name eines Götterherrn. Ṭhā, Paṇṇa; **(2)** Name eines Welthüters. Ṭhā, Bhaga

*1095* **jalarūva** m <jalarūpa> Name eines Welthüters. Bhaga

*1096* **jalavāsi** m <jalavāsin> eigentlich: im Wasser lebend; im Jinismus eine Bußübung durch Untertauchen. Uva

*1097* **jalavīriya** m <jalavīrya> Name eines Königs aus dem Ikṣvāku-Geschlecht. Ṭhā

*1098* **jalasūga** m <jalaśūka> Name eines Welthüters. Ṭhā

*1099* **jasaṁsa** m, jasaṁsi m <yaśasvin> eigentlich: berühmt, ruhmreich; im Jinismus Beiname des Vaters des Mahāvīra. Āyā, Kappa

*1100* **jasaṁsi** m ↑ **jasaṁsa**

*1101* **jasabhadda** m <yaśobhadra> **(1)** Name eines Schülers des Sayyaṁbhava. Naṁdī; **(2)** Name eines geistlichen Lehrers. Kappa; **(3)** Name eines Mönchsscharenleiters des Pārśva.

*1102* **jasavaī** f <yaśasvatī> **(1)** Name der Enkelin (Tochter der Tochter) des Mahāvīra. Kappa; **(2)** Name der Mutter eines Weltherrschers.

*1103* **jasahara** m <yaśodhara> Name des 19. künftigen Tīrthaṁkara.

*1104* **jasā** f <yaśā> Name der Mutter des Kapila und Gattin des Königs Kāśyapa von Kauśāmbī.

*1105* **jasokittināma** n <yaśaḥkīrtināman> Ruhm und Ehre bewirkendes *kamma*. Sama

*1106* **jasodhaṇa** m <yaśodhana> Name eines Königs. Taṁdu

*1107* **jasoyā** f <yaśodā> nach der Tradition der Śvetāmbaras Name der Gattin des Mahāvīra. Die Digambaras dagegen behaupten, dass Mahāvīra nicht verheiratet war. Kappa; 2. Name der Mutter des Kṛṣṇa Vāsudeva. Āyā

*1108* **jasoharā** f <yaśodharā> Name einer eine Weltgegend beherrschenden Göttin, der vierten von acht Diśakumārīs. Ṭhā, Jaṁbu

*1109* **jahāpavittakaraṇa** n <yathāpravṛttakaraṇa> die Tendenz der Seele zur spirituellen Vervollkommnung, um dereinst die Erlösung zu erreichen.

*1110* **jāiṇāma** n <jātināman> die Geburt in bestimmtem sozialem Stand festlegendes *kamma*. Sama, Paṇṇa

*1111* **jāithera** m <jātisthavira> über 60 Jahre alter Mönch. Ṭhā, Vava

*1112* **jāisaraṇa** n <jātismaraṇa> Erinnerung an frühere Existenzen; mit dieser Fähigkeit können bis zu 900 derselben erfasst werden. Nāyā, Uva, Utta

*1113* **jāma** m <yāma> eines der großen Gelübde im Jinismus. Zu diesen zählen die Nichttötung bzw. Nichtverletzung eines Lebewesens, Vermeidung von Lüge und Unwahrheit, Unterlassen von Verbotenem (wie Diebstahl oder Geschlechtsverkehr). Āyā, Ṭhā

*1114* **jāyā** f <jātā> *Myth* Name einer Götterversammlung, bei der man zusammenkommt, ohne eigens eingeladen zu sein. Ṭhā, Bhaga, Jīvā

*1115* **jālā** f <jvālā> Name der Mutter des neunten Weltherrschers („Flamme").

*1116* **jāli** m <jāli> (**1**) Name eines von Mahāvīra geweihten Sohnes des Königs Śreṇika; er lebte 16 Jahre lang als Wandermönch und wurde nach dem Fastentod auf dem Berg Vipula in einer Himmelsstätte wiedergeboren. Aṇu; (**2**) Name eines von Neminātha geweihten Sohnes des Vāsudeva; er war 16 Jahre lang Wandermönch und wurde nach dem Fastentod auf dem Berg Śatruñjaya ein Siddha. Aṁta; (**3**) Name des ersten Kapitels aus dem vierten Teil der Aṁtagaḍadasāo.

*1117* **jiasattu** m <jitaśatru> (**1**) Name des Königs von Mithilā, der zur Zeit des Mahāvīra lebte. Vivā, Jaṁbu; (**2**) Name des Vaters des Ajinātha.

*1118* **jiṇa** m <jina> Erlöster. Arhat, Kevalin, Tīrthaṁkara. Allwissender. Entsprechend seiner Bedeutung kommt das Wort im Kanon allenthalben vor. Āyā, Sūya, Bhaga, Nāyā, Uvā,, Jīvā, Sūra, Kappa, Utta, Dasa, Piṁḍa, Naṁdī, Aṇuoga

*1119* **jiṇakappa** m <jinakalpa> Lebensweise der Mönche. Bhaga

*1120* **jiṇaghara** n <jinagṛha> Jaina-Tempel. Nāyā

*1121* **jiṇaṇāma** n <jinanāman> Bezeichnung eines *kamma*. Rāya

*1122* **jiṇadatta** m <jinadatta> Name eines Kaufmanns aus Campā. Nāyā

*1123* **jiṇadhamma** m <jinadharma> (**1**) Jaina-Pflicht; (**2**) Jaina-Lehre, Jinismus. KG

*1124* **jiṇapāliya** m <jinapālita>, jiṇarakkhiya m <jinarakṣita> Name eines reichen Einwohners der Stadt Campā; er war der Sohn des Kaufmanns Mākandin und ein Laienanhänger der Jainas. Bei seiner zwölften Handelsfahrt zur See wurde er schiffbrüchig und geriet in die Falle der Göttin

Rayaṇā. Nāyā

1125 **jiṇarakkhiya** m ↑ **jiṇapāliya**

1126 **jiṇiṁda** m <jinendra> Jina, Tīrthaṁkara. Religionsstifter, -erneuerer, Reformator. Nāyā, Rāya, Utta

1127 **jibbhiṁdiyasaṁvara** m <jihvendriyasaṁvara> Verhinderung des Einströmens von *kamma* über den Geschmackssinn. Paṇhā

1128 **jiya** m ↑ **jīva**

1129 **jiyasattu** m <jitaśatru> (**1**) Name eines Königs von Vāṇiyaggāma. Uvā; (**2**) Name eines Königs von Campā. Nāyā, Uvā; (**3**) Name eines Königs von Savvaobhadda <Sarvatobhadra>. Vivā; (**4**) Name eines Königs von Mithilā. Jaṁbu; (**5**) Name eines Königs der Pāñcāla. Nāyā. Uvā; (**6**) Name eines Königs von Sāvatthī. Uvā; (**7**) Name eines Königs von Ālabhiyā. Uvā; (**8**) Name eines Königs von Polāsapura. Uvā

1130 **jiyaseṇa** m <jitasena> Name des dritten Patriarchen (kulakara) von Bharatakṣetra.

1131 **jihiṁdaya** n <jihvendriya> Geschmackssinn.

1132 **jīyakappa** m <jītakalpa> *Lit* ein dem Jinabhadra Gaṇi zugeschriebenes Werk, das von den Śvetāmbaras manchmal als sechstes ↑Cheyasutta bezeichnet wird, aber jüngeren Datums sein dürfte. In 103 Versen werden individuelle Pflichtverletzungen erörtert. Ausgabe mit Auszügen aus dem Kommentar des Siddhasena von Ernst Leumann in den Sitzungsberichten der Preußischen Akademie der Wissenschaften zu Berlin (Berlin 1892).

1133 **jīyadhara** m <jītadhara> Name eines Lehrers, der seinerseits ein Schüler des Śāṇḍilya war. Naṁdī

1134 **jīva** m <jīva> die Seele, eine der allerwichtigsten Kategorien der jinistischen Lehre. Der j. hat folgende Eigenschaften: kevalaṇāṇa – Allwissenheit; kevaladaṁsaṇa – die Fähigkeit, alles zu schauen; avvābāha – Erhabenheit über Lust und Leid; sammatta – Besitz der vollständigen religiösen Wahrheit; akkhayaṭhii – Besitz der Unvergänglichkeit und damit des ewigen Lebens; a-muttitta – Körperlosigkeit; vīriya – unbeschränkte Energie. Der j. unterscheidet sich von allen anderen Substanzen dadurch, dass er Bewusstsein und Intelligenz besitzt. Ähnlich den Leibnizschen Monaden sind die j. qualitativ einander gleich. Es gibt unendlich viele Seelen, die aber voneinander unabhängig und auch nicht in einer höchsten Einheit (brahman) verbunden sind. Im Kontext der altindischen Philosophiegeschichte ist j. im wesentlichen identisch mit den Begriffen *ātman* und *puruṣa*. Entsprechend seiner Bedeutung ist der Begriff j. im jinistischen Kanon ubiquitär. Bhaga, Nāyā, Uvā, Uva, Rāya, Jīvā, Paṇṇa, Utta, Dasa, Piṁḍa, Aṇuoga. Weitere Einzelheiten bei Sikdar 1991 im Verzeichnis der Sekundärliteratur.

1135 **jīvaṭṭhāṇa** n <jīvasthāna> Einteilung der Lebewesen in 14 Klassen, wobei die Zahl der Sinnesorgane als Grundlage dient. Einzelheiten dazu bei v. Glasenapp 1984:224. Sama

*1136* **jīvatthikāya** m <jīvāstikāya> in der jinistischen Philosophie die Seele als unvergängliche geistige Entität. Ṭhā, Sama, Bhaga

*1137* **jīvapaesa** m <jīvapradeśa> unteilbares Seelenatom. Ṭhā, Bhaga, Rāya

*1138* **jīvājīva** m <jīvājīva> **(1)** Lebewesen und Nichtlebendes. Nāyā, Dasa; **(2)** Name des 36. Kapitels des Uttarajjhayaṇasutta.

*1139* **jīvājīvābhigamasutta** n <jīvājīvābhigamasūtra> *Lit* Name des dritten Uvaṁga. Der Titel bedeutet die „Lehre vom Lebenden und Unbelebten". In Frage-Antwort-Form gibt das Werk eine Klassifikation von Lebewesen, aber auch von geographischen Objekten, wie Inseln, Ozeanen, sowie von Göttersitzen. Hier kommt bereits der philosophisch wichtige Begriff ↑*siyā* vor. Ausgaben s.v. im Verzeichnis der Primärliteratur; ausführliche Inhaltsangabe mit weiterer Literatur bei Schubring 1962:97-99.

*1140* **juga** m, n <yuga> *Myth* Weltperiode, jedoch ohne alte Belege. In der kanonischen Literatur entspricht das Wort einem Lustrum, dem Zeitraum von fünf Jahren. Ṭhā

*1141* **jugaṁtakaḍabhūmi** f <yugāntakṛtabhūmi> Abfolge von Lehrern und Schülern. Ṭhā, Nāyā, Jaṁbu

*1142* **jugabāhu** m <yugabāhu> Name des neunten Tīrthaṁkara in einer früheren Existenz („langarmig"). Vivā

*1143* **juttiseṇa** m <yuktiṣeṇa> Name des achten Tīrthaṁkara in Airavata.

*1144* **jemiṇi** m <jaimini> Name des Begründers des philosophischen Systems der Mīmāṁsā. Naṁdī

*1145* **jehila** m <jehila> Name eines Weisen aus der Vasiṣṭha-Familie; er war Schüler des Āryanāga. Kappa

*1146* **joga** m <yoga> eine der Quellen des *kamma*, nämlich der Gebrauch von Körper, Geist und Sprache für materielle und sinnliche Zwecke. Sūya. Sama

## JH

*1147* **jhayā** f <dhvajā> achter Traum (von 14) der mit einem Tīrthaṁkara schwangeren Frau, in welchem sie eine Flagge sieht. Nāyā, Vivā

*1148* **jhāṇa** n <dhyāna> Meditation, Versenkung. Ṭhā, Bhaga, Uvā. Die einzelnen Arten des jh. mit ihren Untergliederungen sind aufgelistet bei v. Glasenapp 1984:210-211; vgl. auch Schubring 1962:313-315.

*1149* **jhūsaṇā** f <joṣaṇā> eigentlich: **(1)** Gefallen (an), Freude (über); **(2)** Anbetung, Verehrung. Im Jinismus wird darunter die (Freude an der) Beseitigung des *kamma* verstanden. Bhaga, Nāyā

## ṬH

*1150* **ṭhavaṇā** f <sthāpanā> ein Almosenfehler, der darin besteht, dass Speise eigens für einen bestimmten Bettelmönch und zu bestimmter Zeit bereit gestellt wird. Ṭhā, Piṁḍa

*1151* **ṭhāṇaṁga** n <sthānāṅga> Name des dritten Aṁga des Jaina-Kanons, eines besonders wichtigen kanonischen Textes. Seine zehn Teile sind fast ausschließlich in Prosa gehalten. Typisch für diesen Text sind die Zahlengleichnisse, die von eins bis zehn aufsteigen und insofern eine Parallele zum Aṅguttaranikāya des Pāli-Kanons darstellen. Die literaturgeschichtliche Bedeutung besteht hauptsächlich aber darin, dass sich hier ein Inhaltsverzeichnis zu dem verloren gegangenen zwölften Aṁga, dem ↑Diṭṭhivāya, findet. Aber auch philosophiegeschichtlich ist das Werk von großer Wichtigkeit. So wird auf die sieben ↑nayas und acht philosophische Systeme eingegangen. Aus dem ṭh. lassen sich wertvolle Schlüsse über die erkenntnistheoretischen Vorstellungen der Jainas ziehen. So werden in IV, 3 die vier Erkenntnismittel (↑pamāṇa) erwähnt: die Wahrnehmung (paccakkha), die Schlussfolgerung (aṇumāṇa), der Vergleich (uvamāṇa) und die glaubwürdige Überlieferung (āgama). Ausgaben s.v. im Verzeichnis der Primärliteratur. Eine Werksbeschreibung mit weiteren Literaturhinweisen findet sich bei Schubring 1962:87-88.

*1152* **ṭhii** f <sthiti> eigentlich: **(1)** Stehen, Bleiben, Verweilen, Aufenthalt; **(2)** Lage, Situation. Im Jinismus indiziert der Terminus die Dauer bzw. die Beständigkeit der Wirkung des *kamma*. Bhaga, Utta, Piṁḍa. ṭh. ist auch der Titel des vierten Kapitels des Paṇṇavaṇāsutta.

## T

*1153* **taṁdulaveyāliya** n <taṇḍulavaikālika; möglich wären aber auch taṇḍulavaicārika oder taṇḍulavaiyālika> Bezeichnung des wichtigsten ↑Paiṇṇa. Hier findet sich in 125 Versen, gemischt mit Prosa, ein hochinteressanter Dialog zwischen Mahāvīra und seinem Lieblingsschüler Goyama Indabhūti. Dieses Gespräch geht weit über den Rahmen der Religion hinaus, denn es widmet sich im ersten Teil auch der Embryologie. Hier wird übrigens konstatiert, dass die Grenze der femininen Fertilität bei 55, der maskulinen bei 75 Jahren liegt. Im weiteren Verlauf werden Fragen der Längen- und Zeitmessung, der Anatomie und speziell der Osteologie erörtert. Zu den anatomischen Aspekten des t. vgl. Schubring 1962:143. Ausgaben, Übersetzungen und Analysen dieses bedeutenden Werkes s.v. im Verzeichnis der Primärliteratur.

*1154* **takka** m <tarka> Schlussfolgerung, Überlegung. Āyā

*1155* **taccāvāya** m <tattvavāda> in der Philosophie die Richtung des Realismus. Ṭhā

*1156* **taṭṭhi** m, taṭṭhu m <tvaṣṭṛ> Name eines Gottes. Ṭhā

*1157* **taṭṭhu** m ↑ **taṭṭhi**

*1158* **taṇutaṇuī** f <tanutanvī> *Myth* ein der Erlösung dienender Stein. Ṭhā, Uva, Paṇṇa

*1159* **tatta** n <tattva> eigentlich: wahres Wesen, Wahrheit, Realität. Im Jinismus (**1**) *Phil* Essenz, Grundprinzip; (**2**) die Grundelemente (die Stichworte sind einzeln nachzuschlagen): jīva, ajīva, puṇṇa, pāpa, āsava, saṁvara, nijjarā, baṁdha, mokkha.

*1160* **tama** n <tamas> eigentlich: Dunkelheit. Finsternis; in der jinistischen Philosophie Nichtwissen. Sūya, Ṭhā, Paṇhā

*1161* **tamatamā** f <tamastamā> Bezeichnung der siebenten, absolut finsteren Hölle. Ṭhā, Sama, Bhaga, Utta, Aṇuoga

*1162* **tamā** f <tamā> Name der sechsten, vorletzten Hölle. Ṭhā, Sama, Bhaga, Utta

*1163* **tamukkāya** m <tamaskāya> *Myth* eine Region der Finsternis. Ṭhā, Bhaga

*1164* **tava** n <tapas> eigentlich: Glut, Hitze. Im Jinismus einer der wichtigsten Termini; er steht für Askese und Kasteiung. Die Jainas unterscheiden äußere und innere Askese. Zu ersterer gehören insbesondere Nahrungsbeschränkungen nach Menge, Häufigkeit und Beschaffenheit; ferner die Einnahme bestimmter Körperpositionen und das Zurückziehen der Sinne von den Objekten der Außenwelt. Zur inneren Askese gehören Beichte und Buße, das Verhalten gemäß den Ordensregeln, Studium der heiligen Texte und Meditation. Weitere Details bei Schubring 1962:311-313. Entsprechend seiner Bedeutung ist das Wort im Jaina-Kanon ubiquitär. Ṭhā, Bhaga, Uvā, Jīvā, Paṇṇa, Utta, Dasa, Piṁḍa, Oha

*1165* **tavassi** m <tapasvin> Büßer, Asket. Sūya, Ṭhā, Bhaga, Nāyā, Uvā, Paṇhā, Vivā, Kappa, Utta, Dasa, Piṁḍa, Oha

*1166* **tavokamma** n <tapaḥkarman> Askese, Bußübung. Ṭhā, Sama, Bhaga, Nāyā, Aṁta, Aṇu, Vivā, Uvā, Vava

*1167* **tasaṇāma** n <trasanāman> die Inkorporation der Seele in ein bewegliches Lebewesen. Sama

*1168* **tāyattīsaga** m <trāyastriṁśaka> Name einer Götterklasse. Ṭhā, Bhaga, Kappa

*1169* **tāraga** m <tāraka> Name des zweiten Paḍivāsudeva.

*1170* **tāragā** f <tārakā> eigentlich: (**1**) Stern; (**2**) Pupille. In der Jaina-Mythologie ist dies der Name einer Göttin, der vierten Hauptgemahlin des Yakṣa-Herrschers Pūrṇabhadra. Ṭhā, Paṇhā

*1171* **tārā** f <tārā> eigentlich: (**1**) Planet, Stern, Sternbild; (**2**) Pupille. In der Jaina-Mythologie: (**1**) Name der Mutter des achten Cakravartin (= Subhūma). Sama, Jaṁbu; (**2**) Name der Gattin des Sugrīva. Paṇhā

1172 **tālapisāya** m <tālapiśāca> Name eines Dämons, der die Größe einer Palme hat. Ṭhā, Bhaga, Nāyā, Paṇṇa

1173 **tāvasa** m <tāpasa> Asket, Büßer. Bhaga, Uva, Paṇṇa, Nira, Utta, Piṁḍa

1174 **tāvasī** f <tāpasī> Asketin, Büßerin. Oha

1175 **tiaṁkara** m <trikaṁkara> Name eines Jaina-Mönchs

1176 **tittha** n <tīrtha> eigentlich: religiös-ritueller Badeplatz. Im Jinismus (**1**) Wallfahrtsort, besonders heilige Tempelstätte, wie Śatruñjaya, Girnar, Abu; (**2**) vorwiegend gemeint wird mit t. jedoch die Gesamtheit des Ordens, der Gemeinde, bestehend aus Mönchen, Nonnen, Laienanhängern und Laienanhängerinnen. Ṭhā, Sama, Bhaga, Nāyā, Paṇhā, Dasa, Naṁdī, Aṇuoga

1177 **titthaṁkara** m <tīrthaṁkara, tīrthakara> wörtlich: Furtbereiter, im engeren Sinne: Religionsstifter, Reformator. Im Jinismus ist t. die Bezeichnung der 24 großen Heiligen. Ihre Biographien ähneln einander sehr. Sie alle sind Kṣatriyas, mehrere sind Prinzen. Sie alle entsagen zu einem bestimmten Zeitpunkt der Welt, werden Asketen und schließlich Kevalins. Damit erlangen sie die vollständige Erlösung. Mit Ausnahme von vier t. erfolgte die Erlösung auf dem Pārśvanātha-Hügel im Distrikt Hazaribagh in Bihar. Ṛṣabha dagegen erlangte die Erlösung auf dem Kailāsa, Vāsupūjya in Campā, Nemi auf dem Girnar-Hügel und Mahāvīra in Pāvā. Die t. sind keine Götter; sie kümmern sich nicht um die Angelegenheiten und Schicksale der Menschen. Daher betet man auch nicht zu ihnen, doch werden sie als Vorbilder verehrt. Nach den Vorstellungen der Digambaras waren alle t. Männer; die Śvetāmbaras sehen jedoch im 19. t. (Mallī) eine Frau. Ikonographisch können sie besonders an dem Emblem unterschieden werden, das einem jeden von ihnen zugeordnet ist. Hierzu vgl. v. Glasenapp 1928 im Verzeichnis der Sekundärliteratur, wo sämtliche Embleme aufgeführt sind. Details über jeden einzelnen t. finden sich bei Nahar/Ghosh 1917/1996:Appendix D. Ihre Eigenschaften behandelt auch v. Glasenapp 1984: 247. Dass jedem t. eigene Begleitgottheiten, die jakkhas und jakkhiṇīs, zukommen, ist wohl erst seit dem 11. Jahrhundert allgemein verbreitet. Vorher hatten alle t. als yakkha Sarvānubhūti, als yakkhiṇī Ambikā. Die Namen der yakkhas und yakkhiṇīs werden angeführt bei Moeller 1974:119. Weitere wertvolle Informationen bei Kirfel 1928. Ṭhā, Bhaga, Sama, Nāyā, Aṇu, Paṇhā, Paṇṇa, Piṁḍa

1178 **titthabheya** m <tīrthabheda> Spaltung der Gemeinde, Schisma. Nāyā, Paṇhā

1179 **tidaṁḍa** n <tridaṇḍa> Dreistab eines Bettelmönchs. Bhaga, Nāyā

1180 **timāsiyā** f <traimāsikī> eine sich auf drei Monate erstreckende Fastenaskese, bei der der Asket pro Tag nur drei Bissen Nahrung und drei Schluck Wasser zu sich nimmt. Ṭhā, Uva

*1181* **timissā** f <timisrā> Name einer Höhle im Vaitāḍhya-Berg, die eine Passage für Cakravartins bildet. Ṭhā, Sama. Paṇhā

*1182* **tirāsi** n <trirāśi> *Phil* Leben, Nichtleben, weder Leben noch Nichtleben. Rāya

*1183* **tiricchaloga** m <tiraścīnaloka> Name einer Welt der niederen Wesen.

*1184* **tilaga** m, tilaya m <tilaka> eigentlich: Markierung, Zeichen. Im Jinismus *Myth* Name einer Insel und eines Meeres. Rāya, Jīvā, Paṇṇa

*1185* **tilaya** m ↑ **tilaga**

*1186* **tilokka** n <trailokya>, tiloga m <triloka> Dreiwelt; gewöhnlich werden darunter Himmel, Erde und Unterwelt verstanden. Paṇhā

*1187* **tiloga** m ↑ **tilokka**

*1188* **tiviṭṭha** m <triprṣṭha> Name des ersten Vāsudeva. Sama. Einzelheiten über sein Leben bei v. Glasenapp 1984:275-276.

*1189* **tisalā** f <triśalā> Name der Mutter des Mahāvīra. Āyā, Kappa. Sie soll die Schwester eines mächtigen Königs gewesen sein.

*1190* **tīsagutta** m <tiṣyagupta> Name eines antijinistischen Ketzers. Ṭhā

*1191* **tīsaya** m <tiṣyaka> Name eines Schülers des Mahāvīra. Bhaga

*1192* **tuṁburu** m <tuṁburu> Name von Gandharven. Ṭhā, Paṇṇa

*1193* **tuḍiā** f, tuṇiyā f <trutitā> *Myth* Versammlung von Lokapāla-Gottheiten. Ṭhā, Jīvā

*1194* **tuṇiyā** f ↑ **tuḍiā**

*1195* **turiyagai** m <tvaritagati> *Myth* Name von Welthütern („eiliger Gang"). Ṭhā, Bhaga

*1196* **tusiya** m <tuṣita> Name der neunten Klasse der Lokāntika-Götter. Ṭhā, Sama, Bhaga, Nāyā

*1197* **teukaṁta** m <tejaskānta> *Myth* Name eines Welthüters. Ṭhā, Bhaga

*1198* **teuppabha** m <tejaḥprabha> *Myth* Name eines Welthüters. Ṭhā, Bhaga

*1199* **teulessā** f <tejoleśyā> Bezeichnung des vierten Seelentyps, des feurigen Temperaments; es hilft dem ↑jīva, sich von allen üblen Gedanken zu befreien. Ṭhā, Sama, Bhaga, Paṇṇa

*1200* **teyaliputta** m <teyaliputra oder tetaliputra> Name eines Ministers des Königs Kaṇagaraha. Nāyā

*1201* **tosali** m <tosalin> Name eines jinistischen Lehrers. Rāya

## TH

*1202* **thaṇiya** m <stanita> eigentlich: Donner; im Jinismus Name einer Gruppe der Bhavanapati-Götter. Uva, Jīvā, Utta

*1203* **thālai** m <sthālakin> ein Typus von Waldeinsiedlern, die einen schüsselähnlichen Topf mit sich führen. Uva

*1204* **thāvaccā** f <sthāpatyā> Name einer Kaufmannsgattin. Nāyā

1205 **thāvaraṇāma** n <sthāvaranāman> ein *kamma*, das die Seele in einen unbeweglichen Körper zwingt. Sama, KG

1206 **thiraṇāma** n <sthiranāman> Name eines *kamma*, das den Körper festigt. Sama

1207 **thīṇagiddhi** f <styānagṛddhi> Name eines *kamma*, das zum Schlafwandeln und eventuell sogar zu Morden im somnambulen Zustand führt. Ṭhā, Sama, Utta

1208 **thūbha** m <stūpa> (weißer) Kuppelbau zur Aufbewahrung von Reliquien. Ṭhā, Bhaga, Paṇhā, Rāya

1209 **thera** m <sthavira> Ehrwürdiger, Ältester; mitunter Bezeichnung für einen über 60jährigen Mönch. Ṭhā, Sama, Nāyā, Aṇu, Vivā, Uva, Paṇṇa, Nisī, Vava

1210 **therakappa** m <sthavirakalpa> zugelassenes Besitztum eines Mönchs. Ein Mönch darf nur eine bestimmte Zahl von Gegenständen mit sich führen. Bhaga

1211 **theriyā** f, therī f <sthavirā> eigentlich: alte Frau, Greisin; im Jinismus: Nonne. Nisī, Kappa

1212 **therī** f ↑ **theriyā**

## D

1213 **daṁḍavīriya** m <daṇḍavīrya> Name eines Königs. Ṭhā

1214 **daṁtavakka**[1] m <dantavakra> Name eines Königs von Daṁtapura („Krummzahn“). Vava

1215 **daṁtavakka**[2] m <dāntavākya> Bezeichnung eines Cakravartin, durch dessen Worte allein ein jeder Feind bezwungen wird. Sūya

1216 **daṁsaṇa** n <darśana> eigentlich **(1)** Sehen; **(2)** Richtigkeit; **(3)** Anschauung, Weltanschauung, philosophisches System. In der Jaina-Epistemologie die Erkenntnis eines Dinges in seinen allgemeinen Umrissen oder in seiner begrifflichen Allgemeinheit. Bhaga, Nāyā, Rāya, Paṇṇa, Dasa, Piṁḍa, Aṇuoga

1217 **daṁsaṇāvaraṇa** n <darśanāvaraṇa> dasjenige *kamma*, das die Erkenntnisfähigkeit der Seele beeinträchtigt. Ṭhā, Utta

1218 **daṁsaṇāvāra** m <darśanāvāra> die achtfältige Bekundung rechten Glaubens. Sie besteht in folgenden Grundsätzen: **(1)** zweifelsfreie Erkenntnis der Wirklichkeit; **(2)** fester Vorsatz, keine falsche (nichtjinistische) Lehre anzunehmen; **(3)** kein Zweifel an der Doktrin, nach der man erntet, wie man sät (das bezieht sich auf die Lehre vom *kamma*); **(4)** Festigkeit und Sicherheit der gewonnenen Erkenntnis; **(5)** Aktivierung und Gebrauch der eigenen (moralischen) Kräfte; **(6)** Belehrung derjenigen, die an der rechten Lehre zu zweifeln beginnen; **(7)** Hingabe an die Jaina-Lehre; 8. Ausbreitung der Jaina-Lehre. Ṭhā

*1219* **dakkha** m <dakṣa> *Myth* Name eines Heerführers. Ṭhā

*1220* **dakkhu** m <dakṣa> Allwissender, Seher. Sūya

*1221* **daga** m <daka> (**1**) Name einer Gottheit. Ṭhā; (**2**) *Myth* sich aus dem Ozean erhebender Berg. Sama

*1222* **daḍhaṇemi** m <dṛḍhanemi> (**1**) Name eines Sohnes des Königs Samudravijaya von Dvārakā und der Sīlādevī; er wurde von Neminātha geweiht und gelangte auf dem Berg Śatruñjaya zur Erlösung. Aṁta; (**2**) Name eines Bruders des Neminātha. Aṁta

*1223* **daḍhadhaṇu** m <dṛḍhadhanus> Name des achten künftigen Patriarchen (kulakara) in Bharata. Ṭhā

*1224* **daḍharaha** m <dṛḍharatha> (**1**) Name des Vaters des zehnten Tīrthaṁkara (= Śītalanātha). Sama; (**2**) Name eines Patriarchen (kulakara). Sama

*1225* **daḍharahā** f <dṛḍharathā> Bezeichnung von Götterversammlungen, etwa der Lokapālas. Ṭhā, Jīvā

*1226* **daḍhāu** m <dṛḍhāyus> Bezeichnung des fünften Tīrthaṁkara. Ṭhā

*1227* **datta** m <datta> (**1**) Name des fünften künftigen Patriarchen (kulakara) in Bhārata. Sama; (**2**) Name des siebenten Vāsudeva. Näheres über ihn findet sich bei v. Glasenapp 1984:283; Sama; (**3**) Name des Vaters des Devadatta. Ṭhā, Vivā

*1228* **damaghosa** m <damaghoṣa> Name eines Cedi-Königs, des Vaters des Śiśupāla. Nāyā

*1229* **daliya** n <dalika> ein aus *kamma*-Partikeln bestehendes Aggregat. Ṭhā

*1230* **daviya** n <dravya> Ding, Substanz, Materie. Ṭhā. Aṇuoga

*1231* **davva** n <dravya> Ding, Substanz, Materie; Gesamtbezeichnung der sechs ewigen und unzerstörbaren Substanzen, die durch ihre Relationen die Mannigfaltigkeit der Welt konstituieren: ↑āgāsa, ↑dhamma, ↑adhamma, ↑kāla, ↑poggala und ↑jīva. Diese sechs Kategorien zerfallen in zwei Gruppen: die geistige (jīva) und die ungeistige (alle anderen). Die letzteren haben bestimmte, unveränderliche Eigenschaften, an die sich akzidentielle, veränderliche Zustände (pajjaya) anschließen können. Bhaga, Nāyā, Uva, Paṇṇa, Piṁḍa, Naṁdī, Aṇuoga

*1232* **davvajāya** n <dravyajāta> Erscheinungsform der Materie. Jaṁbu

*1233* **davvarāsi** m <dravyarāśi> Aggregat von Substanzen. Paṅhā

*1234* **dasadasamiyā** f <daśadaśamikā> ein Fastengelübde, das sich auf 100 Tage erstreckt. Ṭhā. Aṁta. Uva, Vava

*1235* **dasadhaṇu** m <daśadhanu> Name von künftigen Patriarchen, so des zehnten kommenden kulakara. Ṭhā

*1236* **dasapuvvi** m <daśapūrvin> der zehn *puvva* kennt. Kappa, Oha

*1237* **dasaraha** m <daśaratha> (**1**) Name eines Königs; er war Vater des Rāma und des Lakṣmaṇa. Ṭhā; (**2**) Name eines Prinzen. Nira; (**3**) Name des neunten Patriarchen (kulakara). Ṭhā

*1238* **dasaveyāliya** n <daśavaikālika> *Lit* Name des dritten ↑Mūlasutta. Interpretiert wird der Titel gewöhnlich als „Zehn (Kapitel) über die (vorgeschriebene Studien-)Zeit hinaus." Andere Erklärungen gibt Kapadia 1941/2000:141. In Wirklichkeit umfasst das Werk jedoch 12 Kapitel. Das 12. Kapitel wird als *cūliyā* „Anhang" bezeichnet, doch auch Kapitel 11 ist ein Nachtrag. Chronologisch sind beide Nachträge vom Hauptwerk nicht sehr weit entfernt. Die Namen der Kapitel sind aufgelistet bei Kapadia 1941/2000:142. Traditionell gilt als Verfasser des d. Sejjaṁbhava <Śayyambhava>; er wollte seinem Sohn Maṇaga, der nur noch sechs Monate zu leben hatte, damit die Grundbegriffe der Jaina-Lehre nahebringen. Es handelt sich also weniger um das Resultat originellen Denkens als um eine Kompilation; vgl. dazu Ghatage 1938. Nichtsdestoweniger ist das Werk eine vorzügliche Einführung in den Jinismus. Der Inhalt besteht hauptsächlich in Regeln zum Mönchsleben. Im Mittelpunkt stehen die Arten des Almosennehmens, die rechte Rede, das Verhalten der Schüler zum Lehrer, die Nichtschädigung von Lebewesen und die Gefahr des Rückfalls ins weltliche Leben. Außerdem wird ein Balladenstoff aus dem Uttarajjhayaṇasutta bearbeitet, nämlich die Ermahnung der Rājimatī an Rathaṇemi, der sie zu verführen trachtete. Über das d. gibt es eine reiche Literatur an Ausgaben, Übersetzungen und exegetischen Studien; dazu s.v. im Verzeichnis der Primärliteratur. Inhaltsübersicht und weitere Literaturhinweise bei Schubring 1962:116-117.

*1239* **dasāsuyakkhaṁdha** m <daśāśrutaskandha> *Lit* Name eines Cheyasutta, das aus zehn Teilen beseht. Das Leitthema ist die Mönchsdisziplin. Im fünften, neunten und zehnten Teil finden sich Predigten des Mahāvīra. Der achte Teil führt den Namen Pajjosaṇākappa; er enthält die Lebensbeschreibungen des Mahāvīra und der anderen 23 Tīrthaṁkaras bis hinauf zu Ṛṣabha.

*1240* **dāṇaṁtarāya** n <dānātarāya> Art des Aṁtarāyakamma, das den Wunsch, Almosen zu spenden, untergräbt und damit die Möglichkeit unterbindet, durch Spenden moralisches Verdienst zu erwerben. Bhaga, Utta, Aṇuoga

*1241* **dāṇaviṁda** m <dānavendra> *Myth* Dämonenfürst, Beherrscher der Dānavas. Nāyā

*1242* **dārua** m, dāruga m <dāruka> *Myth* **(1)** Name eines Sohnes des Vāsudeva. Ṭhā, Aṁta; **(2)** Name des Wagenlenkers des Kṛṣṇa. Nāyā

*1243* **dāruga** m ↑ **dārua**

*1244* **dāvara** m <dvāpara> *Myth* Bezeichnung des dritten Weltzeitalters.

*1245* **diaṁbara** m <digambara> „ein Gewand aus Luft (also keines) tragend", eine der beiden Hauptrichtungen des Jinismus. Die Unterschiede der beiden sind nicht groß; die d. vertreten im allgemeinen die konservativere Richtung. Die von ihnen verehrten Tīrthaṁkara-Bilder stellen unbekleidete Personen dar. Den überlieferten Kanon erkennen die d. nicht an, da sie ihn für irreparabel entstellt halten. Im Gegensatz zu den Śvetāmbaras lassen die d. keine Brahmanen für Tempeldienste zu.

*1246* **diṭṭhadosapatita** Adj PP <dṛṣṭadoṣapatita> *Mönch* wegen erkannter Schuld aus dem Orden ausgestoßen. Aṁta

*1247* **diṭṭhalābhiya** Adj <dṛṣṭalābhika> *Mönch* aus einem bekannten (Almosenbestand) etwas erbittend und erhaltend. Ṭhā, Paṅhā, Uva

*1248* **diṭṭhi** f <dṛṣṭi> eigentlich **(1)** Sehen, Blick, Erkennen, **(2)** Kritik, Prüfung, Untersuchung; in der jinistischen Philosophie Ansicht, Anschauung. Sūya, Rāya

*1249* **diṭṭhivāya** m <dṛṣṭivāda> Name des zwölften Aṁga. Es wird sowohl von den Digambaras als auch von den Śvetāmbaras als verloren betrachtet. Für die Literatur- wie auch für die Religionsgeschichte dürfte der Verlust nicht allzu schwer wiegen, denn den Inhalt des d. kennen wir in großen Zügen. Das Werk hat aus fünf Hauptteilen bestanden. Im ersten Teil (parikamma) fanden sich 16 Vorarbeiten zur Erleichterung des Verständnisses der Suttas. Der zweite Teil beinhaltete 88 Suttas mit Polemiken gegen ketzerische Ansichten, d. h. gegen damals existierende philosophisch-religiöse Lehren. In der Mitte des Aṁga befanden sich als dritter Hauptteil die 14 ↑*puvvas*. Ihnen wiederum folgten im vierten Teil (Aṇuoga) Legenden über die Tīrthaṁkaras. Teil 5 enthielt Nachträge (cūliyā). Zum Inhalt vgl. Alsdorf 1974 im Verzeichnis der Primär- und Kapadia 1941/2000:76 im Verzeichnis der Sekundärliteratur. Inhaltsübersicht auch bei Schubring 1962:75. Die Frage, warum gerade der d. verloren gegangen ist, hat die Jaina-Forscher schon seit langem bewegt, ohne dass sich bis jetzt eine schlüssige Beweisführung ergeben hätte. Nach Jacobi waren die im d. geführten Diskussionen für spätere Generationen nicht mehr interessant. Alsdorf und Schubring hielten dafür, dass man den d. absichtlich ins Vergessen gedrängt hätte, um nicht die alten, im d. diskutierten ketzerischen Lehren wiederzubeleben. Dem steht allerdings entgegen, dass solche Lehren im Sūyagaḍa überliefert sind, das nicht verloren ging. Vielleicht war, wie Kapadia vermutet, der Text für eine stabile Überlieferung zu schwierig. Ṭhā, Sama, Bhaga, Paṇṇa, Nisī, Vava, Dasa, Naṁdī, Aṇuoga

*1250* **diṇṇa** m <datta> **(1)** Name des ersten Mönchsgruppenleiters des achten Tīrthaṁkara (Candraprabha); **(2)** Name des ersten Mönchsgruppenleiters des 23. Tīrthaṁkara (Pārśva).

*1251* **disākumāra** m <dikkumāra> Name einer Gruppe der Bhavanapati-Götter. Bhaga, Paṇṇa

*1252* **disācakkavāla** n <dikcakravāla> eigentlich: Horizont, Gesichtskreis; im Jinismus eine asketische Übung. Bhaga

*1253* **dīva**[1] m <dīpa> eigentlich Lampe, Leuchtkörper; im Jinismus die Kenntnis der rechten Lehre. Sūya, Jīvā, Utta

*1254* **dīva**[2] m <dvīpa> eigentlich: Insel; im Jinismus Name einer Gruppe der Bhavanapati-Götter. Sama, Bhaga, Paṅhā, Uva

*1255* **dīvaṁga** m <dīpāṅga> *Myth* lichtstrahlender Baum. Ṭhā, Taṁdu

*1256* **dīvakumāra** m <dvīpakumāra> Name der sechsten Gruppe der Bhavanapati-Götter. Bhaga, Paṇṇa

*1257* **dīvasāgarapaṇṇatti** f <dvīpasāgaraprajñapti> *Lit* Name einer Beschreibung der Inseln und Ozeane; sie ist in das dritte Uvaṁga, das Jīvājīvābhigama, eingeschoben. Ṭhā, Naṁdī

*1258* **dīhadaṁta** m <dīrghadanta> **(1)** Name eines Sohnes des Königs Śreṇika und der Dhāraṇī. Er war Schüler des Mahāvīra, führte zwölf Jahre lang das Leben eines Wandermönchs und wird nach dem Fastentod auf dem Berg Vipula nur noch einmal wiedergeboren werden. Aṇu; **(2)** Name eines künftigen Cakravartin in Bhārata. Sama

*1259* **dīhabāhu** m <dīrghabāhu> („Langarm") **(1)** Name des dritten kommenden Vāsudeva. Sama; **(2)** Name einer Existenzform des achten Tīrthaṁkara. Sama

*1260* **dīhaseṇa** m <dīrghasena> **(1)** Name eines Sohnes des Königs Śreṇika und der Dhāraṇī. Er war Schüler des Mahāvīra, wanderte zwölf Jahre als Bettelmönch umher und wird nach dem Fastentod auf dem Berg Vipula nur noch einmal wiedergeboren werden. Aṇu; **(2)** Name des achten Tīrthaṁkara.

*1261* **duāvatta** n <dvyāvarta> *Lit* Name eines Abschnitts des Diṭṭhivāya. Sama

*1262* **duggā** f <durgā> Name der Gattin des Śiva. Aṇuoga

*1263* **dujjohaṇa** m <duryodhana> Name des ältesten Sohnes des Dhṛtarāṣṭra. Nāyā, Vivā

*1264* **dupakkha** m <dvipakṣa> im Jinismus: Mönche und Laienanhänger. Sūya

*1265* **dupaḍiggaha** m <dvipratigraha> *Lit* Name eines Abschnitts aus dem Diṭṭhivāya. Sama

*1266* **dupaya** m <drupada> Name eines Pañcāla-Königs. Nāyā

*1267* **dubbhikkha** n <durbhikṣa> eigentlich: Hungersnot. Im Jinismus gilt der Terminus für die Annahme von Almosen an einem ungeeigneten Ort bzw. zu einem unpassenden Zeitpunkt. Ṭhā, Bhaga, Jīvā

*1268* **duma** m <druma> **(1)** Name eines Heerführers. Ṭhā; **(2)** Name eines Sohnes des Königs Śreṇika; er wurde von Mahāvīra geweiht, lebte 16 Jahre lang als Wandermönch und wird nach dem Fastentod auf dem Berg Vipula bis zur endgültigen Erlösung nur noch einmal wiedergeboren werden. Aṇu

*1269* **dumapupphiyā** f <drumapuṣpikā> *Lit* Name des ersten Kapitels des

Dasaveyāliya. Oha

*1270* **dumaseṇa** m <drumasena> Name eines Sohnes des Königs Śreṇika und der Dhāriṇī; er wurde von Mahāvīra geweiht, lebte 16 Jahre lang als Wandermönch und wird nach dem Fastentod auf dem Berg Vipula nur noch einmal wiedergeboren werden. Aṇu

*1271* **dummuha** m <durmukha> **(1)** Name eines Sohnes des Königs Baladeva von Dvārakā; er wanderte 12 Jahre als Asket umher und fand nach dem Sterbefasten auf dem Berg Śatruñjaya vollkommene Erlösung. Aṁta; **(2)** Name eines Erlösten. Utta

*1272* **duyāvatta** n <dvikāvarta> *Lit* Name eines Abschnitts des Diṭṭhivāya. Naṁdī

*1273* **duvaya** m <drupada> Name eines Pañcāla-Königs. Nāyā

*1274* **duvālasaṁga** n <dvādaśāṅga> *Lit* Gesamtheit der 12 Aṁgas. Bhaga, Kappa

*1275* **duvālasama** n <dvādaśama> eine Fastenart. Bhaga, Nāyā

*1276* **duviṭṭha** m <dvipṛṣṭha> *Myth* Name des zweiten und des achten künftigen Vāsudeva.

*1277* **dussamadussamā** f <duḥṣamaduḥṣamā> schlechtestes (der sechs) Weltzeitalter (das noch folgen wird); seine Gegebenheiten beschreibt v. Glasenapp 1984:306-307. Ṭhā, Bhaga

*1278* **dussamasusamā** f <duḥṣamasuṣamā> drittschlechtestes (der sechs) Weltzeitalter, in dem es nun keine Wunschbäume mehr gab. Einzelheiten beschreibt v. Glasenapp 1984:270. Bhaga, Kappa

*1279* **dussamā** f <duḥṣamā> zweitschlechtestes (der sechs) Weltzeitalter. Bhaga. Es ist das Zeitalter, in dem wir jetzt leben, und es könnte nicht besser gekennzeichnet werden als mit den Worten v. Glasenapps 1984:301: „Das Duḥṣamā-Zeitalter (in dem wir jetzt leben) und das 21000 Jahre lang währen wird, ist durch die immer weiter um sich greifende Verschlechterung aller Dinge gekennzeichnet. Die klimatischen Verhältnisse verschlimmern sich, Dürre und Überschwemmungen verheeren weite Landstrecken, und gewaltige Hungersnöte entstehen.... Tugend und Sittlichkeit nehmen beständig ab. Auf der Erde herrscht die „Fischordnung“, d. h. die Starken fressen die Schwachen... Lug und Trug breiten sich aus.... Durch Habgier und Blutdurst verblendet, quälen die Fürsten ihre Untertanen und bringen ihre Länder durch Kriege an den Rand des Abgrunds....“

*1280* **dussamādussamā** f <duḥṣamāduḥṣamā> das sechste und schlechteste Weltzeitalter, in welchem auf der Erde unerträgliche Lebensbedingungen herrschen. Beschreibung bei Schubring 1962:226.

*1281* **dussara** m <duḥsvara> eigentlich: hässlicher Laut; im Jinismus Name eines *kamma*, das zu einer misstönenden Sprache führt. Paṇṇa, KG

*1282* **duhavivāga** m <duḥkhavipāka> die Folge übler Taten. Vivā

*1283* **dūīpiṁḍa** m <dūtīpiṇḍa> der zweite von 16 möglichen Almosenfehlern; er besteht in einem unzulässigen Almosenempfang anlässlich eines Botengangs oder einer Nachrichtenüberbringung. Āyā, Nisī

*1284* **deva** m <deva> Gott. Die Götter sind durch ↑*uvavāya* entstandene Wesen, die auf dem Weg des *kamma*-Genusses ein Leben in Glückseligkeit führen, bis sich ihr günstiges *kamma* erschöpft hat. Die Gliederung und die Hierarchie der Götter werden ausführlich beschrieben bei v. Glasenapp 1984:235-238.

*1285* **devaī** f <devakī> Name der Mutter des Kṛṣṇa. Paṇhā, Utta

*1286* **devagutta** m <devagupta> Name eines brahmanischen Wandermönchs. Uva

*1287* **devacchaṁdaya** m, n <devacchandaka> Standort eines Götterbildes, Altar. Āyā, Rāya, Jīvā

*1288* **devajasa** m <devayaśas> Name eines Jaina-Weisen, Aṁta

*1289* **devadattā** f <devadattā> **(1)** Name einer Hetäre in Campā. Nāyā, Vivā; **(2)** *Lit* Name des neunten Kapitels des Vivāgasuya. Ṭhā, Vivā

*1290* **devabhadda** m <devabhadra> *Myth* Name einer über Devadvīpa herrschenden Gottheit. Jīvā

*1291* **devarāja** m <devarāja, devarājan> Götterkönig, Indra. Sama

*1292* **devaloa** m, devaloga m <devaloka> Götterstätte, Himmelswelt. Es gibt zehn oder elf solcher Regionen; sie befinden sich zwischen dem Gipfel der Welt und der Mittelwelt der Menschen; eingeteilt sind sie in 62 „Stockwerke". Bhaga, Nāyā

*1293* **devaloga** m ↑ **devaloa**

*1294* **devaviggahagai** f <devavigrahagati> der Weg der Seelen in die Götterwelt. Ṭhā

*1295* **devasamma** m <devaśarman> **(1)** Name des elften Tīrthaṁkara. Sama; **(2)** Name eines Brahmanen. Taṁdu

*1296* **devaseṇa** m <devasena> **(1)** Beiname des Königs Mahāpadma von Śatadvāra. Ṭhā; **(2)** Name eines Sohnes des Kaufmanns Nāga aus Bhaddalapura; er wurde Schüler des Neminātha, lebte danach 20 Jahre lang als Wandermönch und erlangte nach dem Sterbefasten auf dem Berg Śatruñjaya vollkommene Erlösung. Aṁta

*1297* **devassuya** m <devaśruta> Name des sechsten künftigen Tīrthaṁkara. Sama

*1298* **devāṇaṁda** m <devānanda> Name des 24. künftigen Tīrthaṁkara. Sama

*1299* **devāṇaṁdā** f <devānandā> Name einer Brahmanin, der Mutter des Mahāvīra. Auf Veranlassung des Gottes Śakra verlegte Hariṇegamesi, sein Kommandant der Infanterie, den Embryo in den Schoß der Triśālā, so dass Mahāvīra als Kind einer Kṣatriya-Frau auf die Welt kam. 43 Jahre später besuchte Devāṇaṁdā auf einer Pilgerfahrt ihren Sohn. Mahāvīra bezeichnete sie als seine eigentliche Mutter. Āyā, Ṭhā, Bhaga, Nāyā, Kappa. Die Digambaras glauben nicht an diese Geschichte von der Embryoverlagerung.

1300 **devāhideva** m <devādhideva> eigentlich: höchster Gott, Weltseele. Im Jinismus ein Tīrthaṁkara. Sama

1301 **deviṁda** m <devendra> Herr der Götter, Epitheton des Indra. Āyā, Ṭhā, Bhaga, Nāyā, Uvā, Nira, Kappa, Utta

1302 **deviṁdathaa** m <devendrastava> *Lit* Name des neunten Paiṇṇa. Es enthält in rund 300 Versen eine Klassifikation der Götterherren nach ihren Gruppen und Wohnstätten.

1303 **devila** m <devila> Name eines alten Weisen. Sūya

1304 **devoda** m <devoda> *Myth* Name eines Meeres. Jīvā, Sūra

1305 **devovavāya** m <devopapāta> Name des 23. künftigen Tīrthaṁkara. Sama

1306 **desaṇāṇāvaraṇijja** n <deśajñānāvaraṇīya> das Wissen teilweise verdunkelndes *kamma*. Ṭhā

1307 **desavirai** f <deśavirati> (nur) teilweise Entsagung, teilweise Freiheit von Sünden, insbesondere Verzicht auf Tötung oder Schädigung von Lebewesen.

1308 **desāvagāsiya** n <deśāvakāśika> das zehnte Gelübde eines jinistischen Laienanhängers; es beschränkt den Aufenthaltsort. Sūya, Bhaga, Uvā, Uva

1309 **doṇa** m <droṇa> Name eines Lehrers der Kauravas und Pāṇḍavas. Nāyā

1310 **dotippabhā** f <dyutiprabhā> *Myth* Name der Hauptgattin des Mondes. Nāyā

1311 **domāsiyā** f <dvimāsikī> Name einer asketischen Übung. Uva

1312 **dovaī** f <draupadī> Name der Tochter des Königs Drupada. Der sehr alte Text mit einer Sage über die aus dem Mahābhārata bekannte Draupadī wird in den Nāyādhammakahāo behandelt. Verwiesen sei auf die Spezialuntersuchung von Leumann 1998:99-111 im Verzeichnis der Sekundärliteratur.

## DH

1313 **dhaṭṭhajjuṇṇa** m <dhṛṣṭadyumna> Name eines Sohnes des Königs Drupada. Nāyā

1314 **dhaṇagova** m <dhanagopa> Name des dritten Sohnes des Kaufmanns Dhanya in Rājagṛha. Nāyā

1315 **dhaṇadatta** m <dhanadatta> *Myth* Name eines Vāsudeva. Naṁdī

1316 **dhaṇadeva** m <dhanadeva> Name des zweiten Sohnes des Kaufmanns Dhanya aus Rājagṛha. Nāyā

*1317* **dhaṇapāla** m <dhanapāla> Name des ersten Sohnes des Kaufmanns Dhanya aus Rājagṛha. Nāyā

*1318* **dhaṇarakkhiya** m <dhanarakṣita> Name des vierten Sohnes des Kaufmanns Dhanya aus Rājagṛha. Nāyā

*1319* **dhaṇavai** m <dhanapati> *Myth* Beiname des Gottes Kubera („Schätzeherr"). Vivā, Jaṁbu

*1320* **dhaṇaseṭṭhi** m <dhanaśreṣṭhin> Name eines Kaufmanns in Rājagṛha. Nāyā

*1321* **dhaṇu** m <dhanus> Name höllischer Wesen, die die Verdammten mit Pfeilschüssen quälen. Bhaga

*1322* **dhaṇṇa** m <dhanya> **(1)** Name eines Kapitels aus den Aṇuttarovavāiyadasāo; **(2)** Name eines Kaufmannssohnes; er wurde von Mahāvīra geweiht, war neun Monate lang Asket und wird nach dem Sterbefasten auf dem Berg Vipula nur noch einmal wiedergeboren werden. Aṇu

*1323* **dhannāvaha** m <dhanyāvaha> Name eines Königs. Vivā

*1324* **dhamma** m <dharma> ist einer der zentralen Begriffe des Jinismus und in der kanonischen Literatur daher allenthalben vertreten. Die Bedeutungen sind: **(1)** Gesetz, Recht; **(2)** Sitte, Tugend, Moral; **(3)** guter Wandel; **(4)** *Lit* Name des neunten Kapitels aus dem Sūyagaḍaṁga; **(5)** Name des ersten Kapitels des Dasaveyāliya; **(6)** Name des 15. Tīrthaṁkara; er wurde als Sohn des Königs von Ratnapura geboren. Zu Einzelheiten seines (mythischen) Lebens äußert sich v. Glasenapp 1984:278. Bhaga, Kappa, Aṇuoga; **(7)** in der jinistischen Philosophie eine unsichtbare Substanz, die das Medium der Bewegung darstellt. Ṭhā, Utta.

*1325* **dhammaghosa** m <dharmaghoṣa> Name eines alten Weisen („Verkünder der wahren Lehre"). Bhaga, Nāyā, Vivā

*1326* **dhammatitthayara** m <dharmatīrthakara> Wegbereiter der wahren Lehre. Utta

*1327* **dhammatthikāya** m <dharmāstikāya> in der jinistischen Philosophie die Bezeichnung einer bestimmten Kategorie: sie bedeutet Grundlage und Stütze der Bewegung der Seelen und der Materie.

*1328* **dhammapaṇṇatti** f <dharmaprajñapti> „Belehrung über den rechten Wandel", Name des vierten Kapitels des ↑Dasaveyāliyasutta, das sich über dieses Thema äußert.

*1329* **dhammavirati** f <dharmavirati> Name eines Asketen. Vivā

*1330* **dhammasīha** m <dharmasiṁha> **(1)** Name eines Asketen. Vivā; **(2)** Name des Laienanhängers, der als erster dem 16. Tīrthaṁkara eine Almosenspeise darreichte.

*1331* **dhammaseṇa** m <dharmasena> *Myth* Name eines Baladeva. Sama

*1332* **dhammāvāya** m <dharmavāda> *Lit* Beiname des ↑Diṭṭhivāya. Ṭhā

*1333* **dhara** m <dhara> „Halter, Träger"; **(1)** Name des sechsten Tīrthaṁkara

(Padmaprabha); **(2)** Name eines Königs von Mathurā. Nāyā

*1334* **dharaṇa** m <dharaṇa> **(1)** Name der im Süden herrschenden Nāgakumāra-Gottheit. Ṭhā, Sama, Bhaga, Uva, Jīvā, Paṇṇa; **(2)** Name eines Sohnes des Yadu-Königs Andhakavṛṣṇi; er wurde von Neminātha geweiht, lebte 16 Jahre lang als Wanderasket und erlangte nach einmonatigem Fasten die Vollendung. Aṁta

*1335* **dharaṇi** f <dharaṇi> Name der bedeutendsten Schülerin des zwölften Tīrthaṁkara. Sama

*1336* **dharaṇidharā** f <dharaṇidharā> Name der bedeutendsten Schülerin des dreizehnten Tīrthaṁkara. Sama

*1337* **dhāipiṁḍa** m <dhātrīpiṇḍa> fehlerhaftes Verhalten, indem man mit einem Kind spielt und scherzt, wie es eine Amme tun würde. Nisī, Piṁḍa

*1338* **dhāraṇā** f <dhāraṇā> *Phil* im Erkenntnisprozess die gedankliche Fixierung bzw. die gedächtnismäßige Einprägung des Erkannten. Ṭhā

*1339* **dhāraṇī** f <dhāraṇī> **(1)** Name der bedeutendsten Schülerin des elften Tīrthaṁkara. Sama; **(2)** Name der Gattin des Königs Andhakavṛṣṇi. Aṁta; **(3)** Name einer Gattin des Śiva. Nāyā

*1340* **dhiidhara** m <dhṛtidhara> Name eines Kapitels aus den Aṁtagaḍadasāo.

*1341* **dhuta** m <dhūta> „abgeschüttelt"; *Lit* Name des sechsten Kapitels des Āyāraṁgasutta. Sama

*1342* **dhūa** n, dhūta n <dhūta> frühere Tat, durch frühere Taten erworbenes *kamma*. Sūya

*1343* **dhūta** n ↑ **dhūa**

*1344* **dhūmappabhā** f <dhūmaprabhā> *Myth* Name der fünften Hölle („Rauchglanz"): das Licht ist wie von Rauch verhüllt. Ṭhā, Bhaga, Aṇuoga

## N

*1345* **naṁgoli** m <lāṅgūlin> *Myth* eine der 56 Zwischeninseln. Ṭhā

*1346* **naṁda** m <nanda> eigentlich: Freude, Lust. **(1)** Name eines Prinzen und anderer Männer und Heroen. Nāyā; **(2)** Name einer Götterstätte im siebenten Devaloka; die hier residierenden Götter speisen nur einmal in 15000 Jahren. Sama

*1347* **naṁdakaṁta** n <nandakānta>, naṁdakūḍa n <nandakūṭa> Namen von Götterstätten im siebenten Devaloka. Sama

*1348* **naṁdakūḍa** n ↑ **naṁdakaṁta**

*1349* **naṁdaṇa** m <nandana> **(1)** Name von Göttern und Prinzen, u.a. des siebenten Baladeva; **(2)** Name eines Vergnügungsparks der Götter auf dem Berg Meru. Sūya, Ṭhā

*1350* **naṁdaṇabhadda** m <nandanabhadra> Name eines Mönchs; er war der bedeutendste Schüler des Saṁbhūti. Kappa

*1351* **naṁdamaī** f <nandamatī> zur Erlösung gelangende Nonne. Aṁta, Rāya

*1352* **naṁdavaṇṇa** n <nandavarṇa>, naṁdasiṭṭha n <nandasṛṣṭa>, naṁdasiddha n <nandasiddha> Namen von Götterstätten im siebenten Devaloka. Sama

*1353* **naṁdasiṭṭha** n ↑ **naṁdavaṇṇa**

*1354* **naṁdasiddha** n ↑ **naṁdavaṇṇa**

*1355* **naṁdaseṇiyā** f <nandaśreṇikā> (**1**) Name einer zur Erlösung gelangten Gattin des Königs Śreṇika. Sie wurde von Mahāvīra geweiht, war 12 Jahre lang Wandernonne und erlangte nach dem Fastentod Erlösung. Aṁta; (**2**) Name des vierten Kapitels des siebenten Teils der Aṁtagaḍadasāo.

*1356* **naṁdā** f <nandā> (**1**) Name einer Göttin, der zweiten Diśākumārī. Jaṁbu; (**2**) Name eines Brunnens auf dem Berg Añjana. Ṭhā, Nāyā, Aṁta. Jīvā, Nisī; (**3**) Name einer Gattin des Königs Śreṇika. Sie wurde von Mahāvīra geweiht, war 20 Jahre lang Wandernonne und erlangte nach dem Fastentod die vollkommene Erlösung. Nāyā, Aṁta, Jaṁbu

*1357* **naṁdāvatta** n <nandāvarta> (**1**) Name einer Götterstätte im siebenten Devaloka. Sama; (**2**) *Lit* Bezeichnung des zwölften Kapitels des zweiten Teils des Diṭṭhivāya. Naṁdī

*1358* **naṁdi** m <nandi> (**1**) *Myth* Name eines Meeres und einer Insel. Paṇṇa. (**2**) *Lit* (auch naṁdisutta, naṁdīsutta) Titel eines separat stehenden kanonischen Textes. In der Einleitung finden sich Namen von 27 Lehrern. Die ersten neun von ihnen sind auch im Kappasutta enthalten. Ansonsten ist das Werk als Quelle der jinistischen Erkenntnistheorie von Bedeutung. Ausgaben s.v. im Verzeichnis der Primärliteratur.

*1359* **naṁdiāvatta** m <nandyāvarta> *Myth* (**1**) der Wagen des Indra im fünften Devaloka. Uva; (**2**) Name einer Stätte im siebenten Devaloka. Die dort residierenden Götter atmen nur einmal in acht Monaten und speisen nur einmal in 16000 Jahren. Sama; (**3**) Name eines glückverheißenden Diagramms in Form eines Labyrinths; es ist das Symbol des Tīrthaṁkara Aranātha. Die Anfertigung eines solchen bei Moeller 1974:135, Abb. 113 im Verzeichnis der Sekundärliteratur.

*1360* **naṁdighosa** m <nandighoṣa> Name einer Glocke der Götter und eines aus 12 Musikinstrumenten bestehenden Orchesters („Orchesterklang"). Rāya, Jaṁbu, Utta

*1361* **naṁdiṇīpiya** m <nandinīpitṛ> Name eines Laienanhängers des Mahāvīra; er war Kaufmann in Sāvarthī. Uvā

*1362* **naṁdimitta** m <nandimitra> Name eines Prinzen, der von Mallinātha zum Mönch geweiht wurde. Nāyā

*1363* **naṁdiyāvatta** m <nandyāvarta> (**1**) Name eines Welthüters (lokapāla). Ṭhā; (**2**) der Wagen des Indra. Ṭhā

*1364* **naṁdivaddhaṇa** m <nandivardhana> (**1**) Name des ältesten Bruders des Mahāvīra. Āyā, Kappa; (**2**) Name eines Prinzen. Vivā

*1365* **naṁdivaddhaṇā** f <nandivardhanā> Name einer Göttin. Ṭhā, Jaṁbu

*1366* **naṁdiseṇa** m <nandiṣeṇa> (**1**) Name des vierten Tīrthaṁkara in Airavata. Sama; (**2**) Name eines Prinzen; er war der Sohn des Königs Dāma von Mathurā. Ṭhā; (**3**) *Lit* Name des sechsten Kapitels des Vivāgasuya. Ṭhā

*1367* **naṁdiseṇā** f <nandiṣeṇā> Name einer Göttin. Ṭhā

*1368* **naṁdiseṇiyā** f <nandiśreṇikā> Name einer Gattin des Königs Śreṇika. Aṁta

*1369* **naṁdissara** m, naṁdīsara m <nandīśvara> *Myth* Name einer Insel. Ṭhā, Bhaga

*1370* **naṁdīsara** m ↑ **naṁdissara**

*1371* **naṁdīsutta** n <nandīsūtra> *Lit* Name eines kanonischen Textes (vgl. auch naṁdi 2.). Manchmal wird das Werk zu den Paiṇṇas, meist aber als eigenständiger, separater Text gerechnet. Als Verfasser gilt traditionell Devarddhi Gaṇi Kṣamāśramaṇa. Die Form besteht in Prosa mit eingefügten Versen. Da das n. vorwiegend von den Arten der Erkenntnis (*nāṇa*) handelt, ist es philosophiegeschichtlich von großer Bedeutung. Es beginnt mit einem Hymnus auf Mahāvīra. Aufgezählt werden die 24 Tīrthaṁkaras, ferner zahlreiche weitere Heilige, Lehrer usw. Für einen Jaina-Mönch stellt das a. eine Art Enzyklopädie dar. Kurze Inhaltsangabe mit weiterer Literatur bei Schubring 1962:114-115. Ausgaben s.v. im Verzeichnis der Primärliteratur.

*1372* **naṁduttara** m <nandottara> *Myth* Name des Wagenlenkers des Herrschers über die Bhavanapati-Götter. Ṭhā

*1373* **naṁduttarā** f, naṁdottarā f <nandottarā> (**1**) Name einer Göttin. Jaṁbu; (**2**) Name einer Gattin des Königs Śreṇika. Sie wurde von Mahāvīra geweiht, verbrachte 20 Jahre als Wandernonne und fand nach dem Fastentod vollkommene Erlösung. Aṁta

*1374* **naṁdottarā** f ↑ **naṁduttarā**

*1375* **naggai** m <nagnajit> (**1**) Name eines Gandhāra-Königs. Utta; (**2**) Name eines königlichen Weisen. Uva

*1376* **napuṁsaveya** m <napuṁsaveda> Gefühl der Impotenz als Folge der Einwirkung eines *kamma*. Sama

*1377* **nabhasūra** m <nabhasūra> *Myth* der Dämon Rāhu, der die Sonnen- und Mondfinsternisse bewirkt. Sūra

*1378* **nami** m <nami> (**1**) Name eines zur Erlösung gelangten Königs von Mithilā. Als er einst fieberkrank war, ließ er von seinen Frauen eine heilende Salbe anfertigen. Dabei gaben die aneinander stoßenden Armreifen der Gattinnen einen klirrenden Laut von sich, der dem König missfiel. Er ließ deshalb jede der Damen nur noch einen einzigen Armreifen tragen. Sūya, Utta; (**2**) Name des 21. Tīrthaṁkara; er war ein Sohn des Königs Vijaya von Mithilā. Einiges über sein Leben bei v. Glasenapp 1984:288. Bhaga, Aṇuoga

1379 **namiā** f <namitā> Name eines Kapitels aus den Nāyādhammakahāo.

1380 **naya** m <naya> in der jinistischen Philosophie der Standpunkt, die Betrachtungsweise. Hierbei ist von besonderer Bedeutung, ob eine Sache oder Erscheinung primären oder sekundären Charakter hat. Die Jainas sehen in den n. die sieben Hauptstandpunkte, von denen aus man ein Ding ansehen und beurteilen kann. Die n. sind damit die logische Ergänzung des als ↑siyāvāya bekannten Heptalemma. Philosophisch relevant sind nur die ersten vier n.: (1) negamaṇaya: betrachtet einen Gegenstand unterschiedslos, also ohne zwischen seinen generellen und spezifischen Eigenschaften zu unterscheiden; (2) saṁgahaṇaya: zieht nur die generellen Eigenschaften eines Dinges in Betracht; (3) vavahāraṇaya beachtet nur die spezifischen, nicht die generellen Eigenschaften eines Dinges; (4) ujjusuttaṇaya betrachtet ein Ding, wie es augenblicklich ist, ohne den Zustand in Erwägung zu ziehen, den es früher gehabt hat oder den es in Zukunft haben wird. Alle n. werden ausführlich (vom jinistischen Standpunkt) behandelt von Nyayavijayaji 1998:359-381; ferner von v. Glasenapp 1984:145-147 und von Schubring 1962:160ff. Bhaga, Nāyā, Uvā, Paṇṇa, Utta

1381 **nayābhāsa** m <nayābhāsa> falscher Standpunkt (im philosophischen oder religiösen Sinn)

1382 **naraga** m <naraka> Hölle, Unterwelt; die Stätten, wohin die Übeltäter verbannt werden. Die sieben Höllenregionen liegen unter der Mittelwelt der Menschen; sie haben 49 „Stockwerke". Ausführlich werden die einzelnen Höllen beschrieben bei v. Glasenapp 1984:231-234. Ṭhā, Paṇṇa, Dasa

1383 **naragavāla** m <narakapāla> Höllenwächter. Deren gibt es 15; sie peinigen die Höllenbewohner auf verschiedene Weise.

1384 **naragavibhatti** f <narakavibhakti> *Lit* Name des fünften Kapitels des Sūyagaḍaṁga; es beschäftigt sich mit den einzelnen Höllenabteilungen.

1385 **naradattā** f <naradattā> bei den Śvetāmbaras Name der yakkhiṇī des 20. Tīrthaṁkara (Munisuvvaa <Munisuvrata>). Rāya

1386 **narasiṁha** m, narasīha m <narasiṁha> Beiname des Gottes Viṣṇu („Mann wie ein Löwe"). Nāyā

1387 **narasīha** m ↑ **narasiṁha**

1388 **naliṇa** n <nalina> **(1)** Name eines Landstrichs in Videha. Jaṁbu; **(2)** Name von Götterstätten („rote Lotusblüte"): a) im 17. Devaloka; die dort residierenden Götter atmen nur einmal in 8 1/2 Monaten und essen nur einmal in 17000 Jahren; b) im achten Devaloka; die dort residierenden Götter atmen nur einmal in neun Monaten und essen nur einmal in 18000

Jahren. Sama

*1389* **naliṇagumma** m, n <nalinagulma> (**1**) Name eines Sohnes des Königs Śreṇika. Rāya; (**2**) Name eines Königs. Ṭhā; (**3**) Name einer Götterstätte im achten Devaloka; die dort residierenden Götter atmen nur einmal in neun Monaten und speisen nur einmal in 18000 Jahren. Sama

*1390* **navaṁga** n <navāṅga> neun Sinnesorgane, nämlich Augen, Ohren, Nasenlöcher, Zunge, Hautkontakt, Geist. Nāyā, Rāya

*1391* **navaṇavamiyā** f <navanavamikā> Name einer 81 Tage währenden Fastenübung. Ṭhā, Uva

*1392* **navabaṁbhacera** n <navabrahmacarya> Name der ersten neun Kapitel des Āyāraṁgasutta; sie behandeln die neun Arten der Enthaltsamkeit. Nisī

*1393* **navamiyā** f <navamikā> (**1**) Name einer Diśākumārī-Göttin. Ṭhā, Jaṁbu; (**2**) Name der zweiten Gattin eines Götterherrschers. Ṭhā, Jaṁbu; (**3**) die Göttin Navamikā. Jaṁbu

*1394* **navā** f <navā> eigentlich: junge Frau; im Jinismus eine vor weniger als drei Jahren geweihte Nonne. Vava

*1395* **nahaseṇa** m <nabhaḥsena> Name eines Sohnes des Königs Ugrasena. Rāya

*1396* **nāiputta** m <jñātiputra> Sohn des (aus den Ikṣvāku hervorgegangenen) Jñāti-Geschlechts, Beiname des Mahāvīra. Āyā

*1397* **nāila** m <nāgila> Name eines frommen Weisen; er war Schüler des Vajrasena. Kappa

*1398* **nāga** m <nāga> eigentlich: (**1**) Schlange; (**2**) Elefant. Im Jinismus: (**1**) Name eines Lehrers, er war Schüler des Āryarakṣita. Kappa; (**2**) Name eines Hausvaters, des Gatten der Sulasā. Aṁta; (**3**) *Myth* Name eines Ozeans. Jīvā, Paṇṇa, Sūra

*1399* **nāgakumāra** m <nāgakumāra> Name der Bhavanapati-Götter; sie gelten als Wassergötter. Mitunter wird unter n. nur eine Klasse der Bhavanapati-Götter verstanden. Ṭhā, Bhaga

*1400* **nāgagharaya** n <nāgagṛhaka> Name eines Tempels bei Ayodhyā. Nāyā

*1401* **nāgadatta** m <nāgadatta> Name eines Prinzen. Ṭhā, Vivā

*1402* **nāgabhadda** m <nāgabhadra> über die Nāga-Insel herrschende Gottheit. Sūra

*1403* **nāgamitta** m <nāgamitra> Name eines frommen Weisen; er war Schüler des Mahāgiri. Ṭhā, Kappa

*1404* **nāgasirī** f <nāgaśrī> (**1**) Name der Gattin des Kaufmanns Nāgavasu und Mutter des Nāgadatta. Nāyā; (**2**) Name einer Brahmanin aus Campā; sie bot dem Bettelmönch Dharmaruci ein Gericht aus bitterem Kürbis an. Nāyā

*1405* **nāgahatthi** m <nāgahastin> Name eines Schülers. Kappa

*1406* **nāgoda** m <nāgoda> *Myth* Name eines Ozeans. Sūra

*1407* **nāṇa** n <jñāna> „Wissen“; in der jinistischen Erkenntnistheorie die Verknüpfung der durch ↑*daṁsaṇa* gegebenen Empfindungen mit Hilfe des Denkens sowie die auf diesem Wege bewirkte Verallgemeinerung. Bhaga

*1408* **nāṇapulāa** m <jñānapulāka> der sein Wissen durch Nichteinhaltung der Gelübde entwertet. Ṭhā, Bhaga

*1409* **nāṇappavāya** m <jñānapravāda> *Lit* Name des fünften *puvva*. In diesem werden die fünf Arten der Erkenntnisgewinnung dargelegt und es wird zwischen richtiger und falscher Erkenntnis unterschieden. Sama

*1410* **naṇāvaraṇijja** n <jñānāvaraṇīya> die erste von acht grundlegenden *kamma*-Arten; dieses *kamma* beeinträchtigt die Erkenntnis und den Wissenserwerb. Bhaga

*1411* **nābhi** m <nābhi> eigentlich: (**1**) Nabel; (**2**) Nabe; im Jinismus Name des Vaters des Ṛṣabhadeva. Kappa

*1412* **nāmakamma** n <nāmakarman> die sechste von acht grundlegenden *kamma*-Arten. Dieses *kamma* bewirkt die individuelle Verschiedenheit der ↑jīvas. Es zerfällt in nicht weniger als 93 Unterarten; sie werden behandelt bei v. Glasenapp 1984:161-164. Utta

*1413* **nāmudaya** m <nāmodaka> (**1**) Name eines Asketen. Bhaga; (**2**) Name eines Laienanhängers des Gośāla. Bhaga

*1414* **nāya** m <jñāta> Familienname des Mahāvīra, Zweig der Ikṣvākus. Āyā, Bhaga, Paṁhā, Uva, Kappa

*1415* **nāyakulacaṁda** m <jñātakulacandra> bildhafter Beiname des Mahāvīra. Āyā

*1416* **nāyaputta** m <jñātaputra>, nāyamuṇi m <jñātamuni> Beinamen des Mahāvīra. Āyā, Sūya, Bhaga, Kappa, Utta, Dasa

*1417* **nāyamuṇi** m ↑ **nāyaputta**

*1418* **nāyasaṁḍa** n <jñātaṣaṇḍa> Name eines Gartens bei Kuṇḍapura, in dem Mahāvīra die Mönchsweihe erhielt. Āyā

*1419* **nāyasuya** m <jñātasuta> Beiname des Mahāvīra

*1420* **nāyādhammakahāo** f Pl <jñātādharmakathāḥ> „Beispiele und Erzählungen über religiöses Leben“, Name des sechsten Aṁga. Der uns überlieferte Text ist nur der Rest eines umfangreichen Schrifttums, von dem das Meiste verloren gegangen ist. Die Manuskripte beinhalten verschiedene Lesarten. Doch besteht das Werk aus zwei Büchern (suyakkhaṁda) mit religiösen Geschichten und Legenden. Das erste der beiden Bücher ist das bei weitem wichtigere. Jedes seiner Kapitel enthält eine selbstständige Erzählung, Novelle oder Legende, wobei in der Anwendung von Parabeln großes Geschick gezeigt wird. Der Inhalt ist ziemlich weit gefächert; selbst Räubergeschichten fehlen nicht. In I, 1 werden die Namen nicht-arischer

Völker aufgezählt. I, 9 beschreibt die sechs Jahreszeiten. Bemerkenswert ist die Tatsache, dass in I, 8 als 19. Tīrthaṁkara eine Frau namens Mallī aufgeführt wird. Eine für die altindische asketische Literatur typische Geschichte ist die von den sechs Prinzen, die sich um die Gunst einer Prinzessin bewerben. Letztere beweist den Freiern aber die Nichtigkeit körperlicher Schönheit, so dass sie Zuflucht bei der Gemeinde Mahāvīras suchen. Im zweiten Buch tritt die Geschichte der Göttin Kālī in den Vordergrund; diese Göttin galt als Wiedergeburt einer Frau dieses Namens, die es aber nicht bis zur vollkommenen Erlösung gebracht hatte. – Ausgaben, Übersetzungen und exegetische Literatur s.v. im Verzeichnis der Primärliteratur. Eine ausführliche Inhaltsangabe mit weiterer Literatur gibt Schubring 1962:89-92.

*1421* **nāraya** m <nārada> **(1)** *Myth* Name des Kommandanten der Gandharva-Armee. Ṭhā; **(2)** Name eines alten Weisen. Sama; **(3)** Name eines Prinzen, er war ein Sohn des Königs Samudravijaya. Uva

*1422* **nārāya** n <nārāca> in der jinistischen Anatomie Name der dritten Körperkonstitution (von sechs): die Knochen werden von den Sehnen lose zusammengehalten. Uva, Jīvā, Paṇṇa

*1423* **niaṁṭha** m <nirgrantha> „Fesselloser“, jinistischer Mönch. Ṭhā, Bhaga

*1424* **niaṁṭhiputta** m <nirgranthiputra> Name eines Schülers des Mahāvīra. Bhaga

*1425* **nikāyaṇā** f <nikācanā> Situation, in der das *kamma* nicht beeinflussbar ist. Bhaga

*1426* **nikkhama** m <niṣkrama> eigentlich: Hinausgehen, Weggehen; im jinistischen Sinne der Hinauszug aus dem weltlichen Leben, Eintritt in den Jaina-Orden. Ṭhā, Aṁta, Paṇhā, Rāya, Jīvā

*1427* **nikkheva** m <nikṣepa> eigentlich: **(1)** das Niederlegen, Hinstellen; **(2)** Depositum, Schatz. In der jinistischen Sprachphilosophie bedeutet n. die Gesamtheit der Wortbedeutungen, deren es vier gibt. Näheres dazu im Verzeichnis der Sekundärliteratur bei Nyayavijayaji 1998:417-418.

*1428* **nigoya** m <nigoda> kleinste, nicht wahrnehmbare Lebewesen, die das Weltall erfüllen, unzerstörbar, glaubensmäßig indifferent sind, sich aber entwickeln können. Jaṁbu. Einzelheiten bei Schubring 1962:207-208.

*1429* **niggaṁtha** m <nirgrantha> „Fesselloser“. Dies war die ursprüngliche Bezeichnung für die Anhänger des Mahāvīra; der Name „Jaina“ wurde erst später allgemein. Āyā, Sūya, Bhaga, Nāyā, Uvā, Paṇhā, Uva, Rāya, Nira, Nisī, Vava, Kappa, Dasa, Piṁḍa

*1430* **niggaṁthadhamma** m <nirgranthadharma> die Jaina-Lehre. Sūya

*1431* **niggaṁthapāvayaṇa** n <nirgranthapravacana> der Jaina-Kanon. Bhaga, Nāyā

*1432* **niggaṁthī** f <nirgranthī> Jaina-Nonne. Āyā, Ṭhā, Bhaga, Nāyā, Uvā,

Nisī, Vava, Kappa

*1433* **nicaya** m <nicaya> eigentlich: (**1**) Gruppe, Haufen, Menge, Masse; (**2**) Vorrat; im Jinismus die durch das *kamma* verursachte Fessel der Seele. Sūya

*1434* **nicchaya** n <niścaya> eigentlich: Entschluss, Beschluss, Entscheidung; im Jinismus jedoch Erlösung. Paṅhā

*1435* **nijjarā** f <nirjarā> das Austreiben oder Schwinden des *kamma*. Dabei gibt es zwei Möglichkeiten: a) bhāvanijjarā: durch positive Veränderungen in der Seele werden die *kamma*-Partikel zerstört; b) davvanijjarā: das *kamma* wird durch asketische Übungen an der Reife gehindert. Ṭhā, Bhaga, Paṇhā, Uva, Paṇṇa, Utta, Piṁḍa

*1436* **nijjāṇa** n <niryāṇa> eigentlich: (**1**) Chaussee, Heerstraße; (**2**) Aufbruch, Weggang. Im Jinismus versteht man darunter den Vorgang, wie die Seele den Körper zum Zeitpunkt des Todes verlässt. Ṭhā

*1437* **nijjutti** f <niryukti> *Lit* älteste Kommentare zum Kanon; sie gehen auf Bhadrabāhu zurück. Detaillierte Angaben hierzu im Verzeichnis der Sekundärliteratur bei Norman 1997:52-74.

*1438* **niṇhaga** m, niṇhaya m <nihnava> eigentlich: Leugnung. Im Jinismus die Ablehnung der kanonischen Schriften, Ketzerei, Schisma. Ṭhā, Uva

*1439* **niṇhaya** m ↑ **niṇhaga**

*1440* **niddaḍha** m <nirdagdha> eigentlich Adj PP verbrannt; im Jinismus Name einer Hölle. Ṭhā

*1441* **nidhatta** n <nidhatta> eine Form der *kamma*-Fessel. Ṭhā, Bhaga

*1442* **nippulāya** m <niṣpulāka> Name des 14. Tīrthaṁkara in der kommenden aufsteigenden Weltperiode. Sama

*1443* **nimajjaga** m <nimajjaka> sich durch Untertauchen kasteiender Asket. Bhaga, Nira

*1444* **nimmala** m <nirmala> Name der vierten Stätte (von sechs) der Brahma-Welt („fleckenlos, rein"). Ṭhā

*1445* **nimmāṇa** n <nirmāṇa> die Schaffung und Einrichtung der Gliedmaßen bewirkendes *kamma*. Sama

*1446* **nimmiyavāi** m <nirmitavādin> der die Welt als (von einem Gott) erschaffen ansieht. Ṭhā

*1447* **niyaivāi** m <niyativādin> Schicksalsgläubiger, Fatalist. Naṁdī. Vgl. dazu ausführlich Bhattacharji 1995 im Verzeichnis der Sekundärliteratur.

*1448* **niyaṁṭha** m <nirgrantha> „Fesselloser", jinistischer Asket, Mönch. Sūya, Ṭhā, Bhaga, Utta

*1449* **niyāṇa** n <nidāna> eigentlich: Grund, Ursache; im Jinismus die (verwerfliche) Erwartung einer den Sinnesorganen angenehmen Belohnung für Askese. Sūya, Ṭhā, Nāyā, Uva, Utta, Oha

*1450* **nirai** f <nirṛti> Name einer Göttin. Ṭhā, Jaṁbu

*1451* **niraṁbhā** f <nirambhā> Name einer Götterfrau, der vierten Hauptgattin des Indra Vairocana. Bhaga

*1452* **niraya** m <niraya> Hölle. Bhaga, Paṇhā, Uva, Paṇṇa, Aṇuoga

*1453* **nirayavibhatti** f <nirayavibhakti> (**1**) Höllenabteilung; (**2**) Name des fünften Kapitels des Sūyagaḍaṁga. Paṇhā

*1454* **nirayāvaliyāo** f Pl <nirayāvalikāḥ> „Höllenreihen“, *Lit* Bezeichnung der Uvaṁgas VIII bis XII. Im engeren Sinne wird darunter Uvaṁga VIII verstanden. Die einzelnen Werke führen folgende Namen: Nirayāvaliyāo, Kappavaḍiṁsayā, Pupphiyā (hier werden zehn Götter beschrieben), Pupphacūliyā (hier werden zehn Göttinnen beschrieben), Vaṇhidasā (hier werden zehn Prinzen beschrieben). Diese Uvaṁgas bildeten unter dem Namen n. ursprünglich wohl einen einzigen Text. Sie enthalten im wesentlichen Legenden über das Leben im Paradies und in der Hölle; von der letzteren leitet die Gruppe ihren Sammelnamen her. Daneben ist, wie so häufig in der kanonischen Literatur, von allerlei Bekehrungen die Rede. In Uvaṁga VIII wird erzählt, wie die zehn Halbbrüder des Königs Kuṇiya von ihrem Großvater Cheḍaga im Kampf getötet und in verschiedenen Höllen wiedergeboren wurden. Jaṁbu, Nira, Naṁdī. Inhaltsangabe und weitere Literatur bei Schubring 1962:105-106. Ausgaben s.v. im Verzeichnis der Primärliteratur.

*1455* **nirāsava** Adj <nirāsrava> von Einflüssen des *kamma* frei. Paṇhā

*1456* **niruvakkama** Adj <nirupakrama> eigentlich: (**1**) kummerlos, sorgenfrei; (**2**) anfanglos. Im Jinismus: erst nach Ablauf der durch das *kamma* bestimmten Lebenszeit sterbend. Nāyā, Paṇṇa

*1457* **niviṭṭhakappaṭṭhii** f <niviṣṭakalpasthiti> gehobene Stufe des Mönchsdaseins. Ṭhā

*1458* **nivvāṇa** n <nirvāṇa> Befreiung vom *kamma*, Status der vollkommenen Erlösung. Sūya, Ṭhā, Nāyā, Uvā, Paṇhā, Kappa, Utta, Dasa, Piṁḍa

*1459* **nivvittibādarasamparāya** m <nirvṛttibādarasamparāya> eine nie zuvor erreichte Stufe der seelischen Vervollkommnung.

*1460* **nivvui** f <nirvṛti> Zufriedenheit, Glück, Wonne, Erlösung. Paṇhā

*1461* **nisaggakiriyā** f <nisargakriyā> Billigung einer Übeltat.

*1462* **nisadha** m <niṣadha> (**1**) Name eines Berges südlich des Meru. Ṭhā, Jīvā, Jaṁbu; (**2**) Name eines Sohnes des Kṛṣṇa. Nāyā, Paṇhā, Nira

*1463* **nisīha** n <niśītha> „Mitternacht“, *Lit* Name des ersten Cheyasutta. Die *chāyā* ist nicht vollkommen gesichert; Schubring vermutet eine Kontamination aus niseha „Verbot“ und nisīhiyā „Studienort“. Das 20 Kapitel umfassende Werk ist jünger als die meisten anderen Cheyasuttas; große Teile des Vavahāra sind hier inkorporiert. Vorwiegend äußert sich das n. über Bußen und Strafen für allerlei Vergehen der Ordensmitglieder. Inhaltsangabe und weitere Literatur bei Schubring 1962:112. Ausgaben und exegetische Literatur s.v. im Verzeichnis der Primärliteratur.

*1464* **nisīhiyā** f <naiṣedhikī> **(1)** Studienstätte, Studienplatz. Āyā, Bhaga, Rāya, Nisī, Dasa, Aṇuoga; **(2)** Name eines Kapitels aus dem Āyāraṁga-sutta.

*1465* **nisuṁbha** m <niśumbha> Name des fünften Paḍivāsudeva; vgl. v. Glasenapp 1984:278. Paüma

*1466* **nisuṁbhā** f <niśumbhā> Name einer Götterfrau. Ṭhā, Bhaga, Nāyā

*1467* **niseya** m <niṣeka> Einfluss des *kamma*, Intensität der *kamma*-Wirkung. Ṭhā

*1468* **nihatta** n <nidhatta> eine Form der *kamma*-Fessel; sie besteht in festem Zusammenhalt und enger Verbindung der *kamma*-Partikel. Ṭhā, Bhaga, Paṇṇa

*1469* **nihi** m <nidhi> *Myth* Name einer Insel und eines Ozeans. Jīvā, Paṇṇa

*1470* **nīyāgoya** n <nīcagotra> ein *kamma*, das die Wiedergeburt in einem unedlen Geschlecht bedingt. Sūya, Ṭhā

*1471* **nīla** m <nīla> Name des 25. Planeten. Ṭhā, Sūra

*1472* **nīlakaṁtha** m <nīlakaṇṭha> **(1)** Beiname des Śiva („Blauhals“); **(2)** göttlicher Kommandant eines Büffelheeres. Ṭhā

*1473* **nīlalessā** f <nīlaleśyā> zweitniedrigster Seelentyp (von sechs). jīvas dieses Typs sind neidisch, faul, gierig und selbstsüchtig. Ṭhā, Bhaga, Jīvā, Utta.

*1474* **nīhārima** n <*chāyā* unsicher> Sterbefasten am Ort der späteren Verbrennung. Ṭhā, Bhaga, Nāyā, Uva

*1475* **negama** m <naigama>, negamaṇaya m <naigamanaya> in der jinistischen Philosophie die unterschiedslose allgemeine und spezifische Betrachtung eines Gegenstandes; es wird also zwischen generellen und spezifischen Eigenschaften nicht unterschieden. Dies ist der erste von sieben logischen Standpunkten. Ṭhā, Paṇṇa, Aṇuoga

*1476* **negamaṇaya** m ↑ **negama**

*1477* **nemi** m <nemi>, neminātha m <neminātha> Name des 22. Tīrthaṁkara (auch Ariṭṭhaṇemi). Sein Symbol ist die Muschel. Anders als die meisten übrigen Tīrthaṁkaras gelangte er vom Girnar-Hügel aus zur Erlösung. Utta

*1478* **neminātha** m ↑ **nemi**

*1479* **nesatthiyā** f, nesatthī f <naisṛṣṭikī> eine *kamma*-Fessel, die durch das Werfen eines Steins akquiriert wird. Ṭhā

*1480* **nesatthī** f ↑ **nesatthiyā**

*1481* **nesappa** n <naisarpa> Name eines (von neun) Schatzes eines Cakravartin; dieser Schatz besteht in einem über Städte und Dörfer handelnden Buch. Ṭhā

*1482* **noiṁdiya** n <na-indriya> eine vollendete Erkenntnis besitzende Seele. Ṭhā, Bhaga, Jīvā

*1483* **nokasāya** m <na-kasāya> „Nicht-Leidenschaft“; hierzu zählen Eigenschaften und Gefühlsregungen, die den ↑jīva zwar negativ beeinflussen, jedoch weniger schwer als die vier ↑kasāya wirken; dazu gehören Gelächter, Vergnügen, Unlust, Furcht, Kummer u.a. Ṭhā

## P

*1484* **paiṭṭha** m <pratiṣṭha> Name des Vaters des siebenten Tīrthaṁkara. Sama

*1485* **paiṇṇa** n <prakīrṇa> eigentlich Adj: (**1**) verstreut; (**2**) mannigfaltig, verschiedenartig. *Lit* Name eines kanonischen Textgruppe, „verstreute Texte“, „Miszellen“. Ihre Zahl ist keine feststehende; es werden gewöhnlich zehn angegeben, von manchen Schulen aber bis zu 20 aufgezählt. Die p. sind mit den vedischen Pariśiṣṭas vergleichbar und wie diese meist metrisch abgefasst. Im Rahmen des Kanons sind sie verhältnismäßig jungen Datums. Einige von ihnen verherrlichen den religiösen Freitod in Form didaktischer Poeme und vollendeter Kunstdichtung. Andere p. sind als Enzyklopädien der Jaina-Religion sehr wertvoll. Zu ihnen zählen u.a. folgende Einzelwerke: Vīrathaa, Āurapaccakkhāṇa, Mahāpaccakkhāṇa, Saṁthāra, Taṁdulaveyāliya, Caṁdāvijjhaya, Gacchāyāra, Gaṇivijjā, Deviṁdatthaa, Maraṇasamāhi, Causaraṇa, Bhattapariṇṇā. Kurzfassung und weitere Literatur bei Schubring 1962:107-109. Ausgaben und exegetische Literatur s.v. im Verzeichnis der Primärliteratur.

*1486* **pauma** m <padma> (**1**) Name einer Berggottheit. Ṭhā; (**2**) Name eines im künftigen aufsteigenden Zyklus vom ersten Tīrthaṁkara zu weihenden Königs. Ṭhā; (**3**) Name einer Götterstätte im siebenten Devaloka; die dort residierenden Götter speisen nur einmal in 17000 Jahren; (**4**) Name einer Götterwelt im achten Devaloka; die dort residierenden Götter speisen nur einmal in 18000 Jahren. Sama

*1487* **paumagumma** m <padmagulma> Name eines Enkels des Königs Śreṇika. Nira

*1488* **paumaṇābha** m <padmanābha> Name eines Königs; er entführte die Draupadī. Nāyā

*1489* **paumaddhaya** m <padmadhvaja> Name eines Königs, s. pauma (2).

*1490* **paumappaha** m <padmaprabha> Name des sechsten Tīrthaṁkara. Sein Emblem ist der rote Lotus. Einzelheiten über sein Leben bei v. Glasenapp 1984:273. Ṭhā, Uvā, Kappa, Aṇuoga

*1491* **paumabhadda** m <padmabhadra> Name eines Enkels des Königs Śreṇika. Nira

*1492* **paumalesā** f, paumalessā f <padmaleśyā> fünfter Seelentyp; er ist der zweitbeste von sechs und steht für Mitleid, Freigebigkeit und Charakterfestigkeit. Zorn, Stolz, Betrug und Habgier sind von einem solchen ↑jīva gewichen. Utta

*1493* **paumalessā** f ↑ **paumalesā**

*1494* **paumavaī** f <padmavatī> Name der yakkhiṇī des 23. Tīrthaṁkara (Pārśva)

*1495* **paumavaḍiṁsaya** m <padmāvataṁsaka> Name einer Götterstätte. Nāyā, Rāya

*1496* **paumasirī** f <padmaśrī> Name der Gattin des achten Cakravartin. Sama

*1497* **paumaseṇa** m <padmasena> Name eines von Mahāvīra geweihten Enkels des Königs Śreṇika. Nira

*1498* **paumā** f <padmā> (**1**) Name der Mutter des 20. Tīrthaṁkara. Sama; (**2**) Name der Hauptgattin des Bhīma. Ṭhā, Bhaga; (**3**) Beiname der Lakṣmī. Nāyā; (**4**) Name der bedeutendsten Schülerin des 14. Tīrthaṁkara.

*1499* **paumāvaī** f <padmāvatī> (**1**) Name einer Tochter des Königs Hiraṇyanābha, bei deren Gattenwahl es einen Kampf unter den Bewerbern gab. Paṇhā; (**2**) Name der Hauptgattin des Kṛṣṇa; sie lebte 20 Jahre lang als Wandernonne und erlangte nach dem Fastentod vollkommene Erlösung. Ṭhā, Aṁta; (**3**) Name der Hauptgattin des Königs Kūṇika. Nira; (**4**) Name der Hauptgattin des Königs Śailaka. Nāyā; (**5**) Name einer Gattin des Königs Mahāpadma. Nāyā, Vivā; (**6**) Name einer Gattin des Königs Udāyana. Bhaga; (**7**) Name einer Gattin des Königs Pratibuddha. Nāyā; (**8**) Name der Gattin des Pārśva. Nāyā

*1500* **paumāsaṇa** n <padmāsana> eine Sitzart der Asketen. Bhaga, Rāya, Jīvā

*1501* **paumuttara** m <padmottara> Name des Vaters des neunten Cakravartin. Sama

*1502* **paesa** m <pradeśa> eigentlich: Land, Landesteil, Provinz. Im Jinismus bedeutet p. ein Atom. p. ist die kleinste, unteilbare materielle Einheit, ein Raumpunkt, der Raum, den ein Atom einnimmt. Bhaga, Utta, Naṁdī, Aṇuoga

*1503* **paesaṇāma** n <pradeśanāman> eine Art des *kamma*. Bhaga

*1504* **paesabaṁdha** m <pradeśabandha> eine Fesselung der Seele durch die *kamma*-Moleküle. Ṭhā. KG

*1505* **paesi** m <pradeśin> Name eines Königs. Rāya. In buddhistischen Texten lautet sein Name Pāyāsi. Hier, im zweiten Uvaṁga, findet sich, in eine Rahmenhandlung eingebettet, ein Dialog zwischen dem König P. und dem Mönch Kesi. Der König war Anhänger eines spontanen, urwüchsigen Materialismus. Er vertrat die Meinung, dass die Seele den Tod des Körpers nicht überlebe, dass es keine Tatenvergeltung und keinen Geburtenkreislauf gebe. Um dies zu beweisen, ließ er einen Dieb in einen Tontopf stecken und diesen abdichten. Der Dieb musste sterben, aber das Entweichen einer Seele konnte man nicht feststellen. In einem anderen Experiment ließ P. einen zum Tode verurteilten Dieb wiegen, dann erdrosseln und danach abermals wiegen. Nun zeigte sich, dass er so viel wog wie vorher. Also, schloss der König, gibt es keine Seele, denn deren Entweichen hätte das Gewicht des Körpers verringern müssen. In diesem Dialog, an dessen Schluss Kesi den König natürlich bekehrt, macht ersterer wichtige Bemerkungen zur jinistischen Erkenntnistheorie. Er unterscheidet 1. ābhiṇibohiyanāṇa = sich auf das Weltliche erstreckende Wissen; 2. suyanāṇa = das die heiligen Schriften betreffende Wissen; 3. ohināṇa = aus unbegrenztem Sehen hervorgehendes Wissen; 4. maṇapajjavanāṇa = auf die Gedanken anderer bezügliches Wissen; 5. kevalanāṇa = Allwissen. Der Dialog ist in mustergültiger Form ediert, übersetzt und kommentiert worden von Bollée 2002; vgl. dazu ferner Leumann 1998:50-99. Eine ausführliche philosophische Bewertung des Standpunkts und der Experimente des Paesi bei Ruben 1954:107-111.

*1506* **paogabaṁdha** m <prayogabandha> eine *kamma*-Fessel. Ṭhā, Bhaga

*1507* **paṁkappabhā** f <paṅkaprabhā> Name der vierten Hölle („Schlamm“). Ṭhā, Bhaga, Paṇṇa, Aṇuoga

*1508* **paṁkābhā** f <paṅkābhā> s. paṁkappabhā. Utta

*1509* **paṁcakappa** m <pañcakalpa> *Lit* mitunter als sechstes Cheyasutta gerechnetes Werk, das jedoch als nicht mehr vorhanden gelten muss.

*1510* **paṁcaggitāva** m <pañcāgnitāpa> eine Bußübung, die „Fünffeuerbuße“: der Asket sitzt inmitten von vier Feuern und wird zudem von der Sonne bestrahlt. Bhaga, Uva, Nira

*1511* **paṁcajama** m, paṁcajāma m <pañcayama, pañcayāma> die fünf großen Gelübde, nämlich: Nichtverletzung und Nichtschädigung von Lebewesen, Wahrhaftigkeit, Nichtstehlen, keuscher Wandel, Verzicht auf Streben nach Besitz. Bhaga, Nāyā

*1512* **paṁcajāma** m ↑ **paṁcajama**

*1513* **paṁcajaṇṇa** m <pañcajanya> *Myth* Name der Blasmuschel des Kṛṣṇa. Nāyā

*1514* **paṁcabhūya** n <pañcabhūta> die fünf Elemente, nämlich Erde, Wasser, Feuer, Wind, Äther. Sūya

*1515* **paṁcabhūyavāi** m <pañcabhūtavādin> philosophischer Materialist. Sūya

*1516* **paṁcamahavvaya** n <pañcamahāvrata> Gesamtheit der fünf großen Gelübde; s. paṁcajama. Bhaga, Nāyā

*1517* **paṁcamāsiyā** f <pañcamāsikī> Name eines Fastengelübdes, das sich auf einen Monat erstreckt.

*1518* **paṁcasutta** n <pañcasūtra> s. paṁcakappa.

*1519* **paṁcāṇuvvaiya** Adj <pañcānuvratika> als Laienanhänger den fünf großen Gelübden folgend. Nāyā, Uvā, Vivā, Nira

*1520* **paṁcāsavasaṁvara** m <pañcāsravasaṁvṛta> Mönch, der die fünf Einflüsse (des *kamma* auf die Seele) verhindert. Dasa

*1521* **paṁḍarajjā** f <paṇḍarājyā> Name einer Nonne; vgl. sub causaraṇa im Rahmen der Paiṇṇas (Verzeichnis der Primärliteratur) v. Kamptz 1929:32.

*1522* **paṁḍava** m <pāṇḍava> Sohn des Königs Pāṇḍu (Beiname des Yudhiṣṭhira, Bhīma, Arjuna, Sahadeva, Nakula). Nāyā, Aṁta

*1523* **paṁḍukaṁbalasilā** f <pāṇḍukambalaśilā> *Myth* Name einer halbmondförmigen Steintafel auf dem Berg Meru; hier werden die Geburten von Tīrthaṁkaras gefeiert. Ṭhā

*1524* **paṁḍuraṁga** m <pāṇḍurāṅga> weltflüchtiger Asket, der sich mit Asche bestreut. Nāyā, Aṇuoga

*1525* **paṁḍuseṇa** m <pāṇḍusena> Name eines Sohnes der Draupadī. Nāyā

*1526* **paṁthaga** m <panthaka> Name eines Ministers, der seinem König Śailaka half, ein frommes Leben zu führen. Nāyā

*1527* **pakappagaṁtha** m <prakalpagrantha> *Lit* Beiname des Nisīha („Buch des ausgezeichneten Lebenswandels"), Jīvā

*1528* **pagai** f <prakṛti> **(1)** *Phil* die materielle Natur. Kappa; **(2)** eine Art der Wirkung des *kamma* (neben Dauer, Intensität und Masse). Bhaga, Jīvā, Dasa

*1529* **pagaibaṁdha** m <prakṛtibandha> die durch das *kamma* bedingte Fessel. Ṭhā

*1530* **paccakkha** n <pratyakṣa> *Phil* die sinnliche Wahrnehmung. Ṭhā, Bhaga, Nāyā, Paṅhā, Vava, Dasa, Naṁdī, Aṇuoga

*1531* **paccakkhāṇa** n <pratyākhyāna> eigentlich: **(1)** Ablehnung, Zurückweisung; **(2)** Aufgeben, Verlassen, Verzicht. Im Jinismus **(1)** Gelübde gegen sündiges Tun. Bhaga, Nāyā, Uvā, Rāya, Paṇṇa, Utta, Naṁdī; **(2)** *Lit* Name des neunten ↑puvva, das sich mit Verzicht befasst, nämlich mit der Entsagung, die zur Tilgung des *kamma* führt. Sama

*1532* **paccakkhāṇappavāya** m <pratyākhyānapravāda> *Lit* Name des neunten ↑puvva; s. paccakkhāṇa (2). Naṁdī

*1533* **paccabhiṇāṇa** n <pratyabhijñāna> Wiedererkennung, ein von manchen jinistischen Philosophen zugelassenes Erkenntnismittel.

*1534* **pacchākamma** n <paścātkarman> Bezeichnung bestimmter Vergehen; u.a. gehört dazu das Waschen mit Wasser, in dem sich Lebewesen befinden. Paṇhā, Dasa.

*1535* **pajjattaṇāma** n <paryāptanāman> eine Art des *kamma*. Sama, Rāya

*1536* **pajjaraya** m <parjaraka> eine Stätte in der ersten Hölle. Ṭhā

*1537* **pajjāya** m <paryāya> **(1)** Veränderung, Wechsel; **(2)** akzidentielle Modifikation eines Dings.

*1538* **pajjunna** m <pradyumna> Name eines Sohnes des Kṛṣṇa und der Rukminī; er wurde von Neminātha geweiht, lebte 16 Jahre lang als Wandermönch und fand nach dem Fastentod die vollständige Erlösung. Nāyā,

Aṁta, Paṇhā, Nira

*1539* **pajjusaṇa** n <paryuṣaṇa> „Regenzeit", ein acht Tage währendes Fest der Jainas im August/September. Der fünfte Tag wird von den Śvetāmbaras als konventionelles Geburtsfest des Mahāvīra mit einer Prozession begangen. Am letzten Tag des p. endet das Jaina-Jahr. Dieser ist ein Fastentag. Die Mönche lesen dann den Laienanhängern aus dem Kappasutta vor. An diesem Tag sollen sich alle, die miteinander verfeindet waren, wieder versöhnen. Detailangaben zu diesem Fest finden sich bei v. Glasenapp 1984:433-434.

*1540* **pajjusaṇakappa** m <paryuṣaṇakalpa>, pajjosaṇākappa m <paryuṣaṇakalpa>, pajjosavaṇā f <paryuṣaṇā> **(1)** Verbringen der Regenzeit mit religiösen Übungen an einem festgelegten Ort. Einzelheiten bei Schubring 1962:261. Kappa; **(2)** s. dasāsuyakkhaṁdha.

*1541* **pajjosaṇākappa** m ↑ **pajjusaṇakappa**

*1542* **pajjosavaṇā** f ↑ **pajjusaṇakappa**

*1543* **paṭṭhaviyā** f <prasthāpitā> Beginn einer Bußübung. Ṭhā

*1544* **paḍikkammaṇa** n <pratikramaṇa> Sichabwenden von unrechtem Wandel, Reumütigkeit, Bußfertigkeit, Beichte, eine der täglich notwendigen sechs Pflichten des Laienanhängers. Details bei v. Glasenapp 1984:374-375. Bhaga, Paṇhā, Uva, Utta, Naṁdī, Aṇuoga

*1545* **paḍiggaha** m <pratigraha> eigentlich **(1)** Empfang, Annahme; **(2)** Behälter, Gefäß. Im Jinismus wird unter p. (auch paḍiggahā f) die Almosenschale des Bettelmönchs verstanden. Einzelheiten darüber bei Schubring 1962:258-259. Āyā, Bhaga, Nāyā, Uvā, Paṇhā, Rāya, Nisī, Vava, Kappa, Oha

*1546* **paḍicchaga** m <pratīcchaka> Mönch, der bei einem Lehrer den Kanon studiert. Oha

*1547* **paḍipuṇṇaposaha** n <pratipūrṇapauṣadha> vollständiges Fasten (pratipūrṇa = angefüllt, voll, vollständig) über einen Zeitraum von 24 Stunden.

*1548* **paḍibuddhi** m <pratibuddhi> Name eines Königs von Ayodhyā. Nāyā

*1549* **paḍimaṭṭhāi** m <pratimāsthāyin> das zwölfte Gelübde einhaltender Mönch. Ṭhā

*1550* **paḍimā** f <pratimā> elftes Gelübde eines Laien; zwölftes Gelübde eines Mönchs. Einzelheiten ausführlich bei Schubring 1962:275-278. Āyā, Bhaga, Nāyā, Uvā, Aṁta, Uva, Vava, Utta, Dasa. Naṁdī

*1551* **paḍirūvā** f <pratirūpā> Name der Gattin des vierten Patriarchen (kulakara). Sama

*1552* **paḍilehaṇa** n <pratilekhana>, paḍilehaṇā f <pratilekhanā> Vernachlässigung der Kleidung und überhaupt des äußeren Erscheinungsbildes. Ṭhā, Utta

*1553* **paḍilehaṇā** f ↑ paḍilehaṇa

*1554* **paḍivāsudeva** m <prativāsudeva> *Myth* eine Gruppe von neun Herrschern, die als Gegenspieler des Vāsudevas in Erscheinung treten. So war Jārasaṁdha der p. des Kṛṣṇa und Rāvaṇa der p. des Lakṣmaṇa. Der Terminus p. wird nur von den Śvetāmbaras gebraucht; die Digambaras verwenden den Ausdruck Pratinārāyaṇa. Alle ihre Namen sind verzeichnet bei Schubring 1962:22-23. Weitere Details bei v. Glasenapp 1984:258.

*1555* **paḍivirai** f <prativirati> Umkehr (von der Sünde). Vava

*1556* **paḍisuyā** f <pratiśrutā> eine Art Weihe. Ṭhā

*1557* **paḍisevaṇā** f <pratiṣevaṇā>, paḍisevā f <pratiṣevā> Begehen einer Sünde. Ṭhā, Bhaga, Piṁḍa

*1558* **paḍisevā** f ↑ paḍisevaṇā

*1559* **paṇavaṇṇiya** m <pañcaprājñika> Gottheiten der Unterwelt, die an Kuriosa interessiert sind. Uva, Paṇṇa

*1560* **paṇṇatti** f <prajñapti> *Lit* Name von Uvaṁgas. Bhaga. Nāyā. Uvā. Surā

*1561* **paṇṇavaṇā** f <prajñāpana> eigentlich: Erklärung, Beschreibung; *Lit* Name des vierten Uvaṁga. Bhaga. S. auch das folgende Stichwort.

*1562* **paṇṇavaṇāsutta** n <prajñāpanasūtra> *Lit* Name des vierten Uvaṁga. Das Werk, ein wichtiger Text aus dem 1. Jh. v. Chr., ist thematisch eine Fortsetzung des dritten Uvaṁga. Es ist enzyklopädisch angelegt und bringt in 36 Kapiteln eine Beschreibung von Lebewesen. Bei der Erörterung der Menschen geht das p. auch auf ethnographische Besonderheiten ein. Auch für die jinistische Philosophie ist es eine grundlegende Quelle. Ausgabe s.v. im Verzeichnis der Primärliteratur. Ausführliche Inhaltsangabe, in der auf jedes einzelne der 36 Kapitel eingegangen wird, bei Schubring 1962:99-100.

*1563* **paṇhāvāgaraṇāiṁ** n Pl <praśnavyākaraṇāni> *Lit* Name des zehnten ↑aṁga. Der Titel bedeutet „Fragen und Erläuterungen", ist aber nicht gerechtfertigt, denn das Werk entspricht eher einer Abhandlung in Prosa mit eingestreuten metrischen Passagen. Es umfasst zehn Kapitel, die *dāra* („Tore") genannt werden. Die ersten fünf Kapitel sind dem ↑āsava, die Kapitel sechs bis zehn dem ↑saṁvara gewidmet. Es ist anzunehmen, dass es sich bei diesem Werk um das Substitut eines verloren gegangenen aṁga handelt. Die Thematik bilden vom Dogmatismus geprägte sittliche Gebote und Verbote. Im Mittelpunkt steht die den Jinismus kennzeichnende Forderung nach Einhaltung der fünf Gelübde – der Unterlassung der Schädigung von Lebewesen, des Lügens und Stehlens, der Unkeuschheit und des Besitzstrebens. Eine kurze Skizze des Inhalts findet sich bei Schubring 1962:94-95. Ausgaben und Studie s.v. im Verzeichnis der Primärliteratur.

*1564* **patteyabuddha** m <pratyekabuddha> für sich selbst individuell Erlöster.

Bhaga, Piṁḍa, Naṁdī

*1565* **patthāra** m <prastara> eigentlich (**1**) Ausdehnung, Ausbreitung; (**2**) Vernichtung. Im Jinismus eine Bußübung. Ṭhā

*1566* **pabha** m <prabha> *Myth* Name eines Welthüters. Ṭhā, Bhaga, Uvā

*1567* **pabhaṁkara** m <prabhaṁkara> Name von Götterstätten im dritten und im sechsten Devaloka. Sama

*1568* **pabhaṁkarā** f <prabhaṁkarā> (**1**) Name einer Stadt in Videha. Ṭhā, Jaṁbu; (**2**) Name der vierten Gattin des Sonnen- und Mondgottes. Ṭhā, Bhaga, Jīvā, Sūra

*1569* **pabhaṁjaṇa** m <prabhañjana> Name mehrerer Gottheiten („Sturmwind"): (**1**) Herr der Vāyukumāra-Götter. Ṭhā, Paṇṇa; (**2**) Herr über Pātālakalaśa. Jīvā

*1570* **pabhāvaī** f <prabhāvatī> (**1**) Name der Mutter des 19. Tīrthaṁkara. Nāyā; (**2**) Name der Gattin des Balarāja. Bhaga; (**3**) Name der Gattin des Udāyana. Bhaga

*1571* **pabhāsa** m <prabhāsa> (**1**) Name eines Mönchsscharenleiters des Mahāvīra; (**2**) Name einer Pilgerstätte an der Mündung des Indus. Ṭhā, Jīvā, Jaṁbu; (**3**) Name einer Stätte im zwölften Devaloka; die dort residierenden Götter atmen nur einmal in elf Monaten und speisen nur einmal in 22000 Jahren. Sama

*1572* **pamattasaṁjaya** m <pramattasaṁyata> Asket, der auf der sechsten Stufe des Weges zur Erlösung steht und noch eine gewisse Leichtferigkeit in sich trägt. Bhaga

*1573* **pamāṇa** n <pramāṇa> eigentlich: Maß, Umfang, Gewicht, Größe, Länge, Dauer; in der altindischen Philosophie jedoch der Beweis. Sūya, Bhaga, Uvā, Rāya, Kappa, Utta, Aṇuoga

*1574* **pamāya** m <pramāda> eigentlich: (**1**) Rausch, Tollheit; 2, Unachtsamkeit, Fahrlässigkeit, Sorglosigkeit. Im Jinismus bedeutet der Terminus einen fünffältigen Komplex, bestehend aus Stolz, Sinnlichkeit, Leidenschaft, Schläfrigkeit und Schwatzhaftigkeit. Āyā, Bhaga, Nāyā, Uva, Utta, Dasa, Oha

*1575* **pamha** n <pakṣman> (**1**) Name eines Landstrichs in Videha. Ṭhā; (**2**) Name einer Götterstätte im fünften Devaloka. Sama

*1576* **pamhakūḍa** n <pakṣmakūṭa> Name einer Götterstätte im fünften Devaloka. Sama

*1577* **pamhajjhaya** n <pakṣmadhvaja>, pamhappabha n <pakṣmaprabha> Namen von Götterstätten im fünften Devaloka. Sama

*1578* **pamhappabha** n ↑ **pamhajjhaya**

*1579* **pamhalessā** f <pakṣmaleśyā> Name des fünften Seelentyps (von sechs). Bhaga, Paṇṇa, Utta

*1580* **pamhavaṇṇa** n <pakṣmavarṇa>, pamhasiṁga n <pakṣmaśṛṅga>, pamhasiṭṭha n <pakṣmasṛṣṭa> Namen von Götterstätten im fünften Devaloka. Sama

*1581* **pamhasiṁga** n ↑ **pamhavaṇṇa**

*1582* **pamhasiṭṭha** n ↑ **pamhavaṇṇa**

*1583* **payai** f, payaḍi f <prakṛti> *Phil* Materie. Nāyā, KG

*1584* **payaḍi** f ↑ **payai**

*1585* **payaṁgavīhiyā** f <pataṁgavīthikā> Almosenbetteln ohne Auftrag oder Berechtigung. Ṭhā, Utta

*1586* **payaya** m <pataga oder padaka oder padaga> Name einer Gottheit. Ṭhā

*1587* **payara** m, n <pratara> eine Bußübung

*1588* **payāvai** m <prajāpati> *Myth* **(1)** Name des Vaters des ersten Vāsudeva; **(2)** Name mehrerer Gottheiten von Sternbildern. Ṭhā

*1589* **paragharappavesa** m <paragṛhapraveśa> Betreten des Hauses eines anderen während eines Almosengangs. Ṭhā

*1590* **parapakkha** m <parapakṣa> eigentlich: andere Seite, andere Partei; im Jinismus bedeutet p. das Laienvolk. Piṁḍa

*1591* **paramāṇu** m <paramāṇu> winzigstes Atom, unteilbarer, nicht mehr zerlegbarer kleinster, gestaltloser Teil der Materie, dem von den Jaina-Philosophen keine messbare Quantität zugestanden wird. Ṭhā, Bhaga, Utta, Aṇuoga

*1592* **paramāhammiya** m <paramādhārmika> *Myth* eine Klasse von Dämonen, die die Höllenbewohner peinigen. Sama, Utta

*1593* **parāsāra** m <parāśara> Name eines weisen Brahmanen. Bhaga, Uva

*1594* **parikamma** n <parikarman> *Lit* Name des das verloren gegangene ↑Diṭṭhivāya einleitenden Teils, der in sieben Gruppen das richtige Erfassen der Suttas lehrt.

*1595* **pariggaha** m <parigraha> (verwerfliches) Streben nach dem Besitz irdischer Güter. Āyā, Ṭhā, Bhaga, Nāyā, Uva, Jaṁbu, Utta

*1596* **pariggahaparimāṇa** n <parigrahaparimāṇa> freiwillige Besitzbeschränkung auf das für das Leben unbedingt Notwendige. Einzelheiten im Verzeichnis der Sekundärliteratur bei Nyayavijayaji 1998:53-54, wo allerdings auch utopische Vorstellungen vorgetragen werden.

*1597* **pariggahaveramaṇa** n <parigrahaviramaṇa> Abstandnehmen vom Besitzstreben, Verzicht auf Besitz. Ṭhā, Paṇhā

*1598* **parijuṇṇā** f <parijīrṇā> durch Armut bedingter Hinauszug als Bettelmönch. Ṭhā

*1599* **pariṇāma** m <pariṇāma> Resultat einer Veränderung, die zum gegenwärtigen Zustand geführt hat. Vgl. Schubring 1962:134.

*1600* **pariṇivvāṇa** n <parinirvāṇa> vollkommene Erlösung. Uva

*1601* **parittasaṁsāri** Adj <parītasaṁsārin> nur noch wenige Geburten durchlaufend. Bhaga, Rāya, Utta

*1602* **parittāṇaṁtaya** n <parītānantaka> eine Form (von neun) der Unendlichkeit. Aṇuoga

*1603* **pariyāyaṁtagaḍabhūmi** f <paryāyāntakṛdbhūmi> der zur Erlösung erforderliche Zeitraum. Kappa

*1604* **pariyāyathera** m <paryāyasthavira> Mönch, dessen Weihe 20 Jahre zurückliegt. Ṭhā, Vava

*1605* **parivvāiyā** f <parivrājikā> weltflüchtige Asketin, Bettelnonne. Āyā, Sūya, Nāyā

*1606* **parivvāyaga** m <parivrājaka> weltflüchtiger Asket, Bettelmönch. Āyā, Kappa

*1607* **parissava** m <parisrava> das Abfließen des *kamma*. Āyā

*1608* **parihāra** m <parihāra> eine Bußübung, die hauptsächlich in der Beschränkung der Nahrungszufuhr besteht. Ausführliche Darlegung bei Schubring 1962:282-283. Vava

*1609* **parihāravisuddhi** f <parihāraviśuddhi> Lebensführung einer Gruppe von neun Mönchen mit bestimmten Bußübungen; diese erstrecken sich über 18 Monate und sollen eine moralische Reinigung bewirken. Uva

*1610* **parokkha** n <parokṣa> *Phil* indirekte, nicht durch die Sinnesorgane vom Objekt gewonnene Erkenntnis. Ṭhā, Vava, Naṁdī

*1611* **pala** n <pala> Name einer Götterstätte im zehnten Devaloka; die dort residierenden Götter atmen nur einmal in zehn Monaten und speisen nur einmal in 20000 Jahren. Sama

*1612* **palaṁba** m <pralamba> **(1)** Name einer Götterstätte; die dort residierenden Götter atmen nur einmal in acht Monaten und speisen nur einmal in 16000 Jahren. Sama; **(2)** Fehler beim Zusammenlegen eines Gewandes. Utta

*1613* **paliovama** m <palyopama> ein Zeitraum von gewaltiger Länge. Ṭhā, Bhaga, Nāyā, Uvā, Uva, Jīvā, Jaṁbu, Nira, Naṁdī, Aṇuoga

*1614* **paliya** n <palita> eigentlich: **(1)** graues Haar; **(2)** Übeltat. Im Jinismus die acht die Erkenntnis verhindernden *kamma*-Arten. Āyā

*1615* **pavaṁca** m <prapañca> Weltgetriebe, Geburtenkreislauf. Sūya

*1616* **pavattiṇī** f <pravartinī> Lehrerin und Leiterin von Nonnen; entspricht in ihrer Stellung einem ↑āyariya; vgl. Schubring 1962:253,256.

*1617* **pavayaṇa** n <pravacana> Lehre, heiliges Lehrbuch. Bhaga, Nāyā, Paṇhā, Uva, Paṇṇa, Utta, Dasa, Piṁḍa

*1618* **pavayaṇamāyā** f <pravacanamātṛ> Bezeichnung von acht Meditationsübungen. Bhaga, Piṁḍa

*1619* **pavittiṇī** f <pravartinī> andere Nonnen anleitende Nonne. Bhaga, Vava

*1620* **pavvaia** n <pravrajita> hervorgegangen aus einem Adj PP: der (als Mönch) hinausgezogen ist. Sūya, Bhaga, Nāyā, Uvā, Uva, Utta, Dasa, Aṇuoga

*1621* **pavvajjā** f <pravrajyā> eigentlich: Auszug, Weggang; nämlich sowohl im Jinismus als auch im Buddhismus der Hinauszug aus der Häuslichkeit in die Heimatlosigkeit. Die Motive hierfür und die an die p. geknüpften Bedingungen erörtert ausführlich Schubring 1962:249. Ṭhā, Bhaga, Nāyā, Utta, Piṁda, Naṁdī

*1622* **pavvaṇī** f <parvaṇī> eigentlich: Mondwechsel; im Jinismus ein Festtag. Bhaga, Nāyā

*1623* **pavvaya** m <pravrataka> Name des zweiten Vāsudeva in einer früheren Existenz. Sama

*1624* **pavvayarāja** m <parvatarājan> *Myth* der Berg Meru („König der Berge"). Jaṁbu

*1625* **pavvā** f <parvā> *Myth* eine himmlische Versammlung. Jīvā, Jaṁbu

*1626* **pasiddhi** f <prasiddhi> der durch die Beseitigung von Einwänden und Zweifeln erbrachte Beweis. Aṇu

*1627* **paseṇai** m <prasenajit> **(1)** Name eines Sohnes des Königs Andhakavṛṣṇi; er wurde von Neminātha geweiht, führte 12 Jahre lang das Leben eines Wandermönchs und erlangte nach dem Fastentod auf dem Berg Śatruñjaya die vollkommene Erlösung. Aṁta; **(2)** Name des fünften Patriarchen (kulakara) in der gegenwärtigen Weltperiode. Sama

*1628* **pāusiyā** f <prādveṣikī> durch Hass entstandene *kamma*-Fessel. Ṭhā, Paṇṇa

*1629* **pāovagamaṇa** n <pādopagamana> zum Tode führende, in völliger Unbeweglichkeit vonstatten gehende Bußübung, Art des Sterbefastens. Ṭhā, Bhaga

*1630* **pāḍihera** n <prātihārya> göttliches Zauberwerk: Blumen fallen auf den Sitz eines Tīrthaṁkara nieder. Bhaga, Nāyā

*1631* **pāḍucciyā** f <prātītika> Name einer *kamma*-Fessel. Ṭhā

*1632* **pāṇa** n <prāṇa> eigentlich **(1)** Atem, Lebensodem, Hauch; **(2)** Leben,Lebewesen. Im Jinismus werden darunter die zehn Körperkonstituenten verstanden, nämlich die fünf Sinne, das Denken, die Sprache, der Körper selbst und das Ein- und Ausatmen. Bhaga, Nāyā, Uvā, Kappa, Piṁḍa

*1633* **pāṇata** m <prāṇata> Name einer Götterstätte im zehnten Devaloka; die dort residierenden Götter speisen nur einmal in 19000 Jahren. Sama

*1634* **pāṇāivāya** m <prāṇātipāta> Angriff auf das Leben, Tötung eines Lebewesens. Ṭhā, Bhaga, Nāyā, Uva, Rāya, Paṇṇa, Utta, Dasa

*1635* **pāṇāu** n <prāṇāyus>, pāṇāvāyapuvva n <prāṇavādapūrva> *Lit* Name des zwölften ↑puvva, das das Leben, die Lebewesen und die Medizin zu Gegenständen hat. Sama, Naṁdī

*1636* **pāṇāvāyapuvva** n ↑ **pāṇāu**

*1637* **pādoṭṭhapaya** n <pādauṣṭhapada> *Lit* Name der Einleitung zum Diṭṭhivāya. Sama

*1638* **pāmicca** n <prāmityaka> Verabreichung von (nur) Geborgtem an einen Mönch. Āyā, Ṭhā, Bhaga, Paṇhā, Uva, Nisī, Dasa, Piṁḍa

*1639* **pāya** n <pātra> Trinkgefäß, Becher; im Jinismus die Almosenschale des Bettelmönchs. Uva, Utta, Dasa, Oha

*1640* **pāyacchitta** n <prāyaścitta> Sühnung, Buße. Einzelheiten über deren Arten und Ausführung bei v. Glasenapp 1984:375. Sūya, Ṭhā, Bhaga, Nāyā, Uvā, Paṇhā, Uva, Vava

*1641* **pāyapuṁchaṇa** n <pādaproñchana> Handbürste; sie dient dem Mönch zur Säuberung des vorgesehenen Sitzplatzes von Insekten usw., um eine wenn auch unbeabsichtigte Schädigung von Lebewesen zu vermeiden. Vgl. Schubring 1962:259.

*1642* **pāyāla** n <pātāla> Unterwelt, Hölle. Nāyā

*1643* **pāraṁciya** n <pārāñcika> (zeitweiliger) Ausschluss aus dem Mönchsorden. Ṭhā

*1644* **pāraṇa** n <pāraṇa> Essen nach Ablauf eines Fastengelübdes. Sūya, Uvā, Paṇhā

*1645* **pārāsara** m <pārāśara> Name eines alten Weisen. Sūya, Ṭhā

*1646* **pāriṭṭhāvaṇiyā** f <pāriṣṭhāpanikī> bei Körperausscheidungen zu beobachtende rituelle Regel. Bhaga, Jaṁbu

*1647* **pāritāvaṇiyā** f <pāritāpanikī> durch das Unrechttun gegenüber Mitmenschen entstehende *kamma*-Fessel. Sama

*1648* **pālaya** m <pālaka> **(1)** Name eines Königs von Ujjayinī („Beschützer, Herrscher"); **(2)** Name einer Gottheit. Bhaga, Jaṁbu

*1649* **pālitta** m <pādalipta> Name eines geistlichen Lehrers; er heilte den König Maruṇḍa von seinen Kopfschmerzanfällen und bekehrte ihn hernach. Piṁḍa

*1650* **pāliya** m <pālita> Name eines Kaufmanns und Laienanhängers. Utta

*1651* **pāliyāya** m <pārijāta> *Myth* Korallenbaum. Rāya

*1652* **pāva** m <pāpa> Sünde, Schuld; Tat, die einen ungünstigen *kamma*-Effekt hat; es gibt 18 solcher Taten: Tötung von Lebewesen, Lüge, Diebstahl, Unkeuschheit, Besitzstreben, Zorn, Stolz, Betrug, Gier, Zuneigung, Hass, Streitsucht, Verleumdung, Zuträgerei, Besserwisserei, Vergnügen/Missvergnügen (d. h. der Gleichmut darf nicht aus der Balance gebracht werden), Heuchelei und Irrglaube. Vgl. hierzu Nyayavijayaji 1998:16-18 im Verzeichnis der Sekundärliteratur.

*1653* **pāvā** f <pāpā> Name einer Stadt bei Rājagṛha; sie war Sterbeort des Mahāvīra. Paṇṇa, Kappa

*1654* **pāsa** m <pārśva> Name eines Jaina-Religionsstifters, des 23. Tīrthaṁkara. Er war der Sohn des Königs Aśvasena und der Vāmā und soll im 8. Jh. v. Chr., also etwa 250 Jahre vor Mahāvīra gelebt haben. Im Alter von 30

Jahren wurde er Wanderasket. Im Alter von 100 Jahren soll er auf dem Berg Samela Śikhara (heute Mt. Pārasnāth) durch Sterbefasten Erlösung gefunden haben. Sein Symbol ist eine Schlange mit sieben Schlangenhauben über ihrem Kopf. Zur Ikonographie des p. vgl. Moeller 1974:115 im Verzeichnis der Sekundärliteratur. Seine Anhänger waren im Gegensatz zur Zeit Mahāvīras bekleidet. Seine Lehre wird ausführlich dargestellt bei v. Glasenapp 1984:19-23; seine Biographie ebenda 293-296. Weitere Angaben zur Lehre bei Schubring 1962:30.

*1655* **pāsaga** m <paśyaka> als Adj: schauend, erblickend; im Jinismus: Religionsstifter, Tīrthaṁkara. Āyā

*1656* **pāsattha** m <pāśastha> Adj: in der Schlinge befindlich, gefesselt; im Jinismus: einen schlechten Wandel führender oder gar abtrünniger Mönch. Nisī

*1657* **pāhuḍiyā** f <prābhṛtikā> **(1)** *Lit* Name des sechsten Abschnitts des Diṭṭhivāya. Aṇu; **(2)** ein Almosenfehler der Spenders, der sechste uggama-na-Fehler; der Geber behandelt den Empfänger nicht wie einen Mönch, sondern wie einen Gast. Ṭhā

*1658* **piuseṇakaṇhā** f <pitṛṣenakṛṣṇā> Name einer Gattin des Königs Śreṇika, die 16 Jahre lang als Nonne lebte und zur Erlösung gelangte. Aṁta

*1659* **piṁgala** m <piṅgala> Name eines Laienanhängers. Bhaga

*1660* **piṁḍa** m <piṇḍa> eigentlich: Klumpen, Kloß, Brocken; im Jinismus die Almosenspeise. Sama, Bhaga, Nāyā, Paṇhā, Utta

*1661* **piṁḍanijjutti** f <piṇḍaniryukti> *Lit* Name des vierten Mūlasutta. Als solche wird manchmal auch die ↑Ohanijjutti betrachtet. Beide Werke werden dem Bhadrabāhu zugeschrieben und mitunter auch zu den Cheyasuttas gerechnet. Sie regeln u.a. den Almosenempfang durch die im Lande umherziehenden Mönche. Somit beschreibt die p. vorwiegend die bei der Ausgabe und dem Empfang von Almosen möglicherweise vorkommenden Fehler. Kurzfassung des Inhalts bei Schubring 1962:120. Ausgaben, Übersetzungen und Studie s.v. im Verzeichnis der Primärliteratur.

*1662* **piṁḍapaiḍi** f, piṁḍapagai f <piṇḍaprakṛti> eine Art des *kamma*, die den Körper formt. KG

*1663* **piṁḍapagai** f ↑ **piṁḍapaiḍi**

*1664* **piyadaṁsaṇā** f <priyadarśanā> Name der Tochter des Mahāvīra. Āyā, Kappa

*1665* **piyaseṇa** m <priyasena> Name eines Königs. Vivā

*1666* **pīigama** n <prītigama> *Myth* Name des Herrschers über den achten Götterhimmel. Uva, Jaṁbu

*1667* **pīimaṇa** n <prītimanas> Name eines Götterwagens. Ṭhā, Jaṁbu

*1668* **pīyalesā** f, pīyalessā f <pītaleśyā> „gelber", drittbester Charaktertyp (von sechs); identisch mit ↑teulessā.

*1669* **pīyalessā** f ↑ **pīyalesā**

*1670* **puṁkha** m <puṅkha> Name einer Himmelswelt im fünften Devaloka. Sama

*1671* **puṁḍa** m <puṇḍra> Name einer Himmelswelt im fünften Devaloka. Sama

*1672* **puṁḍarīya** m <puṇḍarīka> **(1)** Name eines Sohnes des Königs Mahāpadma („weiße Lotusblüte"). Nāyā; **(2)** Name einer Himmelswelt im neunten Devaloka; die dort residierenden Götter atmen nur einmal in neun Monaten und speisen nur einmal in 18000 Jahren. Sama, Kappa

*1673* **puṁḍarīyagumma** n <puṇḍarīkagulma> Name einer Himmelswelt im achten Devaloka. Sama

*1674* **pukkharavara** m <puṣkaravara> *Myth* Name einer Insel. Bhaga, Jīvā, Sūra

*1675* **pukkhalasaṁvaṭṭaya** m <puṣkarasaṁvartaka> *Myth* Name einer großen Regenwolke, die zu bestimmten Zeiten des Weltenzyklus Wassermassen ausschüttet. Ṭhā, Bhaga, Jaṁbu

*1676* **puggala** m <pudgala> Materie (eine von sechs Substanzen). Rāya, Kappa, Utta, Dasa, Aṇuoga

*1677* **puṭṭila** m <poṭṭila> Name eines Laienanhängers des Mahāvīra

*1678* **puṭṭhalābhia** m <pṛṣṭalābhika> nach Erfragung seiner Wünsche Almosenspeise entgegennehmender Asket. Ṭhā, Uva

*1679* **puṭṭhima** m <puṣṭimat> Name eines Schülers des Mahāvīra („blühend, gedeihend"). Aṇu

*1680* **puṭṭhiyā**[1] f <pṛṣṭikā> durch eine von böser Absicht getragene Frage hervorgerufene *kamma*-Fessel. Ṭhā

*1681* **puṭṭhiyā**[2] f <spṛṣṭikā> durch eine Berührung hervorgerufene *kamma*-Fessel. Ṭhā

*1682* **puḍhavī** f <pṛthivī> Name der ersten Hauptgattin des Lokapāla Soma. Ṭhā

*1683* **puṇabbhava** m <punarbhava> Wiedergeburt. Sūya, Uva, Paṇṇa, Dasa, Oha

*1684* **puṇṇa** n <puṇya> Tugend, Tugendverdienst, verdienstvolle Tat; eine Tat, die günstiges *kamma* zur Folge hat; es gibt neun solcher Taten, nämlich: Spenden von Speise und Trank, Gewährung von Obdach und Lagerstatt, Wohltun in Gedanken, Worten und Werken, Ehrerbietung gegenüber Würdigen. Einzelheiten bei Nyayavijayaji 1998:16-18 im Verzeichnis der Sekundärliteratur.

*1685* **puṇṇaghosa** m <pūrṇaghoṣa> Name des elften künftigen Tīrthaṁkara in Airavata. Sama

*1686* **puṇṇabhadda** m <pūrṇabhadra> **(1)** Name eines von Mahāvīra ordinierten Hausvaters; er lebte fünf Jahre als Wandermönch und fand nach dem Fastentod auf dem Berg Vipula vollständige Erlösung. Aṁta; **(2)**

*Myth*; Name eines Yakṣa-Herrschers. Ṭhā, Bhaga, Uvā

1687 **puṇṇaseṇa** m <pūrṇasena> Name eines von Mahāvīra ordinierten Sohnes des Königs Śreṇika; er führte 16 Jahre lang das Leben eines Wandermönchs und wurde nach dem Sterbefasten auf dem Berg Vipula in einer Himmelswelt wiedergeboren. Nach der nächsten Wiedergeburt wird er vollkommene Erlösung finden. Aṇu

1688 **pupphakeu** m <puṣpaketu> Name des siebenten künftigen Tīrthaṁkara in Airavata. Sama

1689 **pupphacūlā** f <puṣpacūlā> Name der bedeutendsten Schülerin des Pārśva. Kappa.

1690 **pupphacūliyāo** m Pl <puṣpacūlikāḥ> *Lit* Name des elften Uvaṁga. Nira, Naṁdī. Das Werk enthält Kurzfassungen der Geschichten aus dem zehnten Uvaṁga; dabei überwiegen Berichte über Bekehrungen. Kurze Skizze des Inhalts bei Schubring 1962:107.

1691 **pupphajjhaya** n <puṣpadhvaja> Name einer Götterstätte im zehnten Devaloka; die dort wohnenden Götter atmen nur einmal in zehn Monaten und speisen nur einmal in 20000 Jahren. Sama

1692 **pupphaṇaṁdi** m <puṣpanandin> Name eines Königs. Ṭhā

1693 **pupphadaṁta** m <puṣpadanta> **(1)** Beiname des neunten Tīrthaṁkara („Blumenzahn"); er ist identisch mit Suvihi. Ṭhā, Bhaga; **(2)** *Myth* Name einer über eine Insel herrschenden Gottheit. Jīvā

1694 **pupphappabha** n <puṣpaprabha> Name einer Götterstätte; ↑pupphajjhaya

1695 **pupphaya** n <puṣpaka> *Myth* Wagen des Gottes Kubera

1696 **pupphavaī** f <puṣpavatī> **(1)** Name der Hauptgattin des Gottes Supuruṣa. Ṭhā, Bhaga; **(2)** Name eines Gartens („die Blüten- oder Blumenreiche"). Bhaga

1697 **pupphavaṇṇa** n <puṣpavarṇa>, pupphasiṁga n <puṣpaśṛṅga>, pupphasiddha n <puṣpasiddha> ↑pupphajjhaya.

1698 **pupphasiṁga** n ↑ **pupphavaṇṇa**

1699 **pupphasiddha** n ↑ **pupphavaṇṇa**

1700 **pupphiāo** m Pl <puṣpikāḥ> *Lit* Name des zehnten Uvaṁga. Zehn Göttinnen und Götter begeben sich auf die Erde, um Mahāvīra ihre Verehrung darzubringen; dieser erzählt seinem Lieblingsschüler Goyama Indabhūti aus deren Vergangenheit. Außerdem enthält das Uvaṁga Bekehrungsgeschichten, u.a. eines Gottes, eines Brahmanen und einer Hausfrau. Nira, Naṁdī. Ausführliche Inhaltsangabe bei Schubring 1962:106.

1701 **purisavarapuṁḍarīya** m <puruṣavarapuṇḍarīka> *bildhaft* Heiliger („Bester unter den Menschen wie ein Lotus"). Bhaga

1702 **purisaveda** m, purisaveya m <puruṣaveda> eigentlich: die männliche Libido; im Jinismus die Bezeichnung für ein in die Irre führendes *kamma*.

Ṭhā, Bhaga, Jīvā, Paṇṇa

*1703* **purisaveya** m ↑ **purisaveda**

*1704* **purisasīha** m <puruṣasiṁha> (**1**) *bildhaft* Heiliger („Mannlöwe" = hervorragender Mensch). Bhaga, Kappa; (**2**) Name des fünften Vāsudeva.

*1705* **purisaseṇa** m <puruṣasena> (**1**) Name eines von Neminātha ordinierten Sohnes des Königs Vāsudeva und der Dhāriṇī; er führte 16 Jahre lang das Leben eines Wandermönchs und erlangte nach dem Sterbefasten auf dem Berg Śatruñjaya vollkommene Erlösung. Aṁta; (**2**) Name eines von Mahāvīra ordinierten Sohnes des Königs Śreṇika; er führte 16 Jahre lang das Leben eines Wandermönchs und wurde nach dem Sterbefasten auf dem Berg Vipula in einer Himmelswelt wiedergeboren. Nach der nächsten Wiedergeburt wird er vollkommene Erlösung finden. Aṇu

*1706* **purisuttama** m <puruṣottama> (**1**) Erlöster, Heiliger. Bhaga, Rāya, Kappa, Dasa; (**2**) Name des vierten Vāsudeva. Sama

*1707* **puvva** m, n <pūrva> *Lit* Bezeichnung der vierzehn ältesten kanonischen Werke. Mahāvīra lehrte sie seine Schüler. Nach sechs Generationen waren sie jedoch verloren. Die p. bildeten den mittleren und wichtigsten Teil des insgesamt verloren gegangenen zwölften Aṁga. Bhaga, Kappa. Zur literaturgeschichtlichen Position der p. äußert sich Schubring 1962:74-75. Der Inhalt der p. ist in kurzem folgender: (1) uppāya-p. <utpāda-p.>: Entstehen und Vergehen der Substanzen; (2) aggeaṇīya-p. <agrāyaṇīya-p.>: Grundwahrheiten des Jinismus; (3) vīriyappavāya-p. <vīryapravāda-p.>: das Wirken großer Männer; (4) atthinatthippavāya-p. <astināstipravāda-p.>: hier werden die sieben logischen Standpunkte erörtert; (5) nāṇappavāya-p. <jñānapravāda-p.>: Arten der richtigen und falschen Erkenntnis; (6) saccappavāya-p. <satyapravāda-p.>: wahre und falsche Rede; (7) āyappavāya-p. <ātmapravāda-p.>: Eigenschaften der Seele; (8) kammappavāya-p. <karmapravāda-p.>: die verschiedenen Arten des *kamma*; (9) paccakkhāṇappavāya-p. <pratyākhyānapravāda-p.>: die zur Tilgung des *kamma* führende Entsagung; (10) vijjāṇuppavāya-p. <vidyānupravāda-p.>: Studium der einzelnen Wissensgebiete; (11) avaṁjha-p. <avandhya-p.>: die Biographien der 63 großen Männer; (12) pāṇāvāya-p. <prāṇavāda-p.>: Erörterung medizinischer Fragen; (13) kiriyāvisāla-p. <kriyāviśāla-p.>: Musik, Dichtkunst und Ritual; (14) logaviṁdusāra-p. <lokabindusāra-p.>: Welten, Mathematik, Ritual und Wege zur Erlösung.

*1708* **puvvakamma** n <pūrvakarman> in einer früheren Existenz ausgeführte Tat. Nāyā, Dasa

*1709* **puvvagaya** n <pūrvagata> *Lit* Name eines Kapitels aus dem Diṭṭhivāya. Ṭhā

*1710* **puvvatava** n <pūrvatapas> eine Askeseart. Bhaga

*1711* **pūi** f <pūti>, pūikamma n <pūtikarman> ein Almosenfehler eines Mönchs, nämlich die Entgegennahme von verdorbener oder überhaupt ungeeigneter Nahrung. Uva, Nisī, Dasa

*1712* **pūikamma** n ↑ **pūi**

*1713* **pūyaṇā** f <pūtanā> **(1)** *Myth* Name einer Tante (Schwester der Mutter) des Kṛṣṇa. Paṇhā; **(2)** Name einer mit ihrem Sohn inzestuösen Frau. Sūya

*1714* **pūraṇa** m <pūraṇa> Name eines Sohnes des Königs Andhakavṛṣṇi; er wurde von Neminātha geweiht, lebte 16 Jahre als Wandermönch und fand nach dem Fastentod auf dem Berg Śatruñjaya vollständige Erlösung. Aṁta

*1715* **pūsā** f <puṣyā> Name der Gattin des sechsten Laienanhängers des Mahāvīra. Uvā

*1716* **peḍā** f <peṭā> eigentlich: Kästchen, Körbchen, im Jinismus ein Bettelgelübde, nämlich ohne Unterschied „an allen Ecken und Enden" zu betteln. Ṭhā, Utta

*1717* **peḍhālaputta** m <peḍhālaputra> **(1)** Name des achten künftigen Tīrthaṁkara. Ṭhā; **(2)** Name eines Kaufmannssohnes, der nach seiner Weihe ein frommes Leben führte und in einer Himmelswelt wiedergeboren wurde. Nach der nächsten Wiedergeburt wird er vollkommene Erlösung finden. Aṇu

*1718* **pellaya** m <pellaka> Name eines von Mahāvīra geweihten Kaufmannssohnes; nach einem frommen Leben wird er in einer Himmelswelt wiedergeboren. Nach der nächsten Wiedergeburt wird er vollkommene Erlösung finden. Aṇu

*1719* **poṁḍarīya** m <pauṇḍrī> *Myth* Name einer Götterstätte („weiße Lotusblüte") im siebenten Devaloka; die dort residierenden Götter speisen nur einmal in 17000 Jahren. Sama

*1720* **pokkhiṇa** m <prokṣin> Bezeichnung sich mit Wasser beträufelnder Asketen. Nira

*1721* **poggala** m <pudgala> **(1)** (vorwiegend im Buddhismus) Individuum, Person, Seele. Sūya, Bhaga; **(2)** Im Jinismus gilt p. als ↑atthikāya, nämlich als Materie, Stoff oder Molekül. Bhaga, Nāyā, Uva, Rāya, Paṇṇa, Nisī, Aṇuoga. p. tritt in zwei Aspekten auf: als *kamma*-Stoff ist er feinmateriell, als sichtbarer Körper grobmateriell. Damit gerät der Materiebegriff allerdings in die Gefahr, vulgarisiert zu werden. p. besitzt Gestalt, Farbe, Geruch, Geschmack und ist tastbar. Im Hinblick auf die Dichte der Materie werden sechs Grade unterschieden: 1. sehr fein (Atom); 2. fein (*kamma*-Stoff); 3. fein-grob (alles, was gerochen, geschmeckt, gefühlt, gehört, aber nicht gesehen wird); 4. grob-fein (was man sieht, ohne es zu fühlen, z. B. Finsternis oder Schatten); 5. grob (Butter, Öl, Wasser); 6.

sehr grob (Stein, Metall). p. hat als einziger *atthikāya* physischen Charakter. Weitere Details bei Schubring 1962:132; v. Glasenapp 1984:156-157; Nyayavijayaji 1998:13-14.

*1722* **poggalapariyaṭṭa** m <pudgalaparivarta> für die Entwicklung der Moleküle erforderlicher Zeitraum. Bhaga, Jīvā, Paṇṇa, Aṇuoga

*1723* **poṭṭila** m <poṭṭila> **(1)** Name des neunten künftigen Tīrthaṁkara in Bhārata. Sama; **(2)** Name eines Kaufmannssohnes; er wurde Mönch, führte einen frommen Wandel und wurde in einer Himmelswelt wiedergeboren. Nach der nächsten Wiedergeburt wird er die vollkommene Erlösung erlangen. Aṇu

*1724* **poṭṭilā** f <poṭṭilā> Name der Gattin des Ministers Tetalīputra. Nāyā

*1725* **porisīmaṁḍala** n <pauruṣīmaṇḍala> Name eines Lehrbuches (17. von 29 Utkālikasūtras). Naṁdī

*1726* **polāsapura** n <polāsapura> Name einer Stadt. Uvā, Aṁta

*1727* **posaha** m <poṣadha> ein Fastentag der Laien (8. und 14. Tag im Halbmonat). Āyā, Bhaga, Nāyā, Uvā, Paṇhā, Rāya, Paṇṇa, Kappa, Utta, Naṁdī

*1728* **posahovavāsa** m <poṣadhopavāsa> ein Fastengelübde, ↑posaha. Bhaga, Nāyā, Uva, Kappa

## PH

*1729* **phaggu** f <phalgu> Name der ersten Schülerin des zweiten Tīrthaṁkara (Ajita).

*1730* **phala** n <phala> eigentlich: **(1)** Frucht; **(2)** Erfolg, Lohn, Gewinn. Im Jinismus bedeutet der Terminus die Tatenfolge, das Resultat der Taten. Bhaga

*1731* **phāsaṇāma** n <sparśanāman> durch grobe Berührung entstehendes nachteiliges *kamma*. Sama

*1732* **phāsaṇiṁdiya** n <sparśendriya> Tastsinn. Bhaga, Nāyā, Uva, Naṁdī, Aṇuoga

*1733* **phuḍā** f <sphuṭā> Name einer Götterfrau, der vierten Hauptgattin des Atikāya. Ṭhā, Bhaga

## B

*1734* **baṁdha** m <bandha> eigentlich: Band, Fessel. Im Jinismus die Verbindung von *kamma* und Seele. Letztere wird durch das *kamma* durch vier mögliche Ursachen beeinträchtigt: micchatta (Irrglaube), avirai (mangelhafte Selbstzucht), kasāya (Leidenschaft) und joga (negative Betätigung). Āyā, Bhaga, Uva; Utta, Dasa. Weitere Hinweise bei v. Glasenapp 1984:191 und Nyayavijayaji 1998:19-26.

*1735* **baṁdhaṇa** n <bandhana> (**1**) Ursache der Tatenfesseln. KG; (**2**) Molekularverband, Verbindung der Moleküle. Paṇṇa, Aṇuoga

*1736* **baṁdhumaī** f <bandhumatī> Name einer bedeutenden Nonne des 19. Tīrthaṁkara

*1737* **baṁdhusirī** f <bandhuśrī> Name der Gattin des Königs Śrīdāna. Vivā

*1738* **baṁbha** m <brahman> (**1**) Name des Weltschöpfers. Sūya; (**2**) Name des Vaters des zwölften Cakravartin; (**3**) Name des zwölften Cakravartin; (**4**) Name des Vaters des zweiten Vāsudeva; (**5**) Name des fünften Devaloka. Bhaga, Nāyā, Uva

*1739* **baṁbhacāri** m <brahmacārin> Name eines Mönchsscharenleiters zur Zeit des Pārśva („einen sittlichen Wandel führend"). Ṭhā

*1740* **baṁbhacera** n <brahmacarya> frommer Wandel. Āyā, Sūya, Ṭhā, Bhaga, Nāyā, Paṇhā, Jaṁbu, Utta, Dasa, Piṁḍa

*1741* **baṁbhajjhaya** m <brahmadhvaja> Name eines Göttersitzes im sechsten Devaloka. Sama

*1742* **baṁbhadatta** m <brahmadatta> Name des zwölften und letzten *cakkavaṭṭi* (Cakravartin), der wegen seiner sinnlichen Vergnügen und seiner Rachsucht in die siebente Hölle kam. Ṭhā, Utta. Seine (mythische) Biographie findet sich ausführlich bei v. Glasenapp 1984:291-293.

*1743* **baṁbhaloa** m, baṁbhaloga m, baṁbhaloya m <brahmaloka> Name der fünften Himmelswelt. Ṭhā, Bhaga, Nāyā, Uva, Jīvā, Paṇṇa, Jaṁbu, Nira, Utta, Aṇuoga

*1744* **baṁbhaloga** m ↑ **baṁbhaloa**

*1745* **baṁbhaloya** m ↑ **baṁbhaloa**

*1746* **baṁbhī** f <brāhmī> Name einer Tochter des Ṛṣabhadeva, die von diesem die Brāhmī-Schrift erlernte. Sama, Bhaga

*1747* **bagusa** m <bakuśa> ein Mönch, der auf Körperschmuck Wert legt.

*1748* **baladeva** m <baladeva> (**1**) Name einer Gruppe von neun dunkel gekleideten Heroen: Acala, Vijaya, Bhadra, Suprabha, Sudarśana, Ānanda, Nandana, Padma, Rāma. Letzterer wird identifiziert mit (**2**) Name des älteren Bruders des Kṛṣṇa. Bhaga, Nāyā, Aṁta, Uva, Jīvā, Paṇṇa, Nira, Kappa, Dasa. Weitere Details bei Schubring 1962:20 und v. Glasenapp 1984:258.

*1749* **balabhadda** m <balabhadra> (**1**) Name eines Königs. Utta; (**2**) *Myth* Name des siebenten künftigen Vāsudeva.

*1750* **balā** f <balā> bei den Śvetāmbaras Name der yakkhiṇī des Kunthunātha (= 17. Tīrthaṁkara).

*1751* **bali** m <bali> *Myth* Name eines Oberherrn der Dämonenprinzen im Norden. Ṭhā, Bhaga, Nāyā, Jīvā, Paṇṇa, Jaṁbu

*1752* **bahassai** m <bṛhaspati> (**1**) Göttername. Bhaga, Vivā; (**2**) Jupiter. Ṭhā, Paṇṇa, Sūra; (**3**) *Lit* Name eines Kapitels aus dem Vivāgasuya.

*1753* **bahiyātava** n <bāhyatapas> äußerliche (= körperliche) Bußübung.

*1754* **bahuputtiyā** f <bahuputrikā> Name der Hauptgattin des Dämonenfürsten Pūrṇabhadra. Ṭhā, Bhaga

*1755* **bahumittaputta** m <bahumitraputra> Name des Sohnes des Ministers Subandhu in Mathurā. Vivā

*1756* **bahurūvā** f <bahurūpā> Name der Gattin eines Dämonenherrschers. Ṭhā, Bhaga

*1757* **bahurūviṇī** f <bahurūpinī> bei den Digambaras Name der yakkhiṇī des Munisuvrata (= 20. Tīrthaṁkara); bei den Śvetāmbaras heißt sie Naradattā.

*1758* **bahula** m <bahula> Name eines Laienanhängers des 24. Tīrthaṁkara. Bhaga

*1759* **bahulā** f <bahulā> Name der Gattin eines Laienanhängers des Mahāvīra. Uvā

*1760* **bāyaraṇāma** n <bādaranāman> (bāyara = fett, massig, massiv) Einfluss des *kamma* auf die Herausbildung eines massigen Körpers. Sama

*1761* **bārāvaī** f <dvārāvatī> Name einer der Zerstörung anheim fallenden Stadt. Aṁta

*1762* **bālatava** n <bālatapas> kindische, unernste Bußübung. KG

*1763* **bālapaṁḍia** m <bālapaṇḍita> nicht allseitig der Erlösung zustrebender Laienanhänger.

*1764* **bālamaraṇa** n <bālamaraṇa> in Unwissenheit erlittener Tod. Sama, Bhaga, Nisī, Utta

*1765* **bāvīsaima** n <dvāviṁśatima> Nahrungsaufnahme nach 21-tägigem (sic!) Fasten. Bhaga, Nāyā

*1766* **bāhubali** m <bāhubalin> **(1)** Name eines Königs von Takṣaśilā; durch sein günstiges *kamma* – er hatte in seiner früheren Existenz Asketen gedient – erlangte er große Macht. Sama, Oha; **(2)** in der Mythologie der Digambaras ein Sohn des ersten Tīrthaṁkara (Ṛṣabha). Er übte Askese, indem er so lange unbeweglich stand, bis sich Schlingpflanzen um seine Füße rankten. In Karnataka wurden ihm mehrere imposante Bildsäulen errichtet, die größte um 983 auf einem Granithügel bei Śravaṇa Beḷagola mit einer Höhe von 17,9 Metern.

*1767* **biṁdusāra** m <bindusāra> *Lit* Name des 14. ↑puvva. Sama

*1768* **buddha** m <buddha> **(1)** im Jinismus ein vollkommen Erlöster. Ṭhā, Utta, Aṇuoga; **(2)** Religionsstifter, Reformator. Utta, Dasa; **(3)** Begründer des Buddhismus, historischer Buddha. Sūya

*1769* **buddhi** f <buddhi> Name der Gottheit eines Lotussees in den Bergen. Ṭhā

*1770* **bohi** f <bodhi> vollkommene Erkenntnis, vollkommen reine Lebensführung. Bhaga, Paṇhā, Vivā, Uva, Rāya, Utta, Piṁḍa

# BH

*1771* **bhaṁbhasāra** m <bhambhāsāra> Beiname des Königs Śreṇika von Magadha, des Vaters des Koṇika. Uva

*1772* **bhagavatīviyāhapaṇṇatti** f <bhagavatīvyākhyāprajñapti> *Lit* Name des fünften Aṁga. Der Titel bedeutet etwa „Erhabene Belehrung mit Erklärungen“. Das aus 41 *sayas* (Hunderten) bestehende Werk stellt eine wichtige religionsgeschichtliche Quelle dar, denn hier wird die jinistische Dogmatik ausführlich dargelegt. Vorgetragen wird die Dogmatik teils in Form von Dialogen, teils im Rahmen von Fragen und Antworten. Die Fragen gehen meist von Goyama Indabhūti aus und werden in den sayas 1 bis 20 von Mahāvīra selbst beantwortet. Der Stil weist eine beachtliche Lebendigkeit auf und enthält manch einprägsamen Vergleich. Außerdem vermittelt die bh. eine Fülle von Informationen über Mahāvīra und sein Leben. Manche von ihnen tragen, wie nicht anders zu erwarten, legendenhafte Züge; andere dagegen weisen deutlich auf reale Begebenheiten in Mahāvīras Wirken hin. Es finden sich auch Legenden über frühere Tīrthaṁkaras sowie über Asketen, die sich in irgendeiner Hinsicht verdient gemacht haben. Interessant sind, wie etwa in VII, 8, die Angaben über politische und militärische Sachverhalte in der Ära des Mahāvīra. Mit Anhängern andersgläubiger Richtungen wird eine harte Auseinandersetzung geführt, wie sie dem Jinismus im Unterschied zum Buddhismus eigen ist. Besonders interessant ist hier Abschnitt 15 mit der scharfen Polemik gegen Gosāla Makkhaliputta, das Haupt der mit den Jinisten rivalisierenden Sekte der Ājīvikas. Ebenso scharf äußert sich die bh. gegen den Anti-Jinisten Jamāli in IX, 33. Auch in philosophiegeschichtlicher Hinsicht ist die bh. von hohem Interesse. Albrecht Weber hatte schon 1876 festgestellt, dass hier die jinistische Atomtheorie präsentiert wird. Bemerkenswert ist auch das Vorkommen des Begriffs ↑siyāvāya. Eingehende Inhaltsangabe bei Schubring 1962:88-89. Ausgaben und exegetische Studien zu diesem wichtigen Werk s.v. im Verzeichnis der Primärliteratur.

*1773* **bhaḍakkhaittā** f <bhaṭakhāditā> eine Form der Askese: der Mönch muss bestimmte Voraussetzungen erfüllen, um Speise zu erhalten. Ṭhā

*1774* **bhattapaccakkhāṇa** n <bhaktapratyākhyāna> Zurückweisung der Nahrung, Sterbefasten. Sama

*1775* **bhattapariṇṇā** f <bhaktaparijñā> *Lit* Bezeichnung des zwölften ↑Paiṇṇa. In 172 Versen werden die Mönche auf die allmähliche Nahrungsbeschränkung orientiert.

*1776* **bhadda** m <bhadra> *Myth* Name des dritten Baladeva.

*1777* **bhaddagutta** m <bhadragupta> Name eines berühmten Lehrers.

*1778* **bhaddajasa** m <bhadrayaśas> (**1**) Name eines Mönchsscharenleiters zur Zeit des Pārśva. Ṭhā; (**2**) Name eines Schülers des Suhasti. Kappa

*1779* **bhaddaṇaṁdi** m <bhadranandin> Name eines Prinzen von Abhayapura. Vivā

*1780* **bhaddapaḍimā** f <bhadrapratimā> Name eines asketischen Übung: zwei Tage lang muss eine bestimmte Haltung eingenommen werden. Uva

*1781* **bhaddabāhu** m <bhadrabāhu> Name des Verfassers eines Kappasutta. Er soll das sechste Gemeindeoberhaupt nach Mahāvīra gewesen und 170 Jahre nach diesem verstorben sein. Ferner soll bh. als letzter die ↑puvvas gekannt haben.

*1782* **bhaddaseṇa** m <bhadrasena> *Myth* Name eines Heerführers des Dharaṇendra. Ṭhā

*1783* **bhaddā** f <bhadra> (**1**) Name einer Prinzessin von Kosala. Utta; (**2**) Name der Mutter eines Mönchs. Aṇu; (**3**) Name der Gattin des Königs Sumati. Bhaga; (**4**) Name der Mutter des Gosāla. Bhaga; (**5**) Name einer Kaufmannsgattin. Nāyā; (**6**) Name der Gattin des Königs Śreṇika von Rājagṛha; sie wurde von Mahāvīra geweiht, lebte 20 Jahre lang als Wandernonne und fand nach dem Sterbefasten vollständige Erlösung. Aṁta; (**7**) Name der Gattin des Laienanhängers Kāmadeva. Uvā; (**8**) Name der Mutter des Tetalīputra. Nāyā; (**9**) Name der Gattin des Kaufmanns Jinadatta. Nāyā; (**10**) *Lit* Name des siebenten Kapitels des Aṁtagaḍasutta; (**11**) Name einer zwölf Stunden währenden Bußübung; sie besteht aus einer Meditation über die Seele, wobei das Gesicht nach Osten zu richten ist. Ṭhā

*1784* **bhaddotarapaḍimā** f <bhadrottarapratimā> Name eines Gelübdes.

*1785* **bhayāli** m <bhayālin> Name des 19. Tīrthaṁkara in einer früheren Existenz.

*1786* **bharaha** m <bharata> Name des ersten Cakravartin; er war der älteste Sohn des Ṛṣabhadeva. Nāyā, Uva, Utta. Einzelheiten über sein (mythisches) Leben bei v. Glasenapp 1984:267-269.

*1787* **bhavaṇavai** m <bhavanapati> Name einer Götterklasse, die die Mittelwelt, aber auch die oberste Hölle (↑rayaṇappabhā) der Unterwelt bewohnt. Nāyā, Jaṁbu, Kappa, Utta. Beschreibung und Namen der einzelnen Götter finden sich bei Schubring 1962:213.

*1788* **bhavatthakevali** m <bhavasthakevalin> ist die Bezeichnung für einen ↑kevalin, der noch auf Erden lebt, im Unterschied zum ↑siddha.

*1789* **bhavaviraha** m <bhavaviraha> Ende der weltlichen Existenz, Erlösung vom Welttreiben.

*1790* **bhavva** Adj Ger <bhavya> *Seele* erlösungsfähig.

*1791* **bhāṇu** m <bhānu> „Sonne“, Name des Vaters des 15. Tīrthaṁkara (= Dharmanātha).

*1792* **bhāva** m <bhāva> (**1**) eigentlich: Sein, allgemeiner Zustand; im Jinismus der Seelenzustand. Piṁḍa; (**2**) Wirkungsgrad des *kamma*. Utta

*1793* **bhāvaṇā** f <bhāvanā> eigentlich: Phantasie, Vorstellung. Im Jinismus zunächst Meditation über die Vergänglichkeit der Welt. Speziell aber ist bh. eines der sechs Mittel zur Abwehr des Eindringens von *kamma*. Das Grundprinzip ist das der Reflexion. Es gibt zwölf Arten von Reflexion, nämlich über die Vergänglichkeit des Seins, die Hilflosigkeit des Menschen, den ↑saṁsāra, das Alleinstehen des Menschen, die Verschiedenheit von Seele und Leib, die Unreinheit des Leibes, das Einströmen, der Abwehr und der Tilgung des *kamma*, die Welt, die Seltenheit der vollkommenen Erlösung und die religiöse Wahrheit. Sūya, Piṁḍa, Oha, Aṇuoga. Ausführlich äußert sich zu den Einzelheiten Nyayavijayaji 1998:86-97.

*1794* **bhāvasacca** n <bhāvasatya> von der Erkenntnis der Wahrheit erfüllter Gedanke. Bhaga, Utta.

*1795* **bhāvasāhu** m <bhāvasādhu> ein wirklicher Heiliger, der das höchste Ziel anstrebt.

*1796* **bhāviya** n <bhāvika> Name einer Götterstätte im siebenten Devaloka; die dort residierenden Götter speisen nur einmal in 17000 Jahren. Sama

*1797* **bhāviyappa** m <bhāvitātman> (**1**) Name des bedeutendsten Schülers des Dharmanātha. Sama; (**2**) Heiliger mit vollkommen reiner Seele. Bhaga, Paṇṇa, Dasa. Weitere Details bei Schubring 1962:317.

*1798* **bhāsāpariṇai** f <bhāṣāpariṇati> Umwandlung materieller Partikel in die Sprachform.

*1799* **bhāsāvijaya** m <bhāṣāvicaya> *Lit* Beiname des Diṭṭhivāya. Ṭhā

*1800* **bhiṁga** m <bhṛṅga> Name eines Götterbaums („Biene"). Ṭhā, Jīvā

*1801* **bhikkhu** m <bhikṣu> Bettelmönch, Heiliger, Asket. Āyā, Sūya, Bhaga, Vivā, Nisī, Vava, Utta, Dasa

*1802* **bhikkhupaḍimā** f <bhikṣupratimā> Bezeichnung von zwölf Gelübden eines ↑bhikkhu. Sie betreffen hauptsächlich Fasten- und Meditationsübungen. Bhaga, Aṁta, Uva, Vava

*1803* **bhittila** n <bhittila> Name einer Götterstätte im zehnten Devaloka. Sama

*1804* **bhinnapaḍavāiya** Adj <bhinnapiṇḍapātika> *Mönch* zerkrümelte Nahrung zu sich nehmend.

*1805* **bhisiā** f, bhisigā f, bhisiyā f <unsichere *chāyā*: entweder bṛṣikā oder wohl besser bṛṁśikā> eine Asketensitzart. Bhaga, Nāyā, Uva

*1806* **bhisigā** f ↑ **bhisiā**

*1807* **bhisiyā** f ↑ **bhisiā**

*1808* **bhīma** m <bhīma> (**1**) Name eines im Süden residierenden Dämonenherrschers. Ṭhā, Bhaga, Paṇṇa; (**2**) Name des zweiten Pāṇḍu-Sohnes.

*1809* **bhīmaseṇa** m <bhīmasena> (**1**) Name des sechsten Patriarchen (kulakara); (**2**) Name eines Prinzen. Nāyā

*1810* **bhīsaga** m <bhīṣmaka> Name eines Königs. Nāyā

*1811* **bhuaīsara** m, bhuaesara m <bhujageśvara> *Myth* Schlangenfürst. Uva, Jaṁbu

*1812* **bhuaesara** m ↑ **bhuaīsara**

*1813* **bhuagavai** m <bhujagapati> Name einer Schlangengöttergruppe. Uva

*1814* **bhuyagavaī** f <bhujagavatī>, bhuyagā f <bhujagā> Name einer Schlangenkönigin, der ersten Hauptgattin des Atikāya. Bhaga

*1815* **bhuyagā** f ↑ **bhuyagavaī**

*1816* **bhuvaṇavai** m <bhuvanapati> Name einer Göttergruppe. Rāya

*1817* **bhūyadinna** m <bhūtadatta> Name eines Schülers des Nāgārjuna.

*1818* **bhūyadinnā** f <bhūtadattā> (**1**) Name einer von Mahāvīra geweihten Gattin des Königs Śreṇika; sie lebte 20 Jahre lang als Wandernonne und fand nach dem Sterbefasten Erlösung. Aṁta; (**2**) Name einer Schwester des Sthūlibhadra. Kappa; (**3**) Name des 13. Kapitels aus dem siebenten Teil des Aṁtagaḍasutta.

*1819* **bhūyavāi** m <bhūtavādin> Name einer Klasse der Vyantara-Götter. Paṇṇa

*1820* **bhūyavāya** m <bhūtavāda> *Lit* Beiname des Diṭṭhivāya. Ṭhā

*1821* **bhūyasirī** f <bhūtaśrī> Name einer Brahmanenfrau. Nāyā

*1822* **bhūyāṇaṁda** m <bhūtānanda> *Myth* Beherrscher der Nāgakumāra-Götter im Norden. Ṭhā, Bhaga, Paṇṇa

*1823* **bhesaga** m <bhīṣmaka> Name eines Königs von Kauṇḍinya und Vaters der Rukmiṇī. Nāyā

*1824* **bhogaṁkarā** f <bhogaṁkarā> Name einer Göttin der Unterwelt. Jaṁbu

*1825* **bhogaṁtarāya** m <bhogāntarāya> Art des *kamma*, das die Genussfähigkeit beeinträchtigt. Bhaga, Utta, Piṁḍa, Aṇuoga

*1826* **bhogamāliṇī** f <bhogamālinī> Name einer Göttin der Unterwelt. Jaṁbu

*1827* **bhogaraya** n <bhogarajas> durch Sinnesgenuss erzeugte *kamma*-Partikel. Bhaga

*1828* **bhogarāya** m <bhogarāja> Name eines Yadu-Königs. Utta, Dasa

*1829* **bhomijja** m <bhaumeya> „irdisch", Name einer Klasse der Bhavanapati-Götter. Jaṁbu, Utta

## M

*1830* **maiṇāṇa** n <matijñāna> in der jinistischen Philosophie die durch die fünf Sinne und das Denken gewonnene Erkenntnis. KG

*1831* **maṁkāi** m <maṅkāti> Name eines zur Erlösung gelangten Weisen. Aṁta

*1832* **maṁkha** m <maṅkha>, maṁkhali m <maṅkhali> Name des Vaters des Gośāla. Bhaga

*1833* **maṁkhali** m ↑ **maṁkha**

*1834* **maṁkhaliputta** m <maṅkhaliputra> Name des Gründers der Ājīvaka. Bhaga, Uvā

*1835* **maṁgalā** f <maṅgalā> Name der Mutter des fünften Tīrthaṁkara (= Sumati).

*1836* **maṁgu** m <maṅgu> Name eines berühmten Lehrers („Storch").

*1837* **maṁḍalappavesa** m <maṇḍalapraveśa> Name eines Lehrbuches, das 18. von 29 Utkālikasūtras. Naṁdī

*1838* **maṁḍiya** m <maṇḍita> Name des sechsten Mönchsscharenleiters des Mahāvīra („geschmückt"). Sama

*1839* **maṁḍuya** m <maṇḍūka> „Frosch", (**1**) Name eines Prinzen, des Sohnes des Königs Selaka. Nāyā; (**2**) Name eines Hausvaters in Rājagṛha. Bhaga

*1840* **maṁtajaṁbhaga** m <mantrajṛmbhaka> Name einer Götterklasse

*1841* **maṁtha** m <mantha> eigentlich: Quirlung; im Jinismus die Entfernung der Seelenpartikel aus ihrer körperlichen Hülle. Paṇṇa

*1842* **maṁdara** m <mandara> (**1**) *Myth* Name eines heiligen Berges, Meru. Ṭhā, Bhaga, Uva. Paṇṇa, Sūra, Jaṁbu, Kappa, Utta; (**2**) Name des ersten Mönchsscharenleiters des 13. Tīrthaṁkara (= Vimalanātha).

*1843* **makāyi** m <makāyin> Name eines Schülers des Mahāvīra; er war 16 Jahre lang Bettelasket und fand durch Sterbefasten auf dem Berg Vipula Erlösung. Aṁta.

*1844* **magara** m <makara> Beiname des Dämons Rāhu („Krokodil").

*1845* **magga** m <mārga> *Lit* Name des elften Kapitels des Sūyagaḍaṁga (= rechter Weg, (guter) Wandel). Sūya, Aṇuoga

*1846* **maghava** m <maghavan> Name des dritten cakkavaṭṭhi; Details zu seinem Leben bei v. Glasenapp 1984: 278-279.

*1847* **maghā** f <maghā> Name der sechsten Hölle. Ṭhā, Jīvā

*1848* **maṇapajjava** m <manaḥparyāya> transzendente Erkenntnis von Gedanken, wobei es eine einfache und eine komplizierte Art gibt. Der Terminus entspricht etwa der Telepathie; Näheres bei Schubring 1962:168. Ṭhā, Bhaga, Nāyā, Uva, Paṇṇa

*1849* **maṇiaṁga** m <maṇyaṅga> Name eines himmlischen Baumes. Ṭhā, Jīvā

*1850* **maṇiyāra** m <maṇikāra> Name eines Kaufmanns. Nāyā

*1851* **maṇu** m <manu> Name einer Götterstätte im zweiten Devaloka. Sama

*1852* **maṇussaseṇiyā** f <manuṣyaśreṇikā> *Lit* Name eines Abschnitts des Diṭṭhivāya („Reihe" oder „Gruppe von Menschen"). Sama

*1853* **maṇorama** m <manorama> („angenehm, erfreulich, lieblich"), (**1**) *Myth* der Berg Meru; (**2**) Name eines Tempels in Mithilā. Utta; (**3**) Name des fünften Devaloka. Sama; (**4**) Name des Gottes des Rucaka-Kontinents. Jīvā

*1854* **mattaṁgaya** m <mattāṅgaka> *Myth* ein Wunschbaum, der süßen Saft darbietet. Sama, Jaṁbu

*1855* **madduya** m <madduka> Name eines Laienanhängers des Mahāvīra. Bhaga

*1856* **mayaṇā** f <madanā> *Myth* Name der Gattin des Śakra im ersten Devaloka. Ṭhā

*1857* **mayāli** m <mayāli> (**1**) Name eines zur Erlösung gelangten Prinzen, des Sohnes des Königs Vasudeva und der Dhāriṇī; er wurde von Neminātha geweiht, war 16 Jahre lang Bettelmönch und fand durch Sterbefasten Erlösung. Aṁta; (**2**) Name eines Sohnes des Königs Śreṇika; er wurde von Mahāvīra geweiht, lebte 16 Jahre lang als Bettelmönch, wurde nach einmonatigem Fasten auf dem Berg Vipula in der Himmelswelt Vaijayaṁta geboren und wird nach der nächsten Wiedergeburt vollständig erlöst werden. Aṇu

*1858* **maraṇasamāhi** m <maraṇasamādhi> *Lit* Bezeichnung des zehnten ↑Paiṇṇa. Es enthält Meditationen über den Tod. Ausgabe s.v. im Verzeichnis der Primärliteratur.

*1859* **maruavasabha** m <marutarṣabha> *bildhaft* Beiname des Indra.

*1860* **maruā** f <marutā> Name einer Gattin des Königs Śreṇika von Rājagṛha; sie wurde von Mahāvīra geweiht, verbrachte 20 Jahre als Wandernonne und erlangte nach dem Sterbefasten vollkommene Erlösung. Aṁta

*1861* **marudeva** m <marudeva> (**1**) Name des 13. Patriarchen (kulakara) in der gegenwärtigen osappiṇī sowie weiterer kulakaras; (**2**) Name des 19. Tīrthaṁkara.

*1862* **marudevī** f <marudevī> (**1**) Name der Mutter des Ṛṣabhadeva. Kappa; (**2**) Name einer Gattin des Königs Śreṇika; sie wurde von Mahāvīra geweiht, verbrachte 20 Jahre als Wandernonne und fand nach dem Sterbefasten vollständige Erlösung. Aṁta

*1863* **malladiṇṇa** m <maladatta> Name eines Prinzen, des Sohnes des Königs Kuṁbha. Nāyā

*1864* **malli** m <malli>, mallī f <mallī> Name des 19. Tīrthaṁkara; er stammte aus Mithilā. Die Digambaras halten ihn für einen Mann, die Śvetāmbaras aber sehen in m. den einzigen weiblichen Tīrthaṁkara. Den (mythischen) Lebenslauf dieses Tīrthaṁkara beschreibt v. Glasenapp 1984:283-284. Ṭhā, Bhaga, Nāyā, Kappa, Aṇuoga

*1865* **mallī** f ↑ **malli**

*1866* **mahacaṁda** m <mahācandra> Name eines Prinzen. Vivā

*1867* **mahabbhūya** n <mahābhūta> grobes Element, von denen es fünf gibt: Erde, Wasser, Feuer, Wind, Äther (↑āgāsa). Sūya

*1868* **mahavvaya** n <mahāvrata> umfassendes Gelübde eines Laien, aber auch die fünf großen Gelübde eines Asketen. Āyā, Ṭhā, Rhaga, Nāyā, Paṇhā, Naṁdī.

*1869* **mahasiva** m <mahāśiva> *Myth* Name des Vaters des sechsten Baladeva.

*1870* **mahaseṇa** m <mahāsena> (**1**) Name des Vaters des achten Tīrthaṁkara; (**2**) Name eines Königs. Bhaga

*1871* **mahākaṁdiya** m <mahākrandita> Name einer Gruppe des Vyaṁtara-Götter. Paṇhā, Uva, Paṇṇa

*1872* **mahākacchā** f <mahākacchā> (**1**) Name einer Landschaft in Videha. Ṭhā; (**2**) *Myth* Name der dritten Hauptgattin des Indra. Ṭhā. Bhaga

*1873* **mahākaṇha** m <mahākṛṣṇa> (**1**) Name eines Sohnes des Königs Śreṇika; (**2**) Name des sechsten Kapitels der Nirayāvaliyāo.

*1874* **mahākaṇhā** f <mahākṛṣṇā> Name einer Gattin des Königs Śreṇika; sie wurde von Mahāvīra geweiht, lebte 13 Jahre als Wandernonne und erlangte nach dem Fastentod vollständige Erlösung. Aṁta

*1875* **mahākāya** m <mahākāya> Name eines Beherrschers der Schlangengötter im Norden. Ṭhā, Bhaga, Paṇṇa

*1876* **mahākāla** m <mahākāla> (**1**) Name von Höllenwächtern, die ihren Opfern das Fleisch in Stücken vom Leib reißen und verzehren. Bhaga; (**2**) *Myth* Name eines Beherrschers der Piśāca im Norden, Ṭhā, Bhaga, Jīva, Paṇṇa; (**3**) Name eines Welthüters. Ṭhā; (**4**) Name eines Beherrschers der Vāyukumāra-Götter. Bhaga; (**5**) Name einer Himmelswelt im achten Devaloka; die dort residierenden Götter atmen nur einmal in neun Monaten und speisen nur einmal in 18000 Jahren. Sama; (**6**) Name der zweiten Hölle im Süden. Ṭhā, Jīvā, Paṇṇa; (**7**) Name einer heiligen Stätte in Ujjayinī.

*1877* **mahākumuda** n <mahākumuda> Name einer Götterstätte im siebenten Devaloka. Sama

*1878* **mahāghosa** m <mahāghoṣa> (**1**) Name des zwölften Tīrthaṁkara; (**2**) Name einer Himmelswelt im fünften Devaloka. Sama; (**3**) Name eines Beherrschers der Bhavanapati-Götter im Norden. Ṭhā, Bhaga, Jīvā, Paṇṇa; (**4**) Name des siebenten Patriarchen (kulakara). Sama; (**5**) Name bestimmter Höllenwächter, die die Höllenbewohner durch ihr Gebrüll erschrecken. Bhaga

*1879* **mahācaṁda** m <mahācandra> Name des achten künftigen Tīrthaṁkara in Airavata. Sama

*1880* **mahājasa** m <mahāyaśas> (**1**) Name des vierten künftigen Tīrthaṁkara in Airavata. Sama; (**2**) Name eines Enkels des Bharata. Ṭhā

*1881* **mahāṇaṁdiyāvatta** m <mahānandyāvarta> (**1**) Name einer Himmelswelt. Sama; (**2**) Name eines Welthüters. Ṭhā

*1882* **mahānisīhasutta** n (die *chāyā* <mahāniśīthasūtra> ist nicht ganz sicher) Name eines kanonischen Werkes, das als zweites, mitunter auch als sechstes Cheyasutta gerechnet wird. Durch seine offenkundige Bekanntschaft mit der Tantra-Literatur und seine degenerierte Sprache erweist das Stück seine für ein kanonisches Werk sehr späte Zeitstellung; es ist jedenfalls noch jünger als das ↑nisīha. An der Zusammenstellung dieses Werkes soll Haribhadra beteiligt gewesen sein; das achte Kapitel wurde von Devendrasūri redigiert. Man muss wohl annehmen, dass es sich hier um keinen originären Text, sondern um den Ersatz eines verloren gegangenen Werkes handelt. Interessant ist das fünfte Kapitel, das die Beziehungen zwischen Lehrer und Schüler aufzeigt. Ansonsten spielen Beichte und Bußübungen auch hier, besonders im sechsten Kapitel, eine große Rolle. Philosophiegeschichtlich bemerkenswert ist das Vorkommen des Wortes *aṇegaṁta*. Auch für die Kenntnis der jinistischen Ethik hat das Werk einige Bedeutung. Inhaltsangabe bei Schubring 1962:113. Ausgabe und Studien s.v. im Verzeichnis der Primärliteratur.

*1883* **mahāduma** m <mahādruma> „großer Baum", Name einer Himmelswelt im achten Devaloka; die dort residierenden Götter atmen nur einmal in neun Monaten und speisen nur einmal in 18000 Jahren. Sama

*1884* **mahādumaseṇa** m <mahādrumasena> Name eines von Mahāvīra geweihten Sohnes des Königs Śreṇika; er lebte 16 Jahre lang als Bettelasket und wurde nach dem Fasten auf dem Berg Vipula in einer Himmelswelt wiedergeboren. Nach der nächsten Existenz wird er vollständige Erlösung erlangen. Aṇu

*1885* **mahāpauma** m <mahāpadma> **(1)** Name eines Enkels des Königs Śreṇika; **(2)** Name des neunten cakkavaṭṭi; seine Lebensgeschichte wird ausführlich beschrieben bei v. Glasenapp 1984:284-286; **(3)** Name einer Himmelswelt im siebenten Devaloka. Sama; **(4)** Name der nächsten Inkarnation des Gośāla. Bhaga

*1886* **mahāpaccakhāṇa** n <mahāpratyākhyāna> *Lit* Bezeichnung des dritten ↑Paiṇṇa. In 143 Versen werden Glauben und Weltentsagung erörtert. Ausgabe s.v. im Verzeichnis der Primärliteratur.

*1887* **mahāpajjavasāṇa** n <mahāparyavasāna> die vollständige Aufhebung und Beseitigung des *kamma*. Bhaga, Vava

*1888* **mahāpariṇṇā** f <mahāparijñā> *Lit* Name des siebenten Kapitels des Āyāraṁgasutta, das jedoch verloren gegangen ist.

*1889* **mahāpāṇa** n <mahāprāṇa> Name einer Götterstätte im fünften Devaloka. Utta

*1890* **mahāpāyāla** m <mahāpātāla> *Myth* im Salzmeer befindliche große Höllenschüssel. Sama

*1891* **mahāpurisa** m <mahāpuruṣa> Name eines der Kiṁpuruṣa-Götter. Ṭhā, Bhaga, Paṇṇa

*1892* **mahābala** m <mahābala> **(1)** Name des 23. künftigen Tīrthaṁkara in Airavata. Sama; **(2)** Name eines Bharata-Königs. Ṭhā; **(3)** Name des Mallinātha in einer früheren Existenz. Nāyā

*1893* **mahābāhu** m <mahābāhu> Name des vierten künftigen Vāsudeva in

Bhārata. Sama

*1894* **mahābhīma** m <mahābhīma> (**1**) Name des Beherrschers der Dämonen in der nördlichen Region. Ṭhā, Bhaga, Paṇṇa; (**2**) Name des achten künftigen Prativāsudeva in Bhārata. Sama

*1895* **mahāmaruyā** f <mahāmarutā> Name einer von Mahāvīra geweihten Gattin des Königs Śreṇika. Sie lebte 20 Jahre lang als Wandernonne und fand nach dem Fastentod vollständige Erlösung. Aṁta

*1896* **mahārorua** m <mahāroruka> Name einer Stätte in der siebenten Hölle. Ṭhā, Jīvā, Paṇṇa

*1897* **mahālohitakkha** m <mahālohitākṣa> Name des Kommandanten eines Büffelheeres. Ṭhā

*1898* **mahāvīra** m <mahāvīra> der letzte (24.) Tīrthaṁkara in der gegenwärtigen Weltperiode. Er reformierte die von Pārśva überkommene Lehre. In buddhistischen Texten heißt er Nigaṇṭha Nātaputta = Nirgrantha Jñātṛputra. Geboren wurde er in einer Vorstadt von Vaiśālī in Bihar als zweiter Sohn des Siddhārtha und der Triśālā. Nach der Tradition der Śvetāmbaras heiratete er und hatte eine Tochter. Nach dem Tode seiner Eltern erlaubte ihm sein älterer Bruder, Wandermönch zu werden. Im Alter von 30 Jahren zog er als solcher hinaus. Im zweiten Jahr seiner Wanderschaft warf er alle Kleidung ab. Im Alter von 42 Jahren erlangte er die vollkommene Erkenntnis (kevalaṇāṇa). Er erreichte ein Alter von 72 Jahren und starb in Pāvā bei Rājagṛha. Nach dem Sāmagamāsutta des Majjhimanikāya muss Buddha ihn überlebt haben. Entsprechend seiner Bedeutung für die Jaina-Lehre erscheint seine Person im Kanon passim; so Sūya, Bhaga, Nāyā, Uvā, Kappa, Utta, Aṇuoga. Im Verzeichnis der Sekundärliteratur finden sich weiterführende Hinweise, so einen kurzgefassten, aber inhaltsreichen Lebenslauf bei Bhattacharyya 1999:62-64. Ausführlich wird die Biographie des m. einschließlich legendärer Ausschmückungen behandelt bei v. Glasenapp 1984:23-29, 296-301. Eine besonders detaillierte Lebensbeschreibung und Charakteranalyse findet man bei Schubring 1962:31-43. Im Verzeichnis der Primärliteratur sei sub Uttarajjhayaṇa auf die Studie von Morgenroth 1979:79-80 verwiesen.

*1899* **mahāsayaga** m, mahāsayaya m <mahāśataka> Name des achten (von zehn) berühmten Laienanhängers des Mahāvīra. Uvā

*1900* **mahāsayaya** m ↑ **mahāsayaga**

*1901* **mahāsīha** m <mahāsiṁha> „großer Löwe“, Name des Vaters des sechsten Baladeva.

*1902* **mahāsīhaseṇa** m <mahāsiṁhasena> Name eines von Mahāvīra geweihten Sohnes des Königs Śreṇika; er führte 16 Jahre lang das Leben eines Bettelasketen, fastete einen Monat lang auf dem Berg Vipula, wurde in einer Himmelswelt wiedergeboren und wird nach der nächsten Existenz vollständige Erlösung finden. Aṇu

*1903* **mahāsukka** m <mahāśukra> Name des siebenten Devaloka. Ṭhā, Bhaga, Nāyā, Uva, Jīvā, Nira, Aṇuoga

*1904* **mahāsea** m <mahāśveta> Name eines Beherrschers der Vyaṁtara-Götter im Norden. Ṭhā

*1905* **mahāseṇa** m <mahāsena> (**1**) Name eines von Mahāvīra geweihten Sohnes des Königs Śreṇika; er lebte 16 Jahre lang als Bettelmönch, fastete einen Monat lang auf dem Berg Vipula, wurde in einer Himmelswelt wiedergeboren und wird nach der nächsten Existenz vollkommene Erlösung finden. Aṇu; (**2**) Name des künftigen 15. Tīrthaṁkara in Airavata. Sama

*1906* **mahāseṇakaṇhā** f <mahāsenakṛṣṇā> Name einer Gattin des Königs Śreṇika; sie wurde zur Nonne geweiht, lebte als solche 17 Jahre und erlangte vollkommene Erlösung. Aṁta

*1907* **mahāsodāma** m <mahāsaudāman> Name eines Kavallerieanführers. Ṭhā

*1908* **mahāhari** m <mahāhari> Name des Vaters des zehnten Cakravartin.

*1909* **mahiṁda** m <mahendra> Name einer Götterwelt im sechsten Devaloka. Sama

*1910* **mahesi** m <maharṣi> eigentlich: großer Ṛṣi, großer Weiser, großer Seher; im Jinismus ein Tīrthaṁkara. Āyā, Sūya, Paṇhā, Utta, Dasa

*1911* **mahoraga** m <mahoraga> *Myth* (**1**) Name einer Schlange von variabler Größe. Sūya, Jīvā; (**2**) Name einer Gruppe der Vāṇavyaṁtara-Götter. Bhaga, Nāyā, Paṇhā, Jīvā, Utta, Aṇuoga

*1912* **māgaṁdiya** m <mākandika> Name eines Weisen

*1913* **māghavaī** f <māghavatī> Name der siebenten Hölle. Ṭhā

*1914* **māḍhara** m <māṭhara> Name des Führers eines Streitwagenheeres. Ṭhā

*1915* **māṇa** m <māna> Hochmut, Stolz, einer der ↑*kasāya*, der die Seele am rechten Wandel hindert und sie auf dem Weg zur Erlösung hemmt.

*1916* **māṇava** m <mānava> eigentlich: Mensch; im Jinismus: Seele. Bhaga

*1917* **māṇavaga** m <mānavaka> einer der neun Schätze eines Cakravartin; er besteht u.a. aus Gold, Silber und Edelsteinen. Ṭhā, Jaṁbu

*1918* **māṇavattiya** m <mānapratyayika> durch Hochmut auf Herkunft und Stand entstandenes negatives *kamma*. Sūya

*1919* **māṇibhadda** m <māṇibhadra> (**1**) Name eines Beherrschers der Meere. Bhaga, Jīvā, Nira; (**2**) Name eines Beherrschers der Vyaṁtara-Götter der Yakṣa-Gruppe im Norden. Ṭhā, Bhaga, Paṇṇa

*1920* **māyāvattia** m <māyāpratyayika> (eigentlich Adj „in betrügerischer Absicht handelnd"), als Substantiv Name eines *kamma*, das durch Betrugshandlungen entsteht und das elfte Stadium des *kamma*-Erwerbs darstellt. Sūya

*1921* **māra** m <māra> eigentlich: Tod, Todesgott. Im Jinismus jedoch (**1**) Liebesgott. Paṇhā; (**2**) Weltgetriebe. Āyā; (**3**) Name einer Stätte in der vierten Hölle. Ṭhā

*1922* **māraṇaṁtiasamugghāya** m <māraṇāntikasamudghāta> Entweichen der Seelenatome aus dem Körper zur Todeszeit. Ṭhā, Bhaga, Jīvā

*1923* **mālohaḍa** Adj PP <mālāvahṛta> aus einem oberen Stockwerk hinuntergebracht (nämlich ein Almosen, was als fehlerhaft und unzulässig gilt). Āyā, Nisī, Dasa, Piṁḍa

*1924* **māsakappa** m <māsakalpa> auf einen Monat beschränkter Aufenthalt eines Wandermönchs in einem Dorf; eine Ausnahme war nur in der Regenzeit gestattet. Damit sollten enge persönliche Beziehungen zwischen Mönchen und Laien verhindert werden. Oha

*1925* **māsakkhamaṇa** n <māsakṣamaṇa> einmonatiges Fasten. Bhaga, Nāyā

*1926* **māsiyā** f <māsikī> (**1**) ein Fastengelübde eines Asketen (das erste von 12). Bhaga, Uva; (**2**) einmonatiges vollständiges Fasten. Bhaga, Nāyā

*1927* **māhaṇa** m <brāhmaṇa> eigentlich: (**1**) Heiliger, Weiser; (**2**) Brahmane; im Jinismus (**1**) Laienanhänger. Bhaga; (**2**) *Lit* Name des fünften Kapitels des Vivāgasuya.

*1928* **māhiṁda** m <māhendra> (**1**) Name des vierten Devaloka und seines Beherrschers. Ṭhā, Bhaga, Uva, Jīvā, Aṇuoga; (**2**) Name einer Stätte im fünften Devaloka.

*1929* **migāvatī** f <mṛgāvatī> Name der Gattin des Königs von Kauśāmbī. Bhaga

*1930* **micchatta** n <mithyātva> Irrglaube; ein *kamma*, das bewirkt, dass der ↑jīva nicht an die von Mahāvīra verkündete Lehre glaubt, sondern sich falschen Lehren anschließt. S. im Verzeichnis der Sekundärliteratur Nyayavijayaji 1998:154-155; hier sind die einzelnen Varianten des m. beschrieben. Vgl. auch v. Glasenapp 1984:180.

*1931* **micchattamohaṇijja** n <mithyātvamohanīya> Art des *kamma*, die Verblendung und damit einen Irrglauben erzeugt. Utta

*1932* **micchadiṭṭhi** Adj, micchādiṭṭhi Adj <mithyādṛṣṭi> einer Irrlehre folgend. Bhaga, Rāya, Aṇuoga

*1933* **micchādiṭṭhi** Adj ↑ **micchadiṭṭhi**

*1934* **mitta** m <mitra> (**1**) Name der über das Sternbild Viśākhā herrschenden Gottheit. Ṭhā; (**2**) Name der über das Sternbild Anurādhā herrschenden Gottheit. Sūra, Aṇuoga

*1935* **mittagā** f <mitragā> Name der Gattin des Lokapāla Soma. Ṭhā

*1936* **mittaṇaṁdi** m <mitranandin> Name eines Königs

*1937* **mittadosavattiya** Adj <mitradoṣapratyayika> durch schlechte Behandlung eines Freundes, nämlich durch harte Vergeltung eines nur geringfügigen Fehlers, ein ungünstiges *kamma* erwerbend (= 10. Stufe des *kamma*-Erwerbs). Sūya

*1938* **mittavāhaṇa** m <mitravāhana> Name des ersten künftigen Patriarchen (kulakara). Ṭhā

*1939* **miyā** f <mṛgā> (**1**) Name der Gattin des Königs Vijaya. Vivā; (**2**) Name der Gattin des Königs Balabhadra. Utta

*1940* **miyāputta** m <mṛgāputra> (**1**) Name eines Prinzen; er war ein Sohn des Balabhadra und wurde ein eifriges Ordensmitglied. Utta; (**2**) *Lit* Titel des ersten Kapitels des Vivāgasuya. Ṭhā

*1941* **miyāvaī** f <mṛgāvatī> Name der Mutter des ersten Vāsudeva. Vivā

*1942* **misāvāyaviramaṇa** n <mṛṣāvādaviramaṇa> sich der Lüge Enthalten, von Falschheit Abstandnehmen.

*1943* **muṭṭhiya** m <muṣṭika> *Myth* Name eines von Baladeva getöteten Ringkämpfers. Paṇhā

*1944* **muṇisuvvaa** m <munisuvrata> (**1**) Name des zwanzigsten Tīrthaṁkara. Sein Wahrzeichen ist eine Schildkröte; sein yakkha ist Varuṇa, seine yakkhiṇī ist Naradattā bei den Śvetāmbaras bzw. Bahurūviṇī bei den Digambaras. Er war ein Sohn des Königs Sumitta. Ṭhā, Bhaga, Nāyā, Kappa, Aṇuoga; (**2**) Name des elften künftigen Tīrthaṁkara.

*1945* **muhapottiyā** f, muhapottī f <mukhapotikā> Mundschutz; vor den Mund gebundenes Tuch, um keine Lebewesen einzuatmen. Näheres dazu bei Schubring 1962:260. Bhaga, Nāyā, Paṇhā, Nisī, Oha

*1946* **muhapottī** f ↑ **muhapottiyā**

*1947* **mūla** n <mūla> eigentlich: Wurzel, Basis, Ausgangspunkt. Im Jinismus: auf Grund von Verstößen gegen die Ordensdisziplin verhängte Annullierung der gesamten „Dienstzeit" eines Mönchs.

*1948* **mūlaṇaya** m <mūlanaya> in der Philosophie eine der sieben Grundpositionen. Ṭhā

*1949* **mūladattā** f <mūladattā> Name einer Gattin des Kṛṣṇa-Sohnes Sāmba; sie wurde von Neminātha geweiht, lebte 20 Jahre lang als Bettelnonne und gelangte durch Sterbefasten zur Erlösung. Aṁta

*1950* **mūlapaiḍi** f, mūlapagai f, mūlapayaḍi f <mūlaprakṛti> Grundform des *kamma*, unter anderen die acht Erkenntnis verhindernden *kamma*-Arten. KG

*1951* **mūlapagai** f ↑ **mūlapaiḍi**

*1952* **mūlapayaḍi** f ↑ **mūlapaiḍi**

*1953* **mūlasirī** f <mūlaśrī> Name einer Gattin des Kṛṣṇa-Sohnes Sāmba; sie wurde von Neminātha geweiht, lebte zwanzig Jahre als Bettelnonne und gelangte durch Sterbefasten zur Erlösung. Aṁta

*1954* **mūlasutta** n <mūlasūtra> Bezeichnung der fünften Textgruppe des Jaina-Kanons. Hierzu zählen die vier folgenden Werke: Uttarajjhayaṇa, Āvassaya, Dasaveyāliya, Piṁḍanijjutti. Übersichten und Inhaltsangaben der dazu zählenden Werke bei Schubring 1962:115-121. Kontrovers ist die

Interpretation des Begriffs *mūla*, denn die Texte sind zwar wichtig, aber für das Verständnis des Jinismus nicht von fundamentaler Bedeutung. Nach Winternitz bedeutet m. einen Grundtext im Unterschied zu den Kommentaren. Schubring hält *mūla* für die Einführung in das geistliche Leben, A. M. Ghatage dagegen für eine solche ins Selbststudium. Wieder andere Forscher sehen in *mūla* eine Bußart.

*1955* **meajja** m <metārya> Name des zehnten Mönchsscharenleiters des Mahāvīra. Sama

*1956* **meghaṁkarā** f <meghaṅkarā> Name der Göttin einer Himmelsgegend, der ersten von acht Diśākumārīs. Jaṁbu

*1957* **meghamāliṇī** f <meghamālinī> Name der Göttin einer Himmelsgegend, der vierten von acht Diśākumārīs. Jaṁbu

*1958* **meghamuṇi** m <meghamuni> Name eines von Mahāvīra geweihten Sohnes des Königs Śreṇika. Nāyā

*1959* **meghavaī** f <meghavatī> Name der Göttin einer Himmelsgegend, der zweiten von acht Diśākumārīs. Jaṁbu

*1960* **meraga** m <meraka> Name des dritten paḍivāsudeva. Paüma

*1961* **merā** f <merā> Name der Mutter des zehnten Cakravartin.

*1962* **meru** m <meru> *Myth* Name eines Berges, den man sich als das Zentrum von ↑jaṁbuddīva vorstellte.

*1963* **meha** m <megha> eigentlich: Wolke, **(1)** Name des Vaters des Sumatinātha; **(2)** Name eines von Mahāvīra geweihten Sohnes des Königs Śreṇika. Nāyā; **(3)** *Lit* Name des 14. Kapitels im sechsten Teil der Aṁtagaḍadasāo.

*1964* **mehakumāra** m <meghakumāra> Name eines Sohnes des Königs Śreṇika. Nāyā

*1965* **mehamuha** m <meghamukha> **(1)** Name eines Nāgakumāra-Gottes. Jaṁbu; **(2)** *Myth* Name einer Zwischeninsel. Ṭhā

*1966* **mehila** m <medhila oder maithila> Name eines Weisen, der ein Zeitgenosse des Pārśva war. Bhaga

*1967* **mehuṇaviramaṇa** n <maithunaviramaṇa> Verzicht auf Geschlechtsverkehr, sexuelle Enthaltsamkeit.

*1968* **mokkha** m <mokṣa> vollständige Erlösung durch restlose Vernichtung des *kamma*.

*1969* **moggarapāṇi** m <mudgarapāṇi> Name eines Dämons („der einen Hammer (oder eine Keule) in der Hand hält"). Aṁta

*1970* **moriyaputta** m <mauryaputra> Name des siebenten Mönchsscharenleiters des Mahāvīra. Kappa

*1971* **mosalī** f <mauśalī> ein Fehler beim Tragen eines Gewandes, der gegen ↑*paḍilehaṇa* verstößt: (kokettes) Hochwerfen des Kleidersaums. Ṭhā, Oha

*1972* **moha** m <moha> eigentlich: Verblendung, Betäubung, Irrtum. Im Jinismus Name des vierten (von acht) *kammas*: es stürzt die Seele in Anhaften, Hass, Leidenschaft, Geschlechtsgenuss und Falschheit. Āyā, Bhaga, Nāyā, Uvā, Utta

1973 **mohaṇijja** n <mohanīya> durch Verblendung entstandenes *kamma*; ↑moha. Es beeinträchtigt die Fähigkeit, zwischen Richtigem und Falschem zu unterscheiden. Ṭhā, Bhaga, Paṇṇa, Utta, Aṇuoga

**Y** siehe unter **J**

## R

1974 **raippabhā** f <ratiprabhā>, raippiyā f <ratipriyā> Name der vierten Hauptgattin des Fürsten der Kiṁnaras. Ṭhā, Bhaga

1975 **raippiyā** f ↑ **raippabhā**

1976 **raṁbhā** f <rambhā> Name der dritten Hauptgattin des Indra Vairocana. Bhaga

1977 **rakkhī** f <rakṣī> Name der Meisterschülerin des Aranātha. Sama

1978 **rattakaṁbalā** f <raktakambalā> Weihestätte für Tīrthaṁkaras auf dem Berg Meru. Thā

1979 **rattapāla** m <raktapāla> Name eines Dämons. Vivā

1980 **rattasubhaddā** f <raktasubhadrā> Name einer Schwester des Kṛṣṇa; sie war Gattin des Arjuna. Paṇhā

1981 **ramaṇijja** m <ramaṇīya> („lieblich, entzückend") Name einer Götterstätte im fünften Devaloka. Sama

1982 **rammaga** m, rammaya m <ramyaka> Name einer Götterstätte im fünften Devaloka. Jaṁbu

1983 **rammaya** m ↑ **rammaga**

1984 **rayaṇa** n <ratna> *Myth* Name einer Insel. Paṇṇa

1985 **rayaṇataya** n <ratnatraya> die „drei Juwelen": rechter Glaube, rechtes Wissen, rechter Wandel.

1986 **rayaṇaddīva** m <ratnadvīpa> *Myth* Juweleninsel. Nāyā

1987 **rayaṇappahā** f <ratnaprabhā> **(1)** Name der ersten, obersten Hölle; neben Höllenwesen wohnen hier auch Götter: Bhavaṇavāsi und Vāṇamantara. Nähere Beschreibung bei Schubring 1962:215. Ṭhā, Bhaga, Nāyā, Uva, Naṁdī, Aṇuoga; **(2)** Name der vierten Hauptgattin des Bhīma. Ṭhā, Bhaga

1988 **rayaṇāvalī** f <ratnāvalī> eigentlich: Perlenschnur. Im Jinismus eine Bußübung, die sich über fünf Jahre, zwei Monate und 28 Tage erstreckt. Sie ist in vier Abschnitten zu vollziehen. Aṁta

1989 **rayattāṇa** n <rajastrāṇa> Atemschutz, Staubschutz zur Verhinderung der Einatmung von Lebewesen. Bhaga, Rāya, Jīvā, Sūra, Kappa, Oha

1990 **rasaṇiṁdiya** n <rasanendriya> Geschmackssinn

*1991* **rasapariccāya** m <rasaparityāga> Verzicht auf schmackhafte Speisen und Getränke. Ṭhā, Bhaga, Uva, Utta

*1992* **rahaṇemijja** n <rathanemīya> *Lit* Name eines Kapitels aus dem Uttarajjhayaṇasutta

*1993* **rāi** f <rātri> „Nacht", Name der zweiten Hauptgattin des Lokapāla Soma. Ṭhā, Bhaga

*1994* **rāibhoyaṇaviramaṇa** n <rātribhojanaviramaṇa> Verzicht auf ein Nachtmahl. Dasa

*1995* **rāimaī** f, rāīmaī f <rājīmatī> Name einer Tochter des Königs Ugrasena und Gattin des Neminātha. Nachdem dieser zum Mönch geweiht wurde, trat auch sie dem Orden bei. Dasa

*1996* **rāīmaī** f ↑ **rāimaī**

*1997* **rāma** m <rāma> (**1**) Name des Bruders des Kṛṣṇa. Nāyā, Paṇhā, Paṇṇa, Utta; (**2**) = Paraśurāma, Sohn des Jamadagni, der nach dem Tod in die siebente Hölle geriet; (**3**) Name des achten Baladeva; über sein Leben berichtet eingehend v. Glasenapp 1984:286-287; (**4**) Name des neunten Baladeva; über sein Leben berichtet eingehend v. Glasenapp 1984:288-289; (**5**) aus dem Kriegerstand stammender Wandermönch

*1998* **rāmakaṇhā** f <rāmakṛṣṇā> Name einer Gattin des Königs Śreṇika; sie wurde von Mahāvīra geweiht, lebte viele Jahre als Wandernonne und erlangte nach dem Sterbefasten vollständige Erlösung. Aṁta

*1999* **rāmagutta** m <rāmagupta> Name eines königlichen Weisen. Sūya

*2000* **rāmaputta** m <rāmaputra> Name eines Weisen; er war Sohn eines Kaufmanns, wurde zum Mönch geweiht und nach langer Wanderschaft und einem Monat des Fastens in einer Himmelswelt wiedergeboren. Nach der nächsten Existenz wird er die vollständige Erlösung erlangen. Aṇuoga

*2001* **rāmarakkhiyā** f <rāmarakṣitā> Name der vierten Hauptgattin eines Götterfürsten. Ṭhā, Bhaga

*2002* **rāmā** f <rāmā> (**1**) Name der Mutter des neunten Tīrthaṁkara; (**2**) Name der dritten Hauptgattin eines Götterfürsten. Bhaga

*2003* **rāyagiha** n <rājagṛha> Name der Hauptstadt von Magadha; im Bhaga der am häufigsten erwähnte Ort. Vgl. Schubring 1962:37, Anm., mit dem dort gegebenen Hinweis auf eine Studie von B. C. Law.

*2004* **rāyapaseṇaijja** n, rāyapaseṇiya n <rājapraśnīya oder rājaprasenakīya oder – am wahrscheinlichsten – rājaprasenajit> Name des zweiten ↑Uvaṁga. Das Werk enthält den philosophisch wichtigen, in eine Rahmenerzählung eingebetteten Dialog zwischen dem König ↑Paesi und dem Mönch Kesi. Der König ist zweifellos eine historische Persönlichkeit. Er war Anhänger eines spontanen, urwüchsigen Materialismus und im damaligen Indien durch allerlei Experimente bekannt. So vertrat er die Meinung, dass die Seele den Tod des Körpers nicht überlebe, dass es keine Tatenvergeltung und auch keinen Geburtenkreislauf gebe. Um dies zu beweisen, ließ er einen Dieb in einen Tontopf stecken und diesen vollständig abdichten. Der Dieb musste sterben, aber das Entweichen einer Seele konnte man nicht feststellen. In einem anderen Experiment ließ Paesi einen zum Tode verurteilten Dieb wiegen, dann erdrosseln und danach wieder wiegen. Nun zeigte sich, dass er so viel wog wie vorher. Also, schloss der König, gibt es keine Seele, denn deren Entweichen hätte das Gewicht verringern müssen. Der jinistische Bericht lässt Kesi den Paesi natürlich bekehren. – Inhaltsangabe bei Schubring 1962:97. Ausgaben und Studien s.v. im Verzeichnis der Primärliteratur. Studie über den Paesi-Kesi-Dialog von Bollée 2003 im Verzeichnis der Sekundärliteratur.

*2005* **rāyapaseṇiya** n ↑ **rāyapaseṇaijja**

*2006* **rāyamaī** f <rājamatī> Name der Tochter des Königs Ugrasena. Utta

*2007* **rāyalaliya** m <rājalalita> *Myth* Name des neunten Baladeva in einer früheren Existenz

*2008* **rāvaṇa** m <rāvaṇa> Name des achten paḍivāsudeva. Die jinistische Version der aus dem Epos Rāmāyaṇa berühmten Person findet sich bei v. Glasenapp 1984:287.

*2009* **rāhu** m <rāhu> „Greifer“, Name eines die Sonne und den Mond verschlingenden Dämons. Sūra. Die jinistischen Ansichten über ihn finden sich bei Schubring 1962:233.

*2010* **riṭṭha** m <riṣṭa> **(1)** Name einer Göttergruppe. Ṭhā, Bhaga, Nāyā; **(2)** Name des künftigen zwölften Cakravartin; **(3)** Name eines Welthüters. Ṭhā

*2011* **riṭṭhā** f <riṣṭā> Name der fünften Hölle. Ṭhā, Jīvā

*2012* **riṭṭhābha** m <riṣṭābha> Name einer Götterstätte im fünften Devaloka. Sama, Bhaga

*2013* **ruaga** m <rucaka> eigentlich: Glanz, Lichtstrahl; im Jinismus *Myth* **(1)** Name einer Insel. Jaṁbu; **(2)** Name eines Meeres. Aṇuoga

*2014* **ruagavara** m <rucakavara> *Myth* **(1)** Name einer Insel; **(2)** Name eines Ozeans und deren Gottheit.

*2015* **ruilla** n <rucira>, ruillakaṁta n <rucirakānta>, ruillakūḍa n <rucirakūṭa>, ruillappabha n <ruciraprabha>, ruillalesa n <ruciraleśya>, ruillavaṇṇa n <ruciravarṇa>, ruillasiṁga n <ruciraśṛṅga>, ruillasiṭṭha n <rucirasṛṣṭa>, ruillāvatta n <rucirāvarta> Namen von Götterstätten. Sama

*2016* **ruillāvatta** n ↑ **ruilla**

*2017* **ruillasiṭṭha** n ↑ **ruilla**

*2018* **ruillasiṁga** n ↑ **ruilla**

*2019* **ruillavaṇṇa** n ↑ **ruilla**

*2020* **ruillalesa** n ↑ **ruilla**

*2021* **ruillappabha** n ↑ **ruilla**

*2022* **ruillakūḍa** n ↑ **ruilla**

*2023* **ruillakaṁta** n ↑ **ruilla**

*2024* **rudda** m <rudra> **(1)** der Gott Śiva. Nāyā; **(2)** Name von Göttern. Āyā, Bhaga, Nāyā, Jīvā, Oha; **(3)** Name des fünften (von 15) Höllenwächtern. Bhaga

*2025* **ruppi** m <rukmin> **(1)** Name eines Königs von Kauṇḍinya. Nāyā; **(2)** Name eines Königs von Kuṇāla. Ṭhā, Nāyā

*2026* **ruppiṇī** f <rukminī> Name einer Geliebten des Kṛṣṇa, die durch Neminātha zur Erlösung geführt wurde; sie lebte 20 Jahre lang als Wandernonne und erlangte nach dem Fastentod vollständige Erlösung. Ṭhā, Nāyā, Aṁta, Paṇhā, Nira

*2027* **ruyagavara** m <rucakavara> *Myth* Name eines Ozeans und einer Insel. Jīvā

*2028* **ruyaya** m <rucaka> *Myth* **(1)** Name einer Insel und eines Ozeans. Jīvā, Paṇṇa; **(2)** Name eines Berges. Sūya

*2029* **rūādevī** f <rūpādevī> Name einer Göttin. Jaṁbu

*2030* **rūya** m <rūpa> Name eines Welthüters. Ṭhā, Bhaga

*2031* **rūyaṁsa** m <rūpāṁśa> Name eines Welthüters. Ṭhā, Bhaga

*2032* **rūyakaṁta** m <rūpakānta> Name eines Welthüters. Ṭhā

*2033* **rūyaga** m <rūpaka> Name eines Hausvaters. Nāyā

*2034* **rūyagasirī** f <rūpakaśrī> Name einer Hausfrau

*2035* **rūyagāvaī** f <rūpakāvatī> Name einer Götterfrau. Bhaga

*2036* **rūyappabha** m <rūpaprabha> Name eines Welthüters. Ṭhā, Bhaga

*2037* **rūyā** f <rūpā> Name einer Götterfrau. Bhaga

*2038* **rūvavaī** f <rūpavatī> „schöne Frau“, Name einer Diśākumārī, der Göttin einer Himmelsgegend. Ṭhā

*2039* **revaī** f <revatī> Name der Hauptgattin des Mahāsayaga, der als Laienanhänger des Mahāvīra ihren erotischen Verlockungen widerstand. Sie wurde als Höllenwesen wiedergeboren und wird 84000 Jahre lang Höllenqualen ausgesetzt sein. Uvā. – Man bedenke, dass r. eine verheiratete Frau war, die ihre ganz normalen ehelichen Rechte einforderte, doch selbst das galt dem ursprünglichen Jinismus als absolut vewerflich.

*2040* **rora** m <raura> Name einer Stätte in der vierten Hölle. Ṭhā

*2041* **rorua** m <raurava> Name einer Stätte in der siebenten Hölle. Ṭhā, Jīvā

*2042* **roha** m <roha> Name eines Weisen. Bhaga

*2043* **rohiṇī** f <rohiṇī> **(1)** Name der ersten Hauptgattin des Supuruṣa, des Beherrschers der Kiṁpuruṣas. Ṭhā, Bhaga; **(2)** Name der ersten Hauptgattin des Beherrschers des ersten Devaloka. Ṭhā; **(3)** Name der Mutter des Baladeva. Paṇhā, Utta; **(4)** Name der Gattin des Dhanarakṣita. Nāyā

*2044* **rohiya** m <rohita> *Myth* Name einer Insel. Jaṁbu

## L

*2045* **laṁtaka** m, laṁtaga m, laṁtaya m <lāntaka> Name einer Götterwelt im sechsten Devaloka. Bhaga, Jīvā, Nira, Aṇuoga

*2046* **laṁtaga** m ↑ **laṁtaka**

*2047* **laṁtaya** m ↑ **laṁtaka**

*2048* **laṁbiyaya** m <lambitaka> Waldeinsiedler, der eine besondere Bußübung betreibt, indem er sich an Äste hängt. Uva

*2049* **lakkhaṇa** m <lakṣmaṇa> Name des achten Vāsudeva. Mehr über sein Leben bei v. Glasenapp 1984:286.

*2050* **lakkhaṇā** f <lakṣmaṇā> (**1**) Name der Mutter des achten Tīrthaṁkara; (**2**) Name einer Gattin des Kṛṣṇa; sie wurde von Neminātha geweiht, lebte 20 Jahre lang als Wandernonne und erlangte nach dem Fastentod vollständige Erlösung. Ṭhā, Aṁta

*2051* **lacchī** f <lakṣmī> eigentlich (**1**) Glück, Reichtum; (**2**) Pracht, Schönheit. (**1**) die Göttin Lakṣmī. Bhaga, Nira; (**2**) Name der über einen Lotussee im Himālaya herrschenden Göttin. Ṭhā

*2052* **lacchīmaī** f <lakṣmīvatī> (**1**) Name der Mutter des sechsten Vāsudeva; (**2**) Name der Gattin des elften Cakravartin.

*2053* **lacchīvaī** f <lakṣmīvatī> Name der fünften (von acht) Diśākumārīs; sie beherrscht die südliche Himmelsgegend. Jaṁbu

*2054* **laṭṭhadaṁta** m <laṭabhadanta oder laṣṭadanta> (**1**) „Schönzahn", Name eines Sohnes des Königs Śreṇika; er lebte zwölf Jahre als Wanderasket und wurde nach einmonatigem Fasten in einer Himmelswelt wiedergeboren. Nach der nächsten Existenz wird er die vollständige Erlösung erlangen. Aṇu; (**2**) *Myth* Name einer Insel. Ṭhā

*2055* **laliyamitta** m <lalitamitra> Name des siebenten Vāsudeva in der drittletzten Existenz („geschätzter Freund").

*2056* **lava** n <lava> (**1**) Tat, *kamma*. Sūya; (**2**) Zeitspanne von 49 Atemzügen. Ṭhā, Bhaga, Nāyā, Jīvā, Aṇuoga

*2057* **lavaṇa** m <lavaṇa>, lavaṇasamudda m <lavaṇasamudra> Ozean, Salzmeer, umgibt Jambudvīpa. Ausführliche Beschreibung des l. einschließlich der dort residierenden Götter bei Schubring 1962:227-229. Bhaga, Uvā, Sūra, Aṇuoga

*2058* **lavaṇasamudda** m ↑ **lavaṇa**

*2059* **lavasattama** m <lavasattama> hoher, aber noch dem *kamma* unterworfener Gott.

*2060* **lāḍha** m <rāḍha> eine von Mahāvīra bereiste Landschaft in südwestlichen Bengalen. Āyā

*2061* **lābha** m <lābha> eigentlich: Erlangen, Erhalt, Gewinn; im Jinismus Name eines *kamma*, das den Erwerb beeinträchtigt. Bhaga, Utta, Aṇuoga

*2062* **lesā** f, lessā f <leśyā> eigentlich: (**1**) Licht, Glanz, Schönheit; (**2**) Abbild, Bild. Im Jinismus der moralische Seelentypus, deren es sechs gibt: weiß (sukka), lotusfarben/rosig (paüma oder pamha), feurig (teu oder pīya), grau (kāu), blau (nīla), schwarz (kiṇha oder kaṇha). Götter, Menschen und mit fünf Sinnen begabte Tiere können aller sechs l. teilhaftig werden. *kevalins* haben während ihres Erdenlebens die weiße l., *siddhas* haben dagegen überhaupt keine l. mehr. Die für die Jaina-Lehre so wichtigen l. sind mehrfach beschrieben worden, so von Schubring 1962:195-197; v. Glasenapp 1984:183-185; Nyayavijayaji 1998:212-216. Bhaga, Nāyā, Uvā, Paṇṇa, Utta, Piṁḍa, Aṇuoga

*2063* **lessā** f ↑ **lesā**

*2064* **lokapāla** m <lokapāla> Welthüter; ↑logapāla.

*2065* **lokabiṁdusāra** m <lokabindusāra> *Lit* Name des 14. *puvva*. Naṁdī

*2066* **logaṁtiya** m <lokāntika> Name einer Göttergruppe, die acht Wohnstätten innehat. Weitere Einzelheiten bei Schubring 1962:245-246. Āyā, Bhaga, Nāyā

*2067* **logakaṁta** n <lokakānta>, logakūḍa n <lokakūṭa> Namen von Götterstätten im sechsten Devaloka. Sama

*2068* **logakūḍa** n ↑ **logakaṁta**

*2069* **logagga** n <lokāgra> „Spitze der Welt", im Jinismus die Stätte der Erlösung. Nāyā

*2070* **logapāla** m <lokapāla> Behüter einer der vier Weltgegenden. Ihre Namen sind Soma, Jama, Varuṇa und Vesamaṇa. Weitere Details bei Schubring 1962:241. Ṭhā, Bhaga, Jaṁbu, Kappa

*2071* **logarūva** n <lokarūpa> Name einer Götterstätte im sechsten Devaloka.

*2072* **logaviṁdusāra** m <lokabindusāra> *Lit* Name des 14. *puvva*; es ist sehr verschiedenartigen Gegenständen gewidmet: der Mathematik, Ritualen, den Welten und der Erlösung. Sama

*2073* **logāgāsa** m <lokākāśa> der Weltenraum; er ist die Stätte der unbefreiten Seelen. Die befreiten Seelen leben an seiner Oberseite an der Grenze zur Nicht-Welt *alogāgāsa*. Das Weltall l. ist von gewaltiger Größe, gilt aber dennoch als fest umgrenzt. Die Seelen der Erlösten steigen empor bis zum höchsten Gipfelpunkt des Kosmos und finden ihre endgültige Stätte an der Grenze von Kosmos und Nichtwelt. Weitere Einzelheiten im Verzeichnis der Sekundärliteratur bei Bhattacharyya 1999:164-165.

*2074* **loguttara** m <lokottara> „über der Welt stehend", „über die Welt hinausführend": die Jaina-Lehre. Piṁḍa

*2075* **lobha** m <lobha> Gier, Verlangen, Habsucht, eines der größten Hindernisse auf dem Weg zur Erlösung. Ṭhā, Bhaga, Nāyā, Uva, Paṇṇa, Nisī, Utta, Dasa

*2076* **lola** m <lola> **(1)** Name einer Stätte in der ersten Hölle. Ṭhā; **(2)** Name eines *paḍilehaṇa*-Fehlers (Fehler in der Kleiderordnung); gemeint ist das Zerren an der Kleidung. Utta

*2077* **lolasiṭṭha** m <lolaśiṣṭa> Name einer Hölle

*2078* **loluya** n <lolupa> „gierig, verlangend“: Name einer Stätte in der ersten Hölle. Ṭhā

*2079* **loha** m <lobha> (↑lobha): Gier, Habsucht, einer der die Erlösung verhindernden ↑*kasāyas*. Bhaga, Utta

*2080* **lohajaṁgha** m <lohajaṅgha> Name des zweiten paḍivāsudeva in Bhārata.

*2081* **lohicca** m <lohitya> Name eines Schülers des Bhūtadinna. Naṁdī

*2082* **lohiyakkha** m <lohitākṣa> Name des Kommandeurs eines Büffelheeres. Ṭhā

## V

*2083* **vairajaṁgha** m <vajrajaṅgha> Name des dritten Paḍivāsudeva in Bharatakṣetra. Sama

*2084* **vairappabha** m <vajraprabha> Name einer Götterstätte im fünften Devaloka. Sama

*2085* **vairamajjhā** f <vajramadhyā> *bildhaft* ein Fastengelübde. Es erstreckt sich auf einen Monat, beginnt am ersten Tag der Monatshälfte mit abnehmendem Mond. An jedem Tag wird die Nahrung reduziert, bis sie am ersten Tag der Monatshälfte mit zunehmendem Mond wieder ansteigt. Ṭhā, Uva

*2086* **vairarūva** m <vajrarūpa>, vairalessa m <vajraleśya> Namen von Götterstätten im fünften Devaloka. Sama

*2087* **vairalessa** m ↑ **vairarūva**

*2088* **vairaseṇa** m <vajrasena> Name eines Weisen. Kappa

*2089* **vaṁsā** f <vaṁśā> Name der zweiten Hölle. Ṭhā, Jīvā

*2090* **vaggacūliyā** f <vargacūlikā> *Lit* Name eines Appendix (kālika), eines ↑*aṁgabāhira*-Werkes mit Legenden über die 22 Geliebten der Hetäre Kāmalayā. Naṁdī. Kurze Skizze des Inhalts bei Schubring 1962:122.

*2091* **vaggaṇā** f <vargaṇā> Aggregat materieller Partikel derselben Art. Ṭhā, Bhaga, Paṇṇa, KG

*2092* **vaggatava** n <vargatapas> eine Bußübung. Sie beruht auf $(4^3)^2 = 4096$ Fastentagen. Utta. Ausführliche Erläuterung bei H. Jacobi in den Sacred Books of the East, vol. 45, S. 175, Anm. 4.

*2093* **vaggu** m <valgu> **(1)** Name einer Landschaft in Videha und deren Königs. Ṭhā, Jaṁbu; **(2)** „zierlich, hübsch, schmuck“, *Myth* Name des Himmelswagens eines Lokapāla. Bhaga

*2094* **vagghamuha** m <vyāghramukha> „Tigerrachen“, *Myth* Name einer Zwischeninsel. Ṭhā, Paṇṇa

*2095* **vacchamittā** f <vatsamitrā> Name der sechsten (von acht) Göttinnen einer Himmelsgegend (Diśākumārī). Jaṁbu

*2096* **vajja** m <vajra> „Donnerkeil“, „Diamant“, *Myth* Waffe des Indra. Bhaga, Uvā, Paṇṇa

*2097* **vajjaṇābha** m <vajranābha> Name des ersten Mönchsscharenleiters des vierten Tīrthaṁkara (= Abhiṇaṁdaṇa).

*2098* **vajjamajjha** n <vajramadhya> ein Fastengelübde; ↑vairamajjhā

*2099* **vajjarisahaṇārāya** m <vajraṣabhanārāca> erste von sechs Körperkonstitutionen: optimal fest in sich gefügter Knochenbau, stabile Gelenke und Nerven. Uva, Jaṁbu, KG

*2100* **vajjarūva** n <vajrarūpa>, vajjalessa n <vajraleśya>, vajjavaṇṇa n <vajravarṇa>, vajjasiddha n <vajrasiddha> Namen von Götterstätten im fünften Devaloka. Sama

*2101* **vajjalessa** n ↑ **vajjarūva**

*2102* **vajjavaṇṇa** n ↑ **vajjarūva**

*2103* **vajjasiddha** n ↑ **vajjarūva**

*2104* **vaḍiṁsā** f <avataṁsā> *Myth* Name der ersten Hauptgattin des Kiṁnara-Herrschers. Ṭhā, Bhaga

*2105* **vaṇacāri** m <vanacārin> Name einer Göttergruppe. Utta

*2106* **vaṇṇaṇāma** n <varṇanāman> Bezeichnung eines *kamma*, das die Seele farbig beeinflusst und gestaltet. Sama

*2107* **vaṇhi**[1] m <vṛṣṇi> Name von Königen und Weisen aus der Yādava-Sippe. Nāyā

*2108* **vaṇhi**[2] m <vahni> Name einer Göttergruppe. Bhaga, Nāyā

*2109* **vaṇhidasāo** m Pl <vṛṣṇidaśāḥ> Name eines Literaturwerkes (kālika). Naṁdī. Es wird auch als zwölftes ↑Uvaṁga gerechnet. Beschrieben wird hier die Bekehrung der zwölf Königssöhne aus der Vṛṣṇi-Dynastie durch Ariṭṭhaṇemi. Die erste dieser Legenden befasst sich mit Kaṇha (Kṛṣṇa) Vāsudeva. Kurze Inhaltsangabe bei Schubring 1962:107.

*2110* **vatthu** n <vastu> *Lit* Teil eines ↑*puvva*. Naṁdī, Aṇuoga

*2111* **vaddhamāṇa** m <vardhamāna> „wachsend“, ursprünglicher Name des Mahāvīra (des 24. Tīrthaṁkara), den ihm seine Eltern gaben. Bhaga, Kappa, Utta, Aṇuoga

*2112* **vappā** f <vaprā> **(1)** Name der Mutter des 21. Tīrthaṁkara (= Neminātha); **(2)** Name der Mutter des elften Cakravartin.

*2113* **vayaṇadaṁḍa** m <vacanadaṇḍa> ordinäre Sprache, ungehörige Ausdrucksweise.

*2114* **varadatta** m <varadatta> **(1)** Name des ersten Mönchsscharenleiters des Neminātha. Nira; **(2)** Name eines Bewohners von Rājagṛha; er wurde von Mahāvīra geweiht, zog zwölf Jahre lang als Bettelasket umher und fand nach dem Fastentod auf dem Berg Vipula vollkommene Erlösung. Aṁta; **(3)** Name eines Prinzen. Vivā

*2115* **varasiṭṭha** n <varaśiṣṭa> *Myth* Name einer Stätte des Yama. Bhaga

*2116* **varāha** m <varāha> „Eber“, Name des ersten Mönchsscharenleiters des neunten Tīrthaṁkara (= Suvidhi).

*2117* **varuṇa** m <varuṇa> (**1**) der Gott Varuṇa. Ṭhā, Aṇuoga; (**2**) *Myth* Name eines Ozeans und eines Kontinents. Jīvā, Aṇuoga; (**3**) Name eines Lokapāla. Ṭhā, Bhaga, Nira.

*2118* **varuṇappabha** m <varuṇaprabha> Name einer Inselgottheit. Jīvā

*2119* **varuṇavara** m <varuṇavara> *Myth* Name einer Insel. Sūra

*2120* **varuṇoda** m <varuṇoda> *Myth* Name eines Ozeans. Sūra

*2121* **valayāmuha** m <vaḍavāmukha> *Myth* im Osten des Salzmeeres befindliches Gefäß. Jīvā

*2122* **vavahāra** m <vyavahāra> eigentlich: (**1**) Treiben, Wandel, Umgang, Verkehr; (**2**) Geschäft, Handel; (**3**) in der Religion: Regel, Vorschrift. Im Jinismus Name des dritten Cheyasutta. Nisī, Naṁdī. Das Werk macht den Eindruck eines Supplements vom fünften Cheyasutta. Die zehn Kapitel enthalten Festlegungen für das Verfahren (vavahāra) von Bußen für Übertretungen von Ordensregeln. Ausgaben und Übersetzungen s.v. im Verzeichnis der Primärliteratur. Kurze Skizzierung des Inhalts bei Schubring 1962:111-112.

*2123* **vavahāraṇaya** m <vyavahāranaya> in der jinistischen Philosophie ein Standpunkt, der nur die spezifischen, nicht auch die allgemeinen Eigenschaften eines Gegenstandes in Betrachtung zieht.

*2124* **vasahavāhaṇa** m <vṛṣabhavāhana> Name des Welthüters des zweiten Devaloka; sein Insignium ist ein Ochse. Bhaga, Jaṁbu

*2125* **vasiṭṭha** m <vasiṣṭha> (**1**) Name eines Mönchsscharenleiters des Pārśva. Ṭhā, Kappa; (**2**) Name des Beherrschers einer Gruppe der Bhavanapati-Götter. Ṭhā, Sama, Bhaga

*2126* **vasu** m <vasu> (**1**) Name einer Gottheit. Ṭhā, Aṇuoga; (**2**) Name eines Königs, der wegen seiner Lügenhaftigkeit zu Tode und danach in die siebente Hölle kam. Jīvā

*2127* **vasuṁdharā** f <vasuṁdharā> eigentlich: Erde, Erdboden, Land. (**1**) Name der Gattin des neunten Cakravartin; (**2**) Name der vierten Hauptgattin des Lokapāla Soma. Ṭhā, Bhaga; (**3**) Name einer Diśākumārī. Jaṁbu

*2128* **vasudeva** m <vasudeva> Name von insgesamt neun (Halb-)Göttern; unter ihnen ist der Vater des Kṛṣṇa. Paṇhā, Utta, Oha

*2129* **vasumaī** f <vasumatī> (**1**) Name der zweiten Hauptgattin des Bhīma. Ṭhā; (**2**) Name einer Göttin.

*2130* **vasumittā** f <vasumitrā> „Erdenfreundin“, Name von Götterfrauen. Ṭhā, Bhaga

*2131* **vāukumāra** m <vāyukumāra> Name der neunten Gruppe der Bhavanapati-Götter. Paṇṇa

*2132* **vāubhūi** m <vāyubhūti> Name des dritten Mönchsscharenleiters des Mahāvīra. Bhaga, Kappa

*2133* **vāghāima** n <vyāghātima> Fasten zur Vermeidung des Todes durch einen Löwen oder durch Feuer. Uva

*2134* **vāṇavaṁtara** m <vānavyantara> Name einer Göttergruppe, die die Mittelwelt, aber auch die oberste Hölle (rayaṇappabhā) der Unterwelt bewohnt. Beschreibung der hierzu zählenden einzelnen Götter bei Schubring 1962:215-216.

*2135* **vātakhaṁdha** m <vātaskandha> Verbund von Luftmolekülen. Ṭhā

*2136* **vāmā** f <vāmā> Name der Mutter des 23. Tīrthaṁkara (= Pārśva). Kappa

*2137* **vāyakaṁta** m <vāyakānta> Name von Götterstätten im dritten und vierten Devaloka. Sama

*2138* **vāyaga** m <vācaka> Bezeichnung eines Weisen, der die kanonischen Schriften versteht. Aṇuoga

*2139* **vāra** m <vāra> Name der vierten Hölle. Ṭhā

*2140* **vāratta** m <vāratta> Name eines zur Erlösung gelangten Weisen. Aṁta

*2141* **vārāha** m <vārāha> **(1)** Name des ersten Mönchsscharenleiters des neunten Tīrthaṁkara (= Suvidhi). Uvā; **(2)** Name des sechsten Baladeva in seiner drittletzten Existenz.

*2142* **vāriseṇa** m <vāriṣeṇa> **(1)** Name eines von Ariṭṭhaṇemi geweihten Weisen, der zur vollständigen Erlösung gelangte. Aṁta; **(2)** Name eines Sohnes des Königs Śreṇika; er wurde zum Mönch geweiht, lebte als solcher 16 Jahre, fastete einen Monat lang auf dem Berg Vipula, wurde in einer Himmelswelt wiedergeboren und wird nach der nächsten Existenz in Videha vollkommene Erlösung finden. Aṇu

*2143* **vāriseṇā** f <vāriṣeṇā> Name der siebenten (von acht) Göttin einer Himmelsgegend (Diśākumārī). Jaṁbu

*2144* **vāruṇī** f <vāruṇī> **(1)** Name der bedeutendsten Schülerin des neunten Tīrthaṁkara (= Suvidhi); **(2)** Name der vierten (von acht) Göttin einer Himmelsgegend (Diśākumārī). Jaṁbu

*2145* **vāluya** m <vāluka> „Sand", Name einer (von 15) Gruppen von Höllenwächtern; sie lassen die Hölleninsassen trocken wie Sand werden. Sama

*2146* **vāsava** m <vāsava> **(1)** *bildhaft* Götterherr, Indra; **(2)** Name eines Prinzen. Vivā

*2147* **vāsavadatta** m <vāsavadatta> Name eines Königs von Vijayapura. Vivā

*2148* **vāsahara** m <varṣadhara> **(1)** *Myth* Name eines Meeres und einer Insel. Jīvā, Paṇṇa; **(2)** Bergkette, die die Grenze eines Landes bildet. Ṭhā, Uvā, Jaṁbu, Aṇuoga

*2149* **vāsudeva** m <vāsudeva> in der jinistischen Hagiographie gelb gekleideter Halbbruder des baladeva, gehört zu den 63 ↑salāgāpurisa, tritt insgesamt neunmal in einer Weltperiode auf. Zu seinen Eigenschaften äußern sich v. Glasenapp 1984:258-259 und Schubring 1962:20.

*2150* **vāsupujja** m <vāsupūjya> Name des zwölften Tīrthaṁkara; er war so weiß wie eine Lotusblüte. Zur Erlösung gelangte er – anders als die meisten sonstigen Tīrthaṁkaras – von Campā aus. Einzelheiten aus seinem (mythischen) Leben bei v. Glasenapp 1984:276. Ṭhā, Bhaga, Kappa, Aṇuoga

*2151* **viatta** m <vyakta> Name des Leiters der vierten Mönchsschar des Mahāvīra. Sama

*2152* **viāvatta** m <vyāvarta> **(1)** Name einer Götterstätte. Sama; **(2)** *Lit* Bezeichnung des 15. Kapitels aus dem zweiten Teil des Diṭṭhivāya. Naṁdī

*2153* **viussagga** m, viosagga m <vyutsarga> Meditation in Bewegungslosigkeit. Ṭhā, Bhaga, Uva, Utta

*2154* **viosagga** m ↑ **viussagga**

*2155* **vikkhevaṇī** f <vikṣepaṇī> Erzählung, in der verschiedene religiöse Ansichten vorgestellt werden (eine von vier Erzählarten). Ṭhā, Uva

*2156* **vigaliṁdiya** Adj <vikalendriya> ist eine Bezeichnung für diejenigen Lebewesen, die weniger als fünf Sinne haben.

*2157* **viggahakāla** m <vigrahakāla> die Zeit zwischen dem Tod und der Wiedergeburt; sie dauert nach Ansicht der Jainas zumeist nur wenige Minuten.

*2158* **viggahagai** f <vigrahagati> Übergang der Seele von der einen in die andere Existenz und zwar nicht auf direktem, sondern auf „gekrümmtem" Weg. Ṭhā, Bhaga

*2159* **vicitta** m <vicitra> Name eines Welthüters. Ṭhā

*2160* **vicittapakkha** m <vicitrapakṣa> Name eines Welthüters. Ṭhā, Bhaga

*2161* **vijaya** m <vijaya> **(1)** Name eines Tīrthaṁkara; **(2)** Name des Vaters des Neminātha; **(3)** Name des Vaters des dritten Cakravartin; **(4)** Name des zweiten Baladeva; **(5)** Name des östlichen Tores von Jambudvīpa und seiner Gottheit. Jīvā; **(6)** Name der Ostbegrenzung des Salzmeeres; **(7)** Name einer Landschaft in Videha; **(8)** Name einer Himmelsstätte; die dort residierenden Götter atmen nur einmal in 16 Monaten und speisen nur alle 22000 Jahre. Bhaga, Jīvā; **(9)** Name eines Königs. Vivā, Utta; **(10)** Name des Königs von Polāsapura; er war ein Zeitgenosse des Mahāvīra. Amta; **(11)** Name eines Räuberhäuptlings. Nāyā; **(12)** *Myth* Name einer Insel und eines Ozeans. Jīvā

*2162* **vijayaghosa** m <vijayaghoṣa> Name eines von seinem Bruder bekehrten Jina-Anhängers. Utta

*2163* **vijayā** f <vijayā> **(1)** Name der Mutter des Ajitanātha; **(2)** Name der Mutter des fünften Baladeva; **(3)** Name der Herrscherin über die 88 Planeten. Ṭhā, Bhaga, Jīvā

*2164* **vijjācāraṇa** m <vidyācāraṇa> mit der Zaubermacht des Wandelns im Luftraum begabter Weiser. Bhaga

*2165* **vijjāṇuppavāya** m <vidyānupravāda> *Lit* Name des zehnten ↑*puvva*; es behandelt das Studium der einzelnen Wissensgebiete. Naṁdī

*2166* **vijju**[1] m <vidyut> (**1**) Name einer Klasse der Bhavanapati-Götter. Paṇhā, Uva, Jaṁbu, Utta; (**2**) Name eines Hausvaters in Āmalakappā

*2167* **vijju**[2] f <vidyut> „Blitz“: (**1**) Name der vierten Hauptgattin des Lokapāla Soma. Ṭhā, Bhaga; (**2**) Name der dritten Hauptgattin des Vairocana. Bhaga

*2168* **vijjukumāra** m <vidyutkumāra> Name einer Klasse der Bhavanapati-Götter. Bhaga, Paṇṇa

*2169* **vijjukumārī** f <vidyutkumārī> Name einer Götterfrau. Bhaga

*2170* **vijjudaṁta** m <vidyuddanta> *Myth* Name von Inseln. Ṭhā

*2171* **vijjumuha** m <vidyunmukha> *Myth* Name einer Insel. Ṭhā

*2172* **viṇaya** m <vinaya> Disziplin, Selbstzucht, insbesondere aber die Ordenszucht. Bhaga, Nāyā, Uvā, Uva, Rāya, Utta, Dasa, Oha, Aṇuoga

*2173* **viṇayasamāhi** m, n <vinayasamādhi> „Konzentration auf die Selbstzucht“, *Lit* Name des neunten Kapitels des Dasaveyāliya.

*2174* **viṇhu** m <viṣṇu> (**1**) Name des Vaters des elften Tīrthaṁkara; (**2**) Name des zehnten Sohnes des Königs Andhakavṛṣṇi; er wurde von Neminātha geweiht, lebte zwölf Jahre als Bettelmönch und erlangte nach dem Sterbefasten auf dem Berg Śatruñjaya vollständige Erlösung. Aṁta

*2175* **vittisaṁkheva** m <vṛttisaṁkṣepa> Beschränkung des Lebensstandards (als asketische Übung). Sama

*2176* **vidabbha** m <vidarbha> Name des ersten Mönchsscharenleiters des siebenten Tīrthaṁkara

*2177* **vidura** m <vidura> Name eines jüngeren Bruders des Pāṇḍu. Nāyā

*2178* **videha** m <videha> (**1**) Name eines Landes im Gebiet von Mithilā (= Nord-Bihār). Nāyā, Utta; (**2**) Beiname des Königs Janaka. Oha; (**3**) Name eines Heiligen. Uva

*2179* **videhadinnā** f <videhadattā> Beiname der Mutter des Mahāvīra. Kappa

*2180* **videhaputta** m <videhaputra> Beiname des Königs Koṇika (Kūṇika). Bhaga

*2181* **vipariṇāmaṇa** n <vipariṇāmana> Reife des *kamma*. Ṭhā

*2182* **vippajahaseṇiyā** f <viprahāṇaśreṇikā> *Lit* Bezeichnung eines Teils des Diṭṭhivāya. Sama

*2183* **vibhajjavāya** m <vibhajyavāda> (skeptische) Einschätzung eines Objektes in seinen verschiedenen Aspekten. Sūya

*2184* **vimala** m <vimala> eigentlich Adj makellos, lauter; (**1**) Name des dreizehnten Tīrthaṁkara. Kappa. Details aus seinem Leben bei v. Glasenapp 1984:277; (**2**) Name des 21. künftigen Tīrthaṁkara. Bhaga; (**3**)

Name der drittletzten Existenz des zweiten Tīrthaṁkara; (**4**) Name von Götterstätten im dritten, vierten und zwölften Devaloka.

*2185* **vimalavāhaṇa** m <vimalavāhana> (**1**) Name des zehnten künftigen Tīrthaṁkara; (**2**) Name des ersten Patriarchen (kulakara); (**3**) Name des siebenten Patriarchen; (**4**) Name eines Königs. Vivā

*2186* **vimalā** f <vimalā> („Makellose"); (**1**) Name der zweiten Hauptgattin eines Gandharva-Herrschers. Ṭhā, Bhaga; (**2**) Name einer Göttin.

*2187* **vimāṇa** m, n <vimāna> (**1**) Götterstätte. Bhaga, Nāyā, Uvā, Rāya, Paṇṇa, Jaṁbu, Nira, Kappa, Aṇuoga; (**2**) *Myth* Luftfahrzeug. Bhaga, Paṇṇa, Jaṁbu

*2188* **vimāṇapavibhatti** f <vimānapravibhakti> Name eines Literaturwerkes. Sama

*2189* **vimutti** f <vimukti> *Lit* Name des letzten Kapitels des Āyāraṁgasutta („Erlösung").

*2190* **vimoha** m <vimoha> Name eines Kapitels des Āyāraṁgasutta („unverstört").

*2191* **viyāhacūliyā** f <vyākhyācūlikā> Name zweier zu den ↑*aṁgabāhira* gezählten Texten, die sich gegen moralischen Verfall unter den Mönchen sowie gegen Bilderverehrung wenden. Kurze Inhaltsangabe bei Schubring 1962:122.

*2192* **viyāhapaṇṇatti** f <vyākhyāprajñapti> Name des fünften Aṁga; s. unter bhagavatīviyāhapaṇṇatti.

*2193* **virai** f <virati> Selbstzügelung, Enthaltsamkeit, Sündenfreiheit. Nāyā, Paṇhā, Utta

*2194* **virayāviraya** Adj PP <viratāvirata> *Laienanhänger* auf der fünften Stufe des Weges zur Erlösung befindlich. Bhaga, Paṇṇa

*2195* **viluṁgayāma** m <ohne *chāyā*> *bildhaft* Heiliger (= „Besitzloser"). Āyā

*2196* **vivāgavijaya** m, n <vipākavicaya> Meditation über die Tatenfolgen (= dritte Meditationsart). Bhaga

*2197* **vivāgasuya** n <die *chāyā* ist nicht unumstritten; die Lesart vipākasūtra ist allerdings abzulehnen; eher dürfte man mit vipākaśruta das Richtige treffen> Name des elften Aṁga; er bedeutet „Lehrstück über die Reifung (der Taten)". Das Aṁga zerfällt in zwei Teile (suyakkhaṁda), die jeweils zehn Erzählungen umfassen. Bei diesen handelt es sich um Legenden über die Vergeltung guter und böser Taten aus früheren Existenzen. Die Belehrung ist in die Form gekleidet, dass Mahāvīra seinen Lieblingsschüler Goyama Indabhūti darüber aufklärt, aus welchen (*kamma-*)Gründen bestimmte Leute unglücklich sind. So verweist er auf einen schwer kranken Mann, der sein Schicksal darum erleidet, weil er in einer früheren Existenz als Arzt Fleischkost verordnet hatte, was vielen Schlachttieren den Tod brachte; andere jetzt Leidende waren früher Kindesmörder oder auch nur Eierhändler. Über diese moralischen Belehrungen hinaus ist das Werk eine lebendige und vielseitige Widerspiegelung der damaligen Gesellschaft. Erwähnt werden beispielsweise 16 Krankheiten und die Arten ihrer Therapie einschließlich chirurgischer Operationen. Weitere Themen sind Idiosynkrasien bei Gravidität, Strafjustiz, Tempelfeste, Dirnenwesen und vieles mehr. Inhaltsbeschreibung bei Schubring 1962:95-96. Ausgaben s.v. im Verzeichnis der Primärliteratur.

*2198* **vivulamai** f <vipulamati> vollständige Telepathie.

*2199* **visaya** m <viṣaya> *Phil* Sinnesobjekt: Schall, Form, Farbe, Geruch, Geschmack, Berührung. Bhaga, Nāyā, Uva, Paṇṇa, Utta, Dasa, Piṁḍa

*2200* **visāla** m <viśāla> **(1)** Name eines Vyaṁtara-Gottes der Krandita-Gruppe. Ṭhā, Paṇṇa; **(2)** Name einer Götterstätte im achten Devaloka (= geräumig, weit). Sama

*2201* **visālā** f <viśālā> Name der Mutter des Mahāvīra

*2202* **visiṭṭha** m <viśiṣṭha> „hervorragend, ausgezeichnet“, Name eines Götterherrn, des Beherrschers der Dvīpakumāras im Norden. Paṇṇa

*2203* **visohiya** m <viśodhita> Weg zur Erlösung.

*2204* **vissavāia** m <viśvavādika> eine Mönchsschar des Mahāvīra. Ṭhā

*2205* **vihaṁgaṇāṇa** n <vibhaṅgajñāna> falsche Erkenntnis, irrige Auffassung.

*2206* **vihalla** m <vihalla> Name eines Sohnes des Königs Śreṇika; er wurde von Mahāvīra geweiht, lebte zwölf Jahre lang als Bettelmönch, fastete einen Monat lang auf dem Berg Vipula, wurde in einer Himmelsstätte wiedergeboren und wird nach der nächsten Existenz in Videha vollkommene Erlösung erlangen. Aṇu

*2207* **vihāyasa** m <vihāyas> Name eines Sohnes des Königs Śreṇika; er wurde von Mahāvīra geweiht, lebte fünf Jahre als Bettelmönch, fastete einen Monat lang auf dem Berg Vipula, wurde in einer Himmelswelt wiedergeboren und wird nach der nächsten Existenz in Videha vollkommene Erlösung erlangen. Aṇu

*2208* **vīra** m <vīra> Beiname des 24. Tīrthaṁkara. Āyā, Sūya, Kappa

*2209* **vīraṁgaya** m <vīrāṅgada> Name eines von Mahāvīra geweihten Königs.

*2210* **vīrakaṇha** n <vīrakṛṣṇa> *Lit* Name des siebenten Kapitels aus den Nirayāvaliyāo.

*2211* **vīrakaṇhā** f <vīrakṛṣṇā> Name einer Gattin des Königs Śreṇika; sie wurde von Mahāvīra geweiht, lebte 14 Jahre lang als Wandernonne und fand nach dem Fastentod vollständige Erlösung. Aṇu

*2212* **vīratthui** f <vīrastuti> „Heldenpreisung“, Name des sechsten Kapitels des Sūyagaḍaṁga, das eine Lobpreisung des Mahāvīra enthält.

*2213* **vīrathaa** m <vīrastava> *Lit* Bezeichnung des ersten Paiṇṇa. In 43 Versen werden die Epitheta des Mahāvīra aufgeführt. Ausgabe s.v. im Verzeichnis der Primärliteratur.

*2214* **vīrappabha** n <vīraprabha> Name von Götterstätten im dritten und vierten Devaloka. Sama

*2215* **vīrabhadda** m <vīrabhadra> Name eines Mönchsscharenleiters des Pārśva. Sama

*2216* **vīraseṇa** m <vīrasena> Name eines Yādava-Helden; er war ein Sohn des Vasudeva und der Dhāriṇī, wurde von Neminātha geweiht, lebte 16 Jahre lang als Wandermönch und fand nach dem Sterbefasten auf dem Berg Śatruñjaya die vollkommene Erlösung. Aṁta

*2217* **vīraseṇā** f <vīrasenā> Name einer Königin. Vivā

*2218* **vīrāsaṇa** n <vīrāsana> eine Sitzhaltung der Asketen. Bhaga, Nāyā, Uva, Utta

*2219* **vīria** m <vīrya> „Kraft", „Heldentum": **(1)** Name eines Mönchsscharenleiters des Pārśva. Ṭhā; **(2)** (auch vīriyappavāya m <vīryapravāda>) *Lit* Name des dritten ↑*puvva*; es behandelt die Lebensläufe großer Männer; **(3)** Name des achten Kapitels des Sūyagaḍaṁga. Sūya, Aṇuoga; **(4)** die unbeschränkte Kraft der vom *kamma* nicht beeinträchtigten Seele.

*2220* **vīriyappavāya** m ↑ **vīria (1)**

*2221* **vuḍḍha** m <vṛddha> Büßer, Asket, Eremit, insbesondere im vorgerückten Alter. Nāyā, Uva, Aṇuoga

*2222* **veuvviya** Adj <die *chāyā* ist unsicher, entweder vaikurvika oder wohl besser vaikriya> (den Körper) verändernd. Bhaga, Nāyā, Uva, Paṇṇa, Kappa, Oha

*2223* **veuvviyasamugghāya** m <vaikriyasamudghāta> eine Form der Verbindung von Seele und Leib. Ṭhā, Bhaga, Nāyā, Rāya

*2224* **vejayaṁta** m <vaijayanta> Name einer Götterstätte; die dort residierenden Götter atmen nur einmal in 16 Monaten und speisen nur einmal in 32000 Jahren. Sama, Bhaga, Jīvā

*2225* **vejayaṁtī** f <vaijayantī> **(1)** Name der Mutter des sechsten Baladeva; **(2)** Name der sechsten (von acht) Göttinnen der Himmelsgegenden (Diśākumārī). Jaṁbu

*2226* **veṇudāli** m <veṇudāli> Name eines Götterherrn. Ṭhā, Bhaga, Paṇṇa

*2227* **veṇudeva** m <veṇudeva> **(1)** Bezeichnung des Göttervogels Garuḍa; **(2)** Name eines Götterherrn. Ṭhā, Bhaga, Paṇhā

*2228* **vedabbhī** f <vaidarbhī> Name der Schwiegertochter des Kṛṣṇa und Mutter des Aniruddha. Aṁta

*2229* **vemāṇia** m <vaimānika> Bezeichnung der Götter der zwölf Devalokas. Bhaga, Nāyā, Uva, Rāya, Jīvā, Jaṁbu, Kappa, Utta. Die v. gelten als die höchste Götterklasse und unterscheiden sich somit von den Göttern der Unter-, Mittel- und Zwischenwelten. Zur Ikonographie der v. vgl. Moeller 1974:138-139 im Verzeichnis der Sekundärliteratur.

*2230* **veyaṇijja** n, veyaṇiya n <vedanīya> Schmerz und Lust (= Gefühle) erzeugendes *kamma*. Bhaga, Nāyā, Uva, Paṇṇa, Kappa, Utta

2231 **veyaṇiya** n ↑ **veyaṇijja**

2232 **veyāliya** n <vaitālika> *Lit* Name des zweiten Kapitels des Sūyagaḍaṁga.

2233 **vera** n <vaira> eigentlich: Feindseligkeit, Feindschaft; im Jinismus die *kamma*-Fessel. Sūya

2234 **velaṁdhara** m <velandhara> Name einer Gottheit der Nāgakumāra-Gruppe. Ṭhā, Sama, Jīvā

2235 **vesamaṇa** m <vaiśravaṇa> *Myth* Beiname des Kubera und Name eines Welthüters im Norden. Ṭhā, Bhaga, Nāyā, Vivā, Jīvā, Nira, Kappa, Utta, Aṇuoga

2236 **vesamaṇadatta** m <vaiśravaṇadatta> Name eines Königs

2237 **vesamaṇadeva** m <vaiśravaṇadeva> *Myth* der Gott Kubera. Nāyā

2238 **vesamaṇabhadda** m <vaiśravaṇabhadra> Name eines Asketen. Vivā

2239 **vesāṇiya** m <vaiṣāṇika> *Myth* Name einer Zwischeninsel und deren Bewohner. Jīvā, Paṇṇa

2240 **vesāliya** m <vaiśālika> (**1**) Beiname des Mahāvīra, der in einer Vorstadt von Vaiśālī geboren wurde. Sūya, Bhaga, Utta; (**2**) Beiname des Ṛṣabhadeva („ausgedehnt, weit, geräumig").

2241 **vehalla** m <vihalla> Name eines Kaufmannssohnes; zum Mönch geweiht, wanderte er sechs Monate als Bettelasket, fastete einen Monat lang und wurde in einer Himmelsstätte wiedergeboren. Nach der nächsten Existenz in Videha wird er die vollkommene Erlösung erlangen. Aṇu

2242 **vodāṇa** n <vyavadāna> Tilgung des in die Seele eingedrungenen *kamma*. Bhaga, Utta

## S

2243 **saī** f <śacī> Name der Gattin des Indra.

2244 **saṁkarisaṇa** m <saṁkarṣaṇa> Name des künftigen neunten Baladeva. Sama

2245 **saṁkha** m <śaṅkha> (**1**) Name eines Königs von Benares zur Zeit des Mallinātha. Ṭhā, Nāyā; (**2**) Name eines von Mahāvīra geweihten Königs. Ṭhā; (**3**) Name eines Schülers des Mahāvīra. Ṭhā, Sama; (**4**) Name einer Grenzlandschaft in Videha. Ṭhā; (**5**) neunter Schatz (von neun) eines Cakravartin; er umfasst Musikinstrumente und poetische Werke. Ṭhā, Jaṁbu

2246 **saṁkhavālaya** m <śaṅkhapālaka> (**1**) Name eines Gottes. Bhaga; (**2**) Name eines führenden Laienanhängers der Ājīvikas. Bhaga

2247 **saṁgahaṇaya** m <saṁgrahanaya> das Allgemeine betreffende, nur die generellen Eigenschaften eines Gegenstandes berücksichtigende Betrachtungsweise, Abstraktion, Zusammenfassung.

*2248* **saṁgha** m <saṅgha> Orden, Gemeinde. Bhaga, Nāyā, Uvā, Paṇhā, Uva, Rāya, Paṇṇa, Utta, Piṁḍa, Naṁdī

*2249* **saṁghāḍa** m <saṁghāṭa> Name des zweiten Kapitels der Nāyādhammakahāo.

*2250* **saṁjaī** f <saṁyatā> Nonne. Oha

*2251* **saṁjama** m <saṁyama> Selbstbeherrschung, Zügelung der Sinne. Ṭhā, Bhaga, Nāyā, Uvā, Paṇhā, Uva, Rāya, Utta, Dasa, Piṁḍa

*2252* **saṁjamaṭṭhāṇa** n <saṁyamasthāna> Etappe der Sinneszügelung; es gibt sechs solcher Etappen. Bhaga

*2253* **saṁjaya**[1] m <saṁjaya> Name eines von Gaddabhāli geweihten Königs, der, auf der Jagd befindlich und von G. ermahnt, gelobte, nie wieder einem Lebewesen Schaden zuzufügen. Utta

*2254* **saṁjaya**[2] m <saṁyata> „sich selbst Zügelnder", Asket, Mönch. Āyā, Ṭhā, Bhaga, Uva, Paṇṇa, Utta, Dasa, Piṁḍa, Naṁdī

*2255* **saṁjalaṇa** n <saṁjvalana> „Leuchten", vorbildliche Lebensführung, Unterdrückung der Leidenschaften. Ṭhā, Bhaga, Paṇṇa

*2256* **saṁjīvaṇī** f <saṁjīvanī> Name einer Hölle, in der die Bewohner in Stücke geschnitten werden. Sūya

*2257* **saṁjūha** m, n <saṁyūtha> *Lit* Name des achten Kapitels aus dem zweiten Teil des Diṭṭhivāya. Naṁdī

*2258* **saṁjoga** m <saṁyoga> ein Fehler beim Almosenbetteln, nämlich der Wunsch des Mönchs nach Zusammenstellen mehrerer Speisen nach seinem Geschmack. Paṇhā

*2259* **saṁjhappabha** m <saṁdhyāprabha> *Myth* Name einer Götterwagens des Lokapāla Soma. Bhaga

*2260* **saṁḍilla** m <śāṇḍilya> Name eines Weisen aus der Kāśyapa-Sippe.

*2261* **saṁti** f <śānti> Name des 16. Tīrthaṁkara („Friede"); er war auch der fünfte cakkavaṭṭi und wurde als Königssohn in Hastināpura geboren. Einzelheiten zu seiner (mythischen) Biographie bei v. Glasenapp 1984:280. Bhaga, Kappa, Utta, Aṇuoga

*2262* **saṁthāra** m <saṁstāra> *Lit* Titel des vierten Paiṇṇa. Es handelt in 122 Versen vom Sterbefasten auf einer Lagerstatt; erstaunlicherweise werden zu der Gestaltung dieses Themas Schmuckmittel aus der Kunstdichtung gebraucht. Ausgabe s.v. im Verzeichnis der Primärliteratur. Vgl. im selben Verzeichnis sub causaraṇa v. Kamptz 1929. Zum Sterbefasten vgl. weiter Caillat 1977 im Verzeichnis der Sekundärliteratur.

*2263* **saṁdhi** m <saṁdhi> eigentlich: Vereinigung, Verbindung; im Jinismus die Ursache der acht *kammas*. Āyā, Sūya

*2264* **saṁṇihāṇa** n <saṁnidhāna> eigentlich: Nähe, Nachbarschaft. Im Jinismus: dasjenige *kamma*, das das Wissen verhüllt. Āyā

*2265* **saṁpakkhāla** m <saṁprakṣāla> eine Bußübung; sie besteht darin, dass erst dann gebadet wird, nachdem der Körper mit Asche oder Lehm beschmiert wurde. Bhaga, Uva

2266 **saṁparāya** m <saṁparāya> Welt, Weltgetriebe, Geburtenkreislauf, Seelenwanderung. Sūya, Dasa

2267 **saṁba** m <sāmba> **(1)** Name des ersten Mönchsscharenleiters des siebzehnten Tīrthaṁkara. Sama; **(2)** Name eines Sohnes des Kṛṣṇa und der Jambūvatī; er wurde von Neminātha geweiht, verbrachte 16 Jahre als Bettelasket und erlangte nach dem Sterbefasten auf dem Berg Śatruñjaya vollkommene Erlösung. Nāyā, Aṁta, Paṇhā, Nira

2268 **saṁbukkāvaṭṭā** f <śambūkāvartā> eine Art des Bettelgangs: von einem Zentrum aus erfolgt der Gang spiralenförmig. Ṭhā, Utta

2269 **saṁbhava** m <saṁbhava> Name des dritten Tīrthaṁkara in der gegenwärtigen Weltperiode. Er war ein Sohn des Königs Jitāri. Einzelheiten über sein (mythisches) Leben bei v. Glasenapp 1984:272. Bhaga, Kappa, Aṇuoga

2270 **saṁbhūya** m <saṁbhūta> Name des Lehrers des ersten Vāsudeva

2271 **saṁmaddā** f <saṁmardā> ein *paḍilehaṇa*-Fehler: das Tragen zerdrückter Kleidung oder solcher Kleidung, die voller Falten ist. Ṭhā, Utta, Oha

2272 **saṁmucchaṇā** f <saṁmūrchanā> spontane Entstehung von Leben aus unbelebter Materie, Urzeugung, eine der drei Arten, auf welche Lebewesen entstehen können (die anderen Arten sind Zeugung und Manifestation, ↑*uvavāya*). Vgl. dazu auch Schubring 1962:139-140.

2273 **saṁlehaṇā** f <saṁlekhanā> freiwilliger Hungertod, Sterbefasten um der Erlösung willen. Einzelheiten dazu bei v. Glasenapp 1984:425-426. Siehe auch saṁthāra.

2274 **saṁvara** m <saṁvara> **(1)** einer der wichtigsten Begriffe des Jinismus: die Abwehr und das Verhindern von Einströmen des *kamma*. Sūya, Ṭhā, Bhaga, Paṇhā, Uva, Utta, Dasa. Dieses Ziel wird durch sechs Mittel erreicht: a) ↑gutti; b) samii <samiti>, Behutsamkeit, wodurch insbesondere das versehentliche Töten oder Schädigen von Lebewesen vermieden werden soll; c) dhamma <dharma>, die Einhaltung der zehn Pflichten: Langmut, Demut, Lauterkeit, Begierdelosigkeit, Wahrhaftigkeit, Selbstzucht, Askese, Enthaltsamkeit, Armut und Gehorsam; d) ↑bhāvaṇā, Reflexionen; e) Ertragen der 22 Mühsale: Hunger, Durst, Kälte, Hitze, Stechmücken, Nacktheit, langes Wandern, das Wanderleben überhaupt, die jeweilige Örtlichkeit, die Unterkunft, Beschimpftwerden, Misshandlung, Bettlerrolle, Misserfolge beim Betteln, Krankheit, schlechte Lagerstatt, Körperschmutz, Ehrfurchtbezeugungen (auch diese haben einen Mönch gleichgültig zu lassen!), Wissensdünkel, Kummer über eigenes Nichtwissen, Zweifel an der Wahrheit der Jaina-Lehre; f) cāritta <cāritra> (guten) Wandel, der sich in fünf Stadien zu vervollkommnen hat; **(2)**

Name des Vaters des vierten Tīrthaṁkara.

*2275* **saṁvega** m, saṁveya m <saṁvega> Streben nach Erlösung. Bhaga, Nāyā, Uvā, Paṇhā, Utta, Piṁḍa

*2276* **saṁveya** m ↑ **saṁvega**

*2277* **saṁsāra** m <saṁsāra> (**1**) Seelenwanderung, Geburtenkreislauf; (**2**) Universum. Sūya, Bhaga, Nāyā, Uvā, Uva, Utta, Dasa, Oha

*2278* **saṁhaṇaṇa** n <saṁhanana> Knochenbau, Struktur des Skeletts.

*2279* **sakka** m <śakra> Beiname des Indra, des Beherrschers des ersten Devaloka. Einzelheiten über ihn bei Schubring 1962:241. Ṭhā, Bhaga, Nāyā, Uvā, Paṇṇa, Jaṁbu, Nira, Kappa, Utta, Piṁḍa

*2280* **sakkaguru** m <śakraguru> *Myth* Beiname des Bṛhaspati.

*2281* **sakkarappabhā** f <śarkaraprabhā>, sakkarābha m <śarkarābha> Name der zweiten Hölle, die mit Kieseln gefüllt ist. Ṭhā, Bhaga, Jīvā, Aṇuoga

*2282* **sakkarābha** m ↑ **sakkarappabhā**

*2283* **sagaḍa** m <śakaṭa> (**1**) Name des Sohnes eines Karawanenführers; (**2**) Name des vierten Kapitels des Vivāgasuya. Ṭhā

*2284* **sagara** m <sagara> Name eines Weltherrschers, des zweiten Cakkavaṭṭi. Einzelheiten über sein Leben bei v. Glasenapp 1984:270-271. Utta

*2285* **sacca** m <satya> eigentlich: Tatsache, Wahrheit. Bezeichnung des Jaina-Kanons in der nachkanonischen Literatur.

*2286* **saccai** m <satyaki> einer der Namen des zwölften künftigen Tīrthaṁkara.

*2287* **saccaṇemi** m <satyanemi> Name eines Sohnes des Königs Samudravijaya und der Śivā; er war der jüngere Bruder des Neminātha und wurde von diesem zum Mönch geweiht. Nach 16 Jahre währendem Asketenleben und dem schließlichen Fastentod auf dem Berg Śatruñjaya erlangte er die vollkommene Erlösung. Aṁta

*2288* **saccappavāya** m <satyapravāda> *Lit* Name des sechsten ↑*puvva* („Verkündung der Wahrheit"); es behandelt wahre und falsche Rede. Ṭhā, Naṁdī

*2289* **saccabhāmā** f <satyabhāmā> Name einer Gattin des Kṛṣṇa Vāsudeva. Sie wurde von Neminātha geweiht, verbrachte zwanzig Jahre als Bettelnonne und erlangte nach dem Fastentod vollständige Erlösung. Aṁta

*2290* **sajogi** m <sayogin> dreizehnte und damit vorletzte Stufe auf dem Weg zur Erlösung. Ṭhā, Bhaga

*2291* **sajjhāya** m <svādhyāya> Selbststudium (der kanonischen Schriften). Ṭhā, Bhaga, Nāyā, Uvā, Uva, Nisī, Kappa, Utta, Dasa, Piṁḍa

*2292* **saṭṭhāṇumāṇa** n <svārthānumāna> *Phil* subjektive Schlussfolgerung.

*2293* **saṇaṁkumāra** m <sanatkumāra> (**1**) Name des vierten Cakkavaṭṭi (Weltherrschers); er wurde als Sohn des Königs Assaseṇa in Hastināpura geboren. Ausführliche Beschreibung seines (mythischen) Lebens bei v. Glasenapp 1984:279. Utta; (**2**) Name des Beherrschers der dritten Götterwelt (Devaloka) und diese selbst. Ṭhā, Bhaga, Uva, Jīvā, Jaṁbu, Nira, Aṇuoga

*2294* **saṇṇipuvva** n <saṁnipūrva> Erinnerung an eine frühere Existenz. Nāyā

*2295* **saterā** f <śaterā> Name der Göttin einer Himmelsgegend (Diśākumārī). Jaṁbu

*2296* **sattamāsiyā** f <saptamāsikī> ein Fastengelübde, das siebente Gelübde eines Mönchs. Sama, Nāyā

*2297* **sattarāiṁdivā** f <saptarātriṁdivā> sich über sieben Tage und Nächte erstreckendes Gelübde (achtes bis zehntes Gelübde eines Mönchs). Bhaga, Nāyā, Vava

*2298* **sattā** f <sattā> potenzielles oder latentes Vorhandensein von *kamma*, das in früheren Existenzen akquiriert wurde.

*2299* **sadda** m <śabda> eigentlich: Laut, Ton, Wort. In der jinistischen Philosophie einer von sieben möglichen Standpunkten oder Betrachtungsweisen, ↑naya. Ṭhā, Paṇṇa

*2300* **saddālaputta** m <śakdālaputra> Name eines Töpfers und einer der ersten zehn Laienanhänger des Mahāvīra. Uvā

*2301* **sapaḍikkama** n <sapratikrama> ein Fastengelübde, das dem betreffenden Mönch jedoch Bewegungsfreiheit lässt. Bhaga

*2302* **sappurisa** m <satpuruṣa> Name eines Götterherrn (= „guter Mensch"), des Beherrschers der Kiṁpuruṣa im Süden. Paṇṇa

*2303* **sabala** m <śabala> **(1)** Name der vierten (von 15) Klasse von Höllenwächtern. Bhaga, Utta; **(2)** Komplex von Verfehlungen eines Mönchs: drei Verfehlungen pro Monat oder zehn pro Jahr gelten als s.

*2304* **samaṇa** m <śramaṇa> eigentlich Bettelmönch, Heiliger (besonders im Buddhismus). Im Jinismus ein Epitheton des Mahāvīra. Bhaga

*2305* **samaṇāusa** m <śramaṇāyuṣmat> Anrede an einen Mönch („langlebiger = ehrwürdiger Mönch"). Bhaga, Nāyā, Jaṁbu

*2306* **samaṇī** f <śramaṇī> Nonne. Ṭhā, Bhaga, Nāyā, Nira, Vava, Piṁḍa, Oha, Aṇuoga

*2307* **samaṇovāsaga** m, samaṇovāsaya m <śramaṇopāsaka> Laienanhänger, der einen Mönch bedient. Ṭhā, Uvā, Vava, Kappa

*2308* **samaṇovāsaya** m ↑ **samaṇovāsaga**

*2309* **samaṇovāsiyā** f <śramaṇopāsikā> Laienanhängerin, die einen Mönch bedient. Nāyā, Uvā, Uva, Rāya, Kappa

*2310* **samabhirūḍha** m <samabhirūḍha> **(1)** konventioneller Standpunkt. Ṭhā, Paṇṇa; **(2)** Bezeichnung des 19. Kapitels des zweiten Teils des Diṭṭhivāya. Naṁdī

*2311* **samaya** m <samaya> **(1)** kleinste Zeiteinheit, Moment. Ṭhā, Jīvā, Jaṁbu, Utta, Aṇuoga; **(2)** *Lit* Name des ersten Kapitels des Sūyagaḍaṁga.

*2312* **samayakkhetta** n <samayakṣetra> *bildhaft* Erdenwelt, Menschenwelt;

eine Welt, in der die Zeit aufgrund der Sonnen- und Mondbahn gemessen wird. Ṭhā, Bhaga, Jīvā

*2313* **samavāya** m <samavāya> eigentlich: Zusammenkunft, Gemeinschaft, Versammlung. Im Jinismus *Lit* Name des vierten Aṁga. Es ist dies eine Art Fortsetzung des Ṭhāṇaṁga. Das Werk beginnt mit einem Verzeichnis der zwölf Aṁgas und der 14 Puvvas. Im übrigen führt es die Zahlengleichnisse des Ṭhāṇaṁga fort, dehnt sie aber weit über die Zehnzahl hinaus bis zu 10 Millionen und mehr. Das in 160 suttas eingeteilte Aṁga beschreibt also religiöse Themen nach Zahlengruppen. Dies gilt auch für die 24 Tīrthaṁkaras, die zwölf Cakkavaṭṭis, die neun Vāsudevas und die neun Baladevas der gegenwärtigen ↑osappiṇī. Sutta 18 enthält eine Liste von 18 lipis (Schreibarten). In Sutta 66 finden sich 46 Buchstaben der Bambhī-(Brāhmī-)Schrift. Eine Werksbeschreibung gibt Schubring 1962:88. Ausgaben s.v. im Verzeichnis der Primärliteratur.

*2314* **samāesa** m <samādeśa> eigentlich: Befehl, Weisung. Im Jinismus ein Almosenfehler, der darin besteht, dass bestimmte Speisen eigens für den Almosenbettler aufgehoben oder zubereitet werden (was eine unzulässige Bevorzugung bedeutet). Piṁḍa

*2315* **samāyāra** m <samācāra> rechter Wandel, sittsame Lebensführung. Āyā, Sūya, Utta

*2316* **samāhārā** f <samāhārā> Name der ersten von acht Göttinnen einer Himmelsgegend (Diśākumārī); sie hat ihren Sitz im Süden. Jaṁbu

*2317* **samāhi** m <samādhi> **(1)** Versenkung, Andacht, Meditation. Sūya, Bhaga, Uvā, Paṇhā, Utta, Oha

*2318* **samāhipaḍimā** f <samādhipratimā> Gelübde der inneren Versenkung. Ṭhā

*2319* **samii** f <samiti> eine der sechs Methoden zur Verhinderung des Einströmens von *kamma*. Sie besteht in Behutsamkeit, mit der insbesondere das versehentliche Töten oder Schädigen von Lebewesen vermieden werden soll. Näheres dazu bei Schubring 1962:305.

*2320* **samugghāya** m <samudghāta> Ausmerzung des *kamma*-Einflusses durch die Emanation der *kamma*-Partikel aus der Seele. Dies geschieht auf siebenfache Weise. Einzelheiten hierzu bei Schubring 1962:183-185. Ṭhā, Bhaga, Nāyā, Uva, Jīvā, Paṇṇa, Jaṁbu, Kappa

*2321* **samuccheya** m <samuccheda> Veränderung in jedem Moment, ständige Wandlung (der Anschauung des Heraklit ähnliche Lehre des ursprünglichen Buddhismus). Ṭhā, Vava

*2322* **samuṭṭhāṇasua** n <samutthānaśruta> *Lit* Name eines Werkes. Naṁdī

*2323* **samudāṇa** n <samudāna> Almosen, die von bestimmten hochgestellten Familien gegeben werden. Vivā

*2324* **samudda** m <samudra> **(1)** Name eines Prinzen, des zweiten Sohnes des

Königs Andhakavṛṣṇi; er wurde von Neminātha geweiht, lebte zwölf Jahre lang als Wandermönch und erlangte nach dem Sterbefasten auf dem Berg Śatruñjaya vollkommene Erlösung. Aṁta; (**2**) Name eines Prinzen, ebenfalls eines Sohnes des Andhakavṛṣṇi; er wurde von Neminātha geweiht, lebte 17 Jahre lang als Bettelmönch und erlangte nach dem Sterbefasten auf dem Berg Śatruñjaya vollkommene Erlösung. Aṁta

*2325* **samuddadatta** m <samudradatta> *Myth* Name des vierten Vāsudeva in seiner drittletzten Existenz.

*2326* **samuddavijaya** m <samudravijaya> (**1**) Name des Vaters des dritten Cakkavaṭṭi; (**2**) Name des Vaters des Ariṣṭanemi. Nāyā, Paṇhā, Nira, Kappa, Utta

*2327* **samuddasuā** f <samudrasutā> die Göttin Lakṣmī („Meerestochter").

*2328* **samuddesiya** n <samuddeśika> unerlaubte Annahme von eigentlich für Vögel zubereiteter Speise durch einen Bettelmönch. Piṁḍa

*2329* **samosaraṇa** n <samavasaraṇa> (**1**) Herabkunft, Ankunft eines Tīrthaṁkara oder eines Mönchs. Bhaga, Uvā, Vivā, Uva, Rāya; (**2**) Name des zwölften Kapitels des Sūyagaḍaṁga, das vom Jinismus abweichende Lehrmeinungen beschreibt. Sūya, Aṇuoga; (**3**) *Lit* Name des ersten Teils des Uvavāiya; (**4**) Versammlung von Nichtjinisten, in denen Mahāvīras Lehre vorgetragen wird. Sūya, Bhaga, Nisī. Näheres dazu bei Schubring 1962:37.

*2330* **sammatta** n <samyaktva> *Lit* Name des vierten Kapitels des Āyāraṁgasutta (= rechte Anschauung, rechter Glaube). Sama

*2331* **sammattakamma** n <samyaktvakarman> dieses *kamma* bewirkt den rechten Glauben. Es ist aber noch nicht der rechte Glaube selbst, sondern nur die – allerdings unerlässliche – Vorstufe dazu.

*2332* **sammamicchattadaṁsaṇa** n <samyamithyātvadarśana> eine Lehre, die Wahres und Falsches vermischt. Ṭhā

*2333* **sammāmicchatta** n <samyagmithyātva> Mischglaube: Wahres und Falsches wird gleichermaßen geglaubt; gegenüber der Jaina-Lehre besteht Indifferenz. Ṭhā, Sama

*2334* **sammasuya** n <samyakśruta> eigentlich: rechte Lehre; im Jinismus Spezialterminus für die zwölf Aṁgas. Naṁdī

*2335* **sammāvāya** m <samyagvāda> *Lit* „rechte Lehre", Beiname des Diṭṭhivāya.

*2336* **sayaṁjala** m <svayaṁjala oder śatañjala> (**1**) Name des ersten Patriarchen (Kulakara); (**2**) *Myth* Name des Luftfahrzeugs des Lokapāla Varuṇa. Bhaga

*2337* **sayaṁpabha** m <svayaṁprabha> „selbstleuchtend": (**1**) Name des vierten künftigen Tīrthaṁkara; (**2**) Name eines früheren und eines künftigen Patriarchen (Kulakara).

*2338* **sayaṁbhu** m <svayaṁbhu> „durch sich selbst existierend": (**1**) Name des dritten Vāsudeva; er war ein Sohn des Königs Rudra, wurde jedoch schließlich Höllenbewohner. Sama. Details aus seinem Leben bei v. Glasenapp 1984:277; (**2**) Name des ersten Anhängers des Vimala; (**3**) Name von Himmelsstätten im dritten und vierten Devaloka. Sama

*2339* **sayaṁbhuramaṇa** m, sayaṁbhūramaṇa m <svayaṁbhūramaṇa> (**1**) Name von Himmelsstätten im dritten und vierten Devaloka. Sama; (**2**) *Myth* Name einer Insel und eines Ozeans. Bhaga, Jīvā, Paṇṇa, Sūra, Utta, Aṇuoga

*2340* **sayaṁbhūramaṇa** m ↑ **sayaṁbhuramaṇa**

*2341* **sayadhaṇu** m <śatadhanus> Name des achten künftigen Patriarchen (Kulakara).

*2342* **sayāṇīya** m <śatānīka> Name eines Königs von Kauśāmbī. Bhaga, Vivā

*2343* **sarīra** n <śarīra> Körper, Leib. Die fünf Arten von Körpern werden beschrieben bei v. Glasenapp 1984:168-169; vgl. aber auch Schubring 1962:137-139.

*2344* **sarīraṇāma** n <śarīranāman> durch körperliche Handlungen entstandenes *kamma*.

*2345* **sarīrabaṁdhaṇa** n <śarīrabandhana> den Körper fesselndes *kamma*.

*2346* **salāgāpurisa** m <śalākāpuruṣa> in der jinistischen Hagiographie Bezeichnung für 63 große Männer. Von ihnen sind 24 Tīrthaṁkara, 12 Cakkavaṭṭi, neun Baladeva, neun Vāsudeva, neun Paḍivāsudeva. Vgl. hierzu v. Glasenapp 1984:246.

*2347* **salessa** m <saleśya> Seelentyp. Bhaga, Rāya

*2348* **salla** m, n <śalya> eigentlich (**1**) Pfeil; (**2**) Dorn, Stachel; (**3**) Übeltat. Im Jinismus das aus einer Missetat entstandene *kamma*, insbesondere geht es hier um Betrug, Irrglaube und Gieren nach Lohn für Askese. Auch eine nicht eingestandene Sünde zählt als s. Vgl. Schubring 1962:278. Sūya, Bhaga, Nāyā, Uva, Kappa, Utta

*2349* **sallehaṇā** f <saṁlekhanā> durch Askese herbeigeführter freiwilliger Tod.

*2350* **saviya** m <savitṛ> Name einer Gottheit. Ṭhā, Sūra, Jaṁbu, Oha, Aṇuoga

*2351* **savvaobhadda** m <sarvatobhadra> „allseits angenehm": (**1**) Name einer Himmelsstätte im Mahāśukradevaloka; (**2**) Name einer Bußübung, die 100 oder 245 Tage währen kann. Ṭhā; (**3**) *Lit* Name des 20. Kapitels des zweiten Teils des Diṭṭhivāya. Naṁdī; (**4**) Name eines Götterwagens des Lokapāla Yama. Bhaga; (**5**) Name eines Götterwagens im elften und zwölften Devaloka. Uva

*2352* **savvakāma** m <sarvakāma> Name einer Götterklasse („vollkommene Wunscherfüllung"). Bhaga

*2353* **savvajja** m <sarvajña> Beiname des Mahāvīra („Allwissender").

*2354* **savvaṭṭhasiddha** m <sarvārthasiddha> Name der höchsten Götterstätte und ihrer Bewohner. Paṇṇa, Utta

*2355* **savvadaṁsi** m <sarvadarśin> Epitheton eines Kevalin („alles schauend"). Bhaga, Rāya

*2356* **savvavirai** f <sarvavirati> vollkommene Entsagung, gänzliche Freiheit von Sünden. Bhaga, Nāyā

*2357* **savvasuyāṇuvāa** m <sarvasūtrānuvāda> Übersetzer aller Suttas. Vava

*2358* **savvāṇubhūi** m <sarvānubhūti> **(1)** Name des fünften künftigen Tīrthaṁkara **(2)** Name eines Schülers des Mahāvīra. Bhaga

*2359* **savvejja** Adj <sadvedya> angenehme Empfindungen bewirkend (Art des *kamma*).

*2360* **sasi** m <śaśin aus sasrī> **(1)** Mond, Mondgott; **(2)** Name des achten Tīrthaṁkara (= Candraprabha). Bhaga

*2361* **sahadeva** m <sahadeva> Name eines Prinzen; er war der Sohn des Jarāsaṅgha von Rājagṛha. Nāyā

*2362* **sahadevī** f <sahadevī> Name der Mutter des vierten Cakravartin.

*2363* **sahasaṁbuddha** m <svakasaṁbuddha> „vollkommen erwacht", „durch sich selbst erwacht": Jinadeva, Tīrthaṁkara. Bhaga, Uva

*2364* **sahassāra** m <sahasrāra> Name des achten Himmels und seiner Götter. Bhaga

*2365* **sāgara** m <sāgara> **(1)** Name einer Götterstätte im zweiten Devaloka; **(2)** Name eines Sohnes des Königs Andhakavṛṣṇi; er wurde von Neminātha geweiht, lebte zwölf Jahre als Bettelmönch und erlangte nach dem Fastentod auf dem Berg Śatruñjaya vollkommene Erlösung. Aṁta; **(3)** Name eines weiteren Sohnes des Andhakavṛṣṇi; er erlangte nach 16 Jahren Asketendasein Erlösung. Aṁta

*2366* **sāgaradatta** m <sāgaradatta> 1. Name des dritten Baladeva; 2. Name eines Kaufmanns in der Stadt Campā. Nāyā

*2367* **sātāveyaṇijja** n <sātavedanīya> durch Glück verursachtes *kamma*. Paṇṇa

*2368* **sāma** m <śyāma> „Schwärze", Name der dritten (von 15) Art von Höllenwächtern; diese fesseln die Höllenbewohner an Händen und Füßen und werfen sie zu Boden. Bhaga, Utta

*2369* **sāmaṁtovaṇivāiyā** f <sāmantopanipātikī> eine Form der *kamma*-Fessel. Ṭhā

*2370* **sāmakoṭṭha** m <śyāmakoṣṭha> Name des 21. Tīrthaṁkara.

*2371* **sāmāiya** n <sāmāyika> **(1)** „Gleichmut, rechter Wandel", das neunte Laiengelübde. Gemeint ist die tägliche (mindestens) 48-minütige Meditation, um den Geist von der Weltlichkeit abzuwenden. Einzelheiten zu dieser Meditation bei v. Glasenapp 1984:370. Sūya, Bhaga, Uva, Utta; **(2)** Sammelname von Literaturwerken: Āyāraṁgasutta und andere. Bhaga, Nāyā

*2372* **sāmāṇiya** m <sāmānika> Name einer Göttergruppe; ihre Angehörigen sind dem Indra gleichgestellt. Ṭhā, Bhaga, Nāyā, Uvā, Rāya, Paṇṇa,

Nira

2373 **sāraṇa** m <sāraṇa> (**1**) Name eines Prinzen; er war ein Sohn des Königs Vasudeva, wurde von Neminātha geweiht, lebte 20 Jahre als Wandermönch und erlangte nach dem Fastentod auf dem Berg Śatruñjaya vollkommene Erlösung. Aṁta; (**2**) Name eines Yādava-Prinzen. Nāyā, Paṇhā

2374 **sārassaya** m <sārasvata> Name einer Gruppe der Lokāntika-Götter. Ṭhā, Bhaga, Nāyā

2375 **sārūviya** m <sārūpika> die weiße Asketenkleidung des Jaina-Mönchs. Vava

2376 **sālihīpiu** m <śālihīpitṛ> Name eines Laienanhängers des Mahāvīra. Uvā

2377 **sāvaga** m <śrāvaka> eigentlich: Hörer, Schüler; im Jinismus Laienanhänger. Uva

2378 **sāvagadhamma** m <śrāvakadharma> aus zwölf Gelübden bestehende Pflicht des Laienanhängers. Nāyā, Vivā, Nira

2379 **sāvaya** m <śrāvaka> Laienanhänger. Bhaga, Nāyā, Utta. S. auch sāvaga.

2380 **sāvigā** f, sāviyā f <śrāvikā> Laienanhängerin. Sūya, Ṭhā, Bhaga, Nāyā, Aṇuoga

2381 **sāviyā** f ↑ **sāvigā**

2382 **sāsaṇa** n <śāsana> eigentlich: (**1**) Belehrung, Unterweisung; (**2**) Weisung, Befehl. Im Jinismus (**1**) Lehrbuch. Aṇuoga; (**2**) Jaina-Lehre. Jaṁbu, Utta

2383 **sāhatthiyā** f, sāhatthī f <svāhastikī> durch eigene Hand begangene Sünde und auf diese Weise zustande gekommene *kamma*-Fessel. Ṭhā

2384 **sāhatthī** f ↑ **sāhatthiyā**

2385 **sāhammiya** m <sādharmika> Glaubensbruder. Āyā, Bhaga, Nisī, Vava, Utta, Dasa, Piṁḍa, Oha

2386 **sāhāraṇa** n <sādhāraṇa> eine Form des nāmakamma: eine Seele entsteht in unzähligen Körpern. Paṇṇa

2387 **sāhu** m <sādhu> Heiliger, Mönch, Asket. Sūya, Bhaga, Nāyā, Vava, Utta, Dasa, Piṁḍa

2388 **sāhuṇī** f <sādhvī> Heilige, Nonne.

2389 **sikkhāvvaya** n <śikṣāvrata> die letzten vier der 12 Gelübde eines Hausvaters. Rāya. Vgl. Schubring 1962:297.

2390 **sigghagamaṇa** n <śīghragamana> *Myth* Luftfahrzeug. Rāya

2391 **sijjaṁbhava** m <śayyaṁbhava> Name eines berühmten Heiligen.

2392 **sijjaṁsa** m <śreyas> (**1**) Name des Vaters des Mahāvīra. Āyā; (**2**) Name des elften Tīrthaṁkara. Sama, Kappa

2393 **siṇāya** Adj PP von siṇā <snāta> Attribut (von brahmanischer Herkunft!) eines ↑kevalin; Näheres bei Schubring 1962:323.

2394 **siddha** m <siddha> Bezeichnung für einen Erlösten, der das absolute Wissen und die vollkommene Erlösung erlangt hat. Er ist frei von ↑lessā.

Er verharrt in körperloser, seliger Ruhe und wird nie wieder in den Geburtenkreislauf zurückkehren. Das Wort wird mitunter als Synonym von Tīrthaṁkara verwendet. Es werden 15 Modalitäten unterschieden, wie die siddha-Eigenschaft zustande kommen kann. Zu Einzelheiten s.v. Glasenapp 1984:212-213.

*2395* **siddhattha** m <siddhārtha> **(1)** Name des Vaters des Mahāvīra. Āyā, Kappa; **(2)** Name des zehnten künftigen Tīrthaṁkara; **(3)** Name eines Lehrers. Nira

*2396* **siddhatthā** f <siddhārthā> Name der Mutter des vierten Tīrthaṁkara.

*2397* **siddhaseṇiyā** f <siddhaśreṇikā> *Lit* Name eines Kapitels aus dem zwölften Aṁga. Naṁdī

*2398* **siddhā** f <siddhā> Name der Gattin des Mahāvīra.

*2399* **siddhāyataṇa** n, siddhāyayaṇa n <siddhāyatana> Jaina-Tempel. Jaṁbu

*2400* **siddhāyayaṇa** n ↑ **siddhāyataṇa**

*2401* **siddhi** f <siddhi> eigentlich; Gelingen, Erfolg, Glück. Im Jinismus **(1)** Schwund des *kamma*, Zerstörung des *kamma*, vollkommene Erlösung der Seele. Bhaga, Nāyā, Paṇṇa, Utta, Dasa; **(2)** Stätte der erlösten Seelen. Ṭhā, Paṇṇa

*2402* **siddhigai** f <siddhigati> Weg zur Erlösung; s. auch siddhimagga. Ṭhā, Bhaga, Nāyā, Uva, Rāya, Kappa

*2403* **siddhimagga** m <siddhimārga> Weg zur Erlösung: rechtes Wissen, rechter Glaube, rechte Lebensführung. Bhaga, Nāyā, Dasa

*2404* **siyāvāya** m <syādvāda> wichtigster Begriff der jinistischen Philosophie, Inbegriff des jinistischen Skeptizismus, der z. T. erst in nachkanonischer Zeit entwickelt wurde. Immerhin kommt der Terminus siyā <syāt> bereits in der älteren Literatur, so im Jīvājīvābhigama und Aṇuogaddāra, vor; siyāvāya erscheint in der Bhagavatīviyāhapaṇṇatti. Der s. ist die Lehre von den sieben Betrachtungsmöglichkeiten (saptabhaṅgīnaya). Danach gibt es keine absoluten Erkenntnisse und kein Urteil hat absolute Geltung. Alle Urteile hängen vom jeweiligen Standpunkt ab. Daher können Aussagen, die einander widersprechen, dennoch richtig sein. Beispielsweise kann ein Mensch je nach der Betrachtungsweise zugleich Vater und Sohn sein. Die sieben Betrachtungsformeln, das Heptalemma, werden meist in Sanskrit wiedergegeben; das soll auch hier geschehen. Die Formeln lauten: 1. syād asti: etwa ist (da), alle Behauptungen sind wahr. 2. syān nāsti: etwas ist nicht (vorhanden), alle Behauptungen sind falsch. 3. syād asti syān nāsti: etwas ist und ist nicht, alle Behauptungen sind sowohl wahr als auch falsch. 4. syād avaktavya: etwas ist nicht aussagbar, alle Behauptungen sind indefinit, unbeschreibbar. 5. syād asti cāvaktavyaś ca: etwas ist und zugleich ist es unbeschreibbar, alle Behauptungen sind sowohl wahr als auch unbeschreibbar. 6. syān nāsti cāvaktavyaś ca: etwas ist nicht und zudem unbeschreibbar, alle Aussagen sind falsch und außerdem unbeschreibbar. 7. syād asti syān nāsti syād avaktavyaś ca: etwas ist und ist nicht und ist unbeschreibbar, alle Aussagen sind sowohl richtig als auch falsch als auch unbeschreibbar. Man kann das Heptalemma auch anders ausdrücken: Man kann von nichts mit Bestimmtheit sagen, dass es 1. ist; 2. nicht ist; 3. sowohl ist als auch nicht ist; 4. weder ist noch nicht ist; 5. dass es zwar ist, aber nicht aussagbar ist; 6. dass es weder ist noch aussagbar ist; 7. dass es weder ist noch nicht ist noch aussagbar ist. Der Begriff des avaktavya, von manchen Jaina-Philosophen hochgeschätzt und als ganz besondere Errungenschaft betrachtet, ist jedoch ein Schwachpunkt und führt in seiner Konsequenz zum Agnostizismus. Ausführlich wird der s. vom jinistischen Standpunkt behandelt von Nyayavijayaji 1998:328-359. Weitere Hinweise bei Schubring 1962:165, Anm. 1. Kritische Betrachtung von Ruben 1954:129 (s. Verzeichnis der Sekundärliteratur).

2405 **siriutta** m <śrīputra> Name des fünften künftigen Cakravartin.

2406 **sirikaṁtā** f <śrīkantā> Name der Gattin des sechsten Patriarchen (Kulakara). Vivā

2407 **siridāma** m <śrīdāman> **(1)** Name eines Königs. Vivā; **(2)** Name einer Himmelsstätte im elften Devaloka. Sama

2408 **siridhara** m <śrīdhara> Name eines Mönchsscharenleiters des Pārśva. Ṭhā

2409 **siribhūi** m <śrībhūti> Name des sechsten künftigen Cakravartin.

2410 **sirivaccha** m <śrīvatsa> Name eines Götterwagens. Ṭhā, Uva, Jaṁbu

2411 **sirisoma** m <śrīsoma> Name des siebenten künftigen Cakravartin.

2412 **sirī** f <śrī> eigentlich: **(1)** Pracht, Schönheit; **(2)** Glück, Wohlstand. Im Jinismus **(1)** Name der Gattin des Königs Vijaya von Polāsapura. Aṁta, Vivā; **(2)** Name der siebenten (von acht) Göttinnen (Diśākumārī) einer Himmelsgegend; die s. herrscht im Norden.

2413 **siva** m <śiva> **(1)** Name eines Hochgottes. Bhaga, Nāyā, Jīvā; **(2)** Name eines Königs. Bhaga; **(3)** Name des Vaters des fünften Baladeva.

2414 **sivaṇaṁdā** f <śivānandā> Name der Gattin des Ānanda

2415 **sivabhūi** m <śivabhūti> Name eines Heiligen. Kappa

2416 **sivaseṇa** m <śivasena> Name des zehnten Tīrthaṁkara.

2417 **sivā** f <śivā> **(1)** Name der Mutter des 22. Tīrthaṁkara (= Neminātha); Utta; **(2)** Name der Hauptgattin des Śakra. Bhaga

2418 **sivāṇaṁdā** f ↑ **sivaṇaṁdā**

2419 **sītala** m <śītala> Name des zehnten Tīrthaṁkara. Aṇuoga. Details aus seinem (mythischen) Leben bei v. Glasenapp 1984:274.

2420 **sīmaṁkara** m <sīmaṁkara> **(1)** Name des zweiten künftigen Patriarchen (Kulakara); **(2)** Name des dritten kulakara. Jaṁbu

2421 **sīyala** m <śītala> Name des zehnten Tīrthaṁkara. Bhaga, Kappa

2422 **sīlavvaya** n <śīlavrata> „Gelübde auf Sittsamkeit“, eine der fünf untergeordneten Observanzen für Laienanhänger. Ṭhā, Nāyā, Rāya

2423 **sīhagai** m <siṁhagati> Name von Welthütern. Ṭhā, Bhaga

2424 **sīhagiri** m <siṁhagiri> (**1**) Name eines Königs („Löwenberg“). Vivā; (**2**) Name eines Asketen. Kappa

2425 **sīhaṇikkīliya** n <siṁhanikrīḍita> eine Bußübung, die in zwei Varietäten ablaufen kann: sie erstreckt sich als (gelegentlich unterbrochene) Fastenübung über sechs Monate und sieben Tage oder über sechs Jahre, zwei Monate und zwölf Tage. Aṁta, Uva

2426 **sīhamuha** m <siṁhamukha> *Myth* Name einer Zwischeninsel („Löwenmaul“). Ṭhā

2427 **sīhavikkamagai** m <siṁhavikramagati> Name von Welthütern; ↑sīhagai.

2428 **sīhaseṇa** m <siṁhasena> „Löwenheer“; (**1**) Name des Vaters des 14. Tīrthaṁkara; (**2**) Name des ersten Mönchsscharenleiters des Ajitanātha; (**3**) Name eines Sohnes des Königs Śreṇika; er wurde von Mahāvīra geweiht, lebte 16 Jahre lang als Wandermönch und wurde nach einmonatigem Fasten auf dem Berg Vipula in einer Himmelsstätte wiedergeboren. Nach der nächsten Existenz wird er vollständige Erlösung erlangen. Aṇu

2429 **suakkhaṁdha** m <śrutaskandha> *Lit* Hauptkapitel, Teil

2430 **suṁdarabāhu** m <sundarabāhu> „Schönarm“, Name des siebenten Tīrthaṁkara in seiner drittletzten Existenz.

2431 **suṁdarī** f <sundarī> „schöne Frau“, Name einer Tochter des Ṛṣabhadeva. Sama, Kappa

2432 **suṁbha** m <śumbha> (**1**) Name des ersten Mönchsscharenleiters des 21. Tīrthaṁkara; (**2**) Name eines Hausvaters

2433 **suṁsumā** f <suṁsumā> Name der Tochter eines Karawanenführers.

2434 **sukaṁta** m <sukānta> Name der Gottheit des Butterschmalzmeeres. Jīvā

2435 **sukaṇha** m <sukṛṣṇa> (**1**) Name eines Prinzen; (**2**) Name des fünften Kapitels der Nirayāvaliyāo.

2436 **sukaṇhā** f <sukṛṣṇā> Name einer Gattin des Königs Śreṇika; sie wurde von Mahāvīra geweiht, lebte 12 Jahre lang als Bettelnonne und erlangte die vollkommene Erlösung. Aṁta

2437 **sukāla** m <sukāla> (**1**) Name einer Himmelsstätte im achten Devaloka. Sama; (**2**) Name des zweiten Kapitels der Nirayāvaliyāo.

2438 **sukālī** f <sukālī> Name einer Gattin des Königs Śreṇika; sie wurde von Mahāvīra geweiht, lebte neun Jahre lang als Bettelnonne und erlangte nach dem Fastentod vollkommene Erlösung. Aṁta

2439 **sukosala** m <sukośala> Name des 19. künftigen Tīrthaṁkara.

2440 **sukkalessā** f <śuklaleśyā> der beste Charaktertypus (von sechs); sein

Träger ist frei von Leidenschaften und vollbringt nur gute Taten. Dieser Charaktertypus ist vom achten bis zum 14. ↑guṇaṭṭhāṇa vorhanden. Bhaga

*2441* **sukkābha** m <śukrābha> Name einer Himmelswelt. Bhaga

*2442* **suggīva** m <sugrīva> „Schönhals“, (**1**) *Myth* Name eines Kommandanten der Kavallerie der Nāgakumāra-Götter. Ṭhā; (**2**) Name des Vaters des neunten Tīrthaṁkara. Sama; (**3**) Name des künftigen neunten Paḍivāsudeva in Bhārata. Sama

*2443* **sughosa** m <sughoṣa> „wohlklingend“, (**1**) Name des sechsten Patriarchen (Kulakara); (**2**) Name von Himmelsstätten im dritten, vierten und fünften Devaloka.

*2444* **sughosā** f <sughoṣā> Name der ersten Hauptgattin des Gandharva-Fürsten. Ṭhā, Bhaga

*2445* **sucaṁda** m <sucandra> Name des zweiten Tīrthaṁkara.

*2446* **sujasā** f <suyaśā> Name der Mutter des vierzehnten Tīrthaṁkara. Sama

*2447* **sujāya** m <sujāta> „wohlgeboren“, Name eines Prinzen. Vivā

*2448* **sujāyā** f <sujātā> „wohlgeboren“, (**1**) Name der dritten Hauptgattin eines Lokapāla. Ṭhā, Bhaga; (**2**) Name einer Gattin des Königs Śreṇika. Aṁta

*2449* **sujjakaṁta** m <sūryakānta>, sujjajjhaya m <sūryadhvaja>, sujjappabha m <sūryaprabha>, suhhalesa m <sūryaleśya>, sujjavaṇṇa m <sūryavarṇa>, sujjasiṁga m <sūryaśṛṅga> Namen von Götterstätten im fünften Devaloka. Sama

*2450* **sujjajjhaya** m ↑ **sujjakaṁta**

*2451* **sujjappabha** m ↑ **sujjakaṁta**

*2452* **suhhalesa** m ↑ **sujjakaṁta**

*2453* **sujjavaṇṇa** m ↑ **sujjakaṁta**

*2454* **sujjasiṁga** m ↑ **sujjakaṁta**

*2455* **suṭṭhia** m <susthita> „fest stehend, wohl gegründet“, Name einer über das Salzmeer herrschenden Gottheit. Nāyā, Jīvā

*2456* **suṇaṁda** m <sunanda> (**1**) erster Almosenspender des zwölften Tīrthaṁkara. Sama; (**2**) Name einer Himmelsstätte im zwölften Devaloka.

*2457* **suṇaṁdā** f <sunandā> (**1**) Name der Hauptgattin des dritten Cakkavaṭṭi. Sama; (**2**) Name der ersten Hauptgattin eines Lokapāla. Ṭhā

*2458* **suṇakkhatta** m <sunakṣatra> Name eines Weisen in Kosala; er war Schüler des Mahāvīra. Bhaga

*2459* **suṇābha** m <sunābha> Name des Sohnes des Königs Padmanābha. Nāyā

*2460* **sutta** n <sūtra> (**1**) Lehrsatz, Lehrbuch. Bhaga, Uvā, Uva, Utta, Aṇuoga; (**2**) *Lit* Name des zweiten Teils des Diṭṭhivāya. Ṭhā, Naṁdī

*2461* **suttiṁdiya** n <śrotrendriya> Gehörssinn.

*2462* **sudaṁsaṇa** n <sudarśana> (**1**) Name des Vaters des 18. Tīrthaṁkara

(Aranātha). Sama; (**2**) Name des Vaters des siebenten Cakkavaṭṭi; (**3**) Name des fünften Baladeva in Bhārata. Sama; (**4**) Name des Lehrers des dritten Vāsudeva. Sama; (**5**) Name des Kommandanten eines Elefantenkorps. Ṭhā; (**6**) Name eines Laienanhängers; er wurde von Mahāvīra geweiht, lebte fünf Jahre als Asket und fand nach dem Fastentod auf dem Berg Vipula vollständige Erlösung. Aṁta; (**7**) Name des Pārśva in drittletzter Existenz. Sama; (**8**) Name mehrerer Kaufleute. Bhaga, Nāyā, Aṁta, Nira; (**9**) Name eines Hausvaters. Bhaga; (**10**) Beiname des Berges Meru. Sūya

*2463* **sudaṁsaṇā** f <sudarśanā> (**1**) Name der jüngeren Schwester des Mahāvīra. Āyā, Kappa; (**2**) Name der Mutter des vierten Baladeva. Sama; (**3**) Name der vierten Hauptgattin eines Lokapāla. Ṭhā, Bhaga

*2464* **suddhadaṁta** m <śuddhadanta> (**1**) Name des vierten künftigen Weltherrschers. Sama; (**2**) Name eines Sohnes des Königs Śreṇika; er lebte 16 Jahre lang als Wandermönch und wurde nach einmonatigem Fasten auf dem Berg Vipula in einer Himmelswelt wiedergeboren. Nach der nächsten Existenz wird er die vollständige Erlösung erlangen. Aṇu; (**3**) *Myth* Name einer Zwischeninsel. Ṭhā, Bhaga

*2465* **sudhamma** m <sudharman> war als Mönchsscharenleiter Nachfolger des Goyama, wurde ein ↑kevali. Weitere Details über ihn bei v. Glasenapp 1984:302.

*2466* **sudhammā** f <sudharmā> Name einer Götterversammlung. Jīvā, Sūra

*2467* **supaiṭṭha** m <supratiṣṭha> „fest stehend, fest gegründet“, Name eines von Mahāvīra geweihten Hausvaters; er lebte 27 Jahre lang als Bettelmönch und erlangte nach dem Fastentod auf dem Berg Vipula vollkommene Erlösung. Aṁta

*2468* **supāsa** m <supārśva> (**1**) Name des Bruders des Vaters des Mahāvīra. Āyā, Ṭhā; (**2**) Name des siebenten Tīrthaṁkara; er war ein Sohn des Königs von Benares. Einzelheiten über sein (mythisches) Leben bei v. Glasenapp 1984:273. Bhaga, Kappa, Aṇuoga; (**3**) Name eines Patriarchen (Kulakara).

*2469* **supāsā** f <supārśvā> Name einer Heiligen. Ṭhā

*2470* **supuṁkha** m, n <supuṅkha>, supuṁḍa m, n <supuṇḍra> Namen von Götterstätten im fünften Devaloka. Sama

*2471* **supuṁḍa** m, n ↑ **supuṁkha**

*2472* **supuppha** m, n <supuṣpa> Name einer Götterstätte im zehnten Devaloka. Sama

*2473* **suppabuddhā** f <suprabuddhā> Name einer Göttin, der dritten (von acht) Diśākumārīs; sie residiert im Süden. Jaṁbu

*2474* **suppabha** m <suprabha> (**1**) Name des vierten Baladeva der gegenwärtigen osappiṇī. Sama; (**2**) Beiname des sechsten Tīrthaṁkara. Bhaga; (**3**)

Name eines Welthüters. Ṭhā, Bhaga; (**4**) Name des vierten künftigen Baladeva.

2475 **suppabhakaṁta** m <suprabhakānta> Name eines Welthüters (Lokapāla). Ṭhā, Bhaga

2476 **suppabhā** f <suprabhā> (**1**) Name der Mutter des dritten Baladeva. Sama; (**2**) Name der dritten Hauptgattin eines Lokapāla. Ṭhā, Bhaga

2477 **subaṁdhu** m <subandhu> (**1**) Name des zweiten Baladeva in dessen drittletzter Existenz. Sama; (**2**) Name des siebenten künftigen Patriarchen (Kulakara) in Bhārata. Sama

2478 **subāhu** f <subāhu> Name einer Prinzessin, Tochter des Königs Ruppi. Nāyā

2479 **subuddhi** m <subuddhi> (**1**) Name des Ministers des Königs Pratibuddha. Nāyā; (**2**) Name des Ministers des Königs Jitaśatru. Nāyā

2480 **subha** m <śubha> (**1**) Name eines Mönchsscharenleiters des Pārśva. Ṭhā, Kappa; (**2**) Name des ersten Mönchsscharenleiters des 21. Tīrthaṁkara. Sama

2481 **subhaga** n <subhaga> günstig wirkende Art des *nāmakamma*, bei dessen Einwirkung die Seele Glück erfährt. Paṇṇa, Kappa, KG

2482 **subhagā** f <subhagā> Name einer Götterfrau. Ṭhā, Bhaga

2483 **subhaghosa** m <śubhaghoṣa> Name des zweiten Mönchsscharenleiters des Pārśva. Sama

2484 **subhaddā** f <subhadrā> (**1**) Name der Mutter des zweiten Baladeva. Sama; (**2**) Name der zweiten Hauptgattin des Lokapāla Soma. Ṭhā; (**3**) Name der zweiten Hauptgattin des Vairocana. Bhaga; (**4**) Name der leitenden Laienanhängerin des Ṛṣabhadeva. Kappa; (**5**) Name der Gattin des ersten Cakkavaṭṭi. Sama; (**6**) Name der Hauptgattin des Königs Koṇika. Uva; (**7**) Name einer Gattin des Königs Śreṇika von Rājagṛha; sie wurde von Mahāvīra geweiht, lebte 20 Jahre lang als Wandernonne und erlangte nach dem Fastentod vollkommene Erlösung. Aṁta; (**8**) Name einer Frau. Vivā

2485 **subhā** f <śubhā> Name der Hauptgattin des Vairocana. Bhaga

2486 **subhūma** m <subhūma> (**1**) Name des achten Cakkavaṭṭi; er wurde mit seinem Gefolge im Salzmeer ertränkt und wegen seiner Gier in der Hölle wiedergeboren. Ausführliche hagiographische Angaben über ihn bei v. Glasenapp 1984:281-283. Ṭhā, Jīvā; (**2**) Name des zweiten künftigen Patriarchen (Kulakara) in Bhārata. Sama

2487 **subhogā** f <subhogā> eine Göttin der Unterwelt. Jaṁbu

2488 **sumai** m <sumati> „Weisheit". Name des fünften Tīrthaṁkara; er war ein Sohn des Königs Megha von Ayodhyā. Einzelheiten zu seiner (mythischen) Biographie bei v. Glasenapp 1984:272-273. Sama, Bhaga, Kappa

2489 **sumaṁgala** m <sumaṅgala> Name des ersten künftigen Tīrthaṁkara in

Airavata. Sama

*2490* **sumaṇa** n <sumanas> Name eines Himmelsfahrzeuges des Lokapāla Soma. Bhaga

*2491* **sumaṇabhadda** m <sumanobhadra> (**1**) Name eines Gottes des Aruṇa-Meeres. Bhaga, Jīvā; (**2**) Name eines Hausvaters; er wurde von Mahāvīra geweiht, lebte lange Zeit als Wandermönch und erlangte vollkommene Erlösung. Aṁta

*2492* **sumaṇā** f <sumanas> (**1**) Name einer Gattin des Königs Śreṇika von Rājagṛha; sie wurde von Mahāvīra geweiht, lebte 20 Jahre lang als Bettelnonne und fand nach dem Fastentod vollkommene Erlösung. Aṁta; (**2**) Name einer leitenden Nonne des achten Tīrthaṁkara. Sama; (**3**) Name der vierten Hauptgattin eines Lokapāla. Ṭhā, Bhaga

*2493* **sumarutā** f <sumarutā> Name einer von Mahāvīra geweihten Gattin des Königs Śreṇika von Rājagṛha; sie lebte 20 Jahre lang als Bettelnonne und erlangte nach dem Fastentod vollkommene Erlösung. Aṁta

*2494* **sumitta** m <sumitra> „guter Freund“, (**1**) Name des Vaters des 20. Tīrthaṁkara. Sama; (**2**) Name eines Königs. Sama; (**3**) Name eines Hausvaters

*2495* **sumuha** m <sumukha> „schönes Antlitz“, Name eines von Neminātha geweihten Prinzen. Dieser war ein Sohn des Königs Baladeva von Dvārikā; er lebte 20 Jahre lang als Wanderasket und erlangte nach dem Fastentod auf dem Berg Śatruñjaya vollkommene Erlösung. Aṁta

*2496* **sumeghā** f <sumeghā> Name einer Göttin. Jaṁbu

*2497* **suya** m <śruta> „Gehörtes, Gelerntes“, (**1**) Wissen, Wissenschaft, Wissensgebiet. Sūya; (**2**) Lehrbuch. Bhaga, Utta, Dasa, Piṁḍa, Aṇuoga; (**3**) durch das Studium der Literatur gewonnene Erkenntnis. Bhaga, Utta, Aṇuoga

*2498* **suyakkhaṁdha** m <śrutaskandha> *Lit* Hauptkapitel, Teil eines ↑sutta. Nāyā, Vivā, Naṁdī, Aṇuoga

*2499* **suyaṇāṇa** n <śrutajñāna> durch Sprache, Schrift und Gesten erlangte Erkenntnis; vgl. hierzu Schubring 1962:158-159.

*2500* **suyathera** m <śrutasthavira> die Schriften, besonders das dritte und vierte Aṁga, Kennender. Ṭhā, Vava

*2501* **suyasāgara** m <śrutasāgara> „Ozean des Wissens“, Name des neunten künftigen Tīrthaṁkara.

*2502* **surādeva** m <surādeva> Name eines der zehn führenden Laienanhängers des Mahāvīra. Uvā

*2503* **surādevī** f <surādevī> Name der zweiten (von acht) Göttinnen einer Himmelsgegend (Diśākumārī); sie residiert im Westen. Jaṁbu, Nira

*2504* **surūva** m <surūpa> „wohlgestaltet“, Name eines im Süden residierenden Beherrschers der Vyaṁtara-Götter. Ṭhā, Bhaga, Paṇṇa

*2505* **surūvā** f <surūpā> (**1**) Name einer Göttin. Ṭhā, Jaṁbu; (**2**) Name der dritten Hauptgattin des Surūpa. Ṭhā, Bhaga

*2506* **sulasā** f <sulasā> (**1**) Name der leitenden Nonne des zehnten Tīrthaṁkara; (**2**) Name einer Laienanhängerin des Mahāvīra. Ṭhā; (**3**) Name der Gattin des Kaufmanns Nāga; sie zog die Söhne der Devakī auf. Aṁta, Kappa

*2507* **suvaggu** m <suvalgu> Name eines Götterwagens des Lokapāla Vaiśravaṇa. Bhaga

*2508* **suvacchā** f <suvatsā> (**1**) Name der fünften (von acht) Diśākumārīs in der Oberwelt. Jaṁbu; (**2**) Name einer Göttin des Nandana-Waldes. Jaṁbu

*2509* **suvaṇṇa** m <suvarṇa> „golden, schönfarbig", Name einer Gruppe der Bhavanapati-Götter. Bhaga, Uva, Jaṁbu, Utta, Naṁdī

*2510* **suvaṇṇakumāra** m <suvarnakumāra> „Goldjüngling", Name einer Gruppe der Bhavanapati-Götter. Bhaga, Paṇṇa

*2511* **suvāsava** m <suvāsava> Name eines Prinzen. Vivā

*2512* **suvikkama** m <suvikrama> Name des Kommandanten eines Elefantenkorps. Ṭhā

*2513* **suvihi** m <suvidhi> Name des neunten Tīrthaṁkara = Pupphadaṁta; Details über sein (mythisches) Leben bei v. Glasenapp 1984:273-274. Kappa, Aṇuoga

*2514* **suvīra** m <suvīra> (**1**) Name eines Enkels des Yadu-Königs. Aṁta; (**2**) Name von Himmelsstätten im dritten und vierten Devaloka. Sama

*2515* **suvvaya** m <suvrata> (**1**) Name des 18. künftigen Tīrthaṁkara. Sama; (**2**) Name eines Laienanhängers des Pārśva. Kappa; (**3**) Name des ersten Mönchsscharenleiters des sechsten Tīrthaṁkara Padmaprabha.

*2516* **suvvayā** f <suvratā> (**1**) Name der Mutter des 15. Tīrthaṁkara (Dharmanātha). Uvā; (**2**) Name einer Nonne. Nira

*2517* **susamadussamā** f <suṣamaduḥṣamā> drittbestes Zeitalter; die Lage hatte sich gegenüber den vorangegangenen Zeitaltern so weit verschlechtert, dass die die Aufstellung von Gesetzen erforderlich wurde. Weitere Einzelheiten bei v. Glasenapp 1984:264. Bhaga, Jaṁbu, Kappa

*2518* **susamasusamā** f <suṣamasuṣamā> bestes Zeitalter, in welchem die Menschen alles, was sie benötigen, durch die zehn Wunschbäume (kapparukkha) erhalten. Einzelheiten finden sich bei v. Glasenapp 1984:262-264. Ṭhā, Bhaga, Kappa

*2519* **susamā** f <suṣamā> (**1**) zweitbestes Zeitalter; Einzelheiten dazu verzeichnet v. Glasenapp 1984:264. Bhaga, Jaṁbu; (**2**) Name einer Kaufmannstochter. Nāyā

*2520* **susira** n <suṣira> „Flöte", Name einer Himmelswelt im achten Devaloka. Sama

2521 **susīmā** f <susīmā> (**1**) Name der Mutter des sechsten Tīrthaṁkara (Padmaprabha). Sama; (**2**) Name einer Gattin des Kṛṣṇa Vāsudeva; sie wurde von Neminātha geweiht, lebte 20 Jahre lang als Wandernonne und erlangte nach dem Fastentod vollständige Erlösung. Ṭhā, Aṁta

2522 **suseṇa** m <suṣeṇa> Name eines Feldherrn. Vivā. Jaṁbu

2523 **sussarā** f <susvarā> „Wohlklang“, Name der dritten Hauptgattin des Gandharva-Fürsten Gītarati. Ṭhā, Bhaga

2524 **suhamma** m <sudharman> (**1**) Name des fünften Mönchsscharenleiters des Mahāvīra. Bhaga, Uvā, Vivā; (**2**) Name des ersten Mönchsscharenleiters des zwölften Tīrthaṁkara. Sama; (**3**) Name eines Yakṣa. Vivā

2525 **suhammā** f <sudharmā> (**1**) Versammlungshalle der Vāṇavyaṁtara-Götter. Sama; (**2**) Bezeichnung einer Götterversammlung im ersten Devaloka. Sama, Bhaga, Nāyā, Jaṁbu, Kappa

2526 **suhuma**[1] m <sūkṣma> Name des sechsten künftigen Patriarchen (Kulakara). Sama

2527 **suhuma**[2] n <sūkṣma> Name eines *nāmakamma*, das Zartheit oder Feinheit mit sich bringt. Paṇṇa

2528 **suhumakāya** m <sūkṣmakāya> Mundschutz, um keine Lebewesen einzuatmen oder zu verschlucken. Bhaga

2529 **suhumakiria** m <sūkṣmakriya> die dreizehnte Stufe der Vervollkommnung der Seele: die Geistestätigkeit und die Sprache unterliegen einer vollständigen, die physischen Prozesse einer teilweisen Kontrolle. Bhaga, Uva

2530 **sumaṇāma** n <sūkṣmanānian> Art des *kamma*, die zur Bildung eines zarten Körpers führt.

2531 **suhumasaṁparāya** m, n <sūkṣmasaṁparāya> (**1**) die zehnte Stufe der Seele auf dem Weg zur Erlösung; die Leidenschaften sind auf dieser Stufe bereits minimiert. Sama; (**2**) die vierte von fünf Arten der Lebensführung: die Leidenschaften sind bis auf Reste unterdrückt. Ṭhā, Uva, Paṇṇa, Utta

2532 **sūyagaḍaṁga** n <die *chāyā* ist kontrovers; die lange Zeit und auch noch von Jacobi gebrauchte Form sūtrakṛtāṅga ist jedenfalls unrichtig; besser passt sūcākṛtāṅga> Name des zweiten Aṁga, das zu den vier ältesten Werken des Kanons gehört. Die Deutung *sūcākṛtāṅga* besagt etwa „Unterscheidung zwischen richtiger und falscher Lehre“. In der Tat passt eine solche Deutung gut zur Thematik des Aṁga. Denn im Vordergrund stehen hier die Warnungen und Ermahnungen besonders an die jungen Mönche, die damit gegen Anfechtungen und Verführungen, auch durch abweichende Lehren, gefeit werden sollen. In der Hauptsache zählten dazu – ähnlich wie im älteren Buddhismus – die Bitten und Widersprüche von Familienangehörigen, die weltlichen Ehren und Reichtümer und vor allem die Frauen. Im Unterschied zu der sonst im Kanon vorherrschenden pedantischen, trockenen und strengen Vortragsart weisen hier einige Passagen gelungene Satire auf. So wird geschildert, wie ein ins Netz einer Frau geratener Mann von dieser wie ein Haussklave herumkommandiert wird. Ebenso zielsicher sind die Attacken des Autors gegen die Kulte des Brahmanismus. Würde heiliges Flusswasser tatsächlich Sünden abwaschen, so wären Fische, Schildkröten und Wasserschlangen die auserwählten Lebewesen. Oder wohne dem Feuer tatsächlich eine heilige Kraft inne, dann wären die am besten zur Erlösung prädestinierten Menschen die Schmiede. – Außer dem letzten (16.) Abschnitt ist der erste Teil in Versform gehalten. Der zweite Teil (suyakkhaṁdha) ist in Prosa gehalten und im Vergleich zum ersten von untergeordneter Bedeutung (Winternitz). Doch nehmen Schubring und Kapadia an, dass beide Teile vom selben Autor stammen. – Bemerkenswert ist noch, dass das s. Betrachtungen über die philosophischen Schulen, die zur Zeit des Mahāvīra existierten, enthält und damit auch philosophiegeschichtlich von Bedeutung ist. Ausgaben, Übersetzungen und Studien s.v. im Verzeichnis der Primärliteratur. Werksbeschreibung bei Schubring 1962:87.

*2533* **sūra** m <sūra, sūrya> **(1)** Name des Vaters des zehnten Tīrthaṁkara. Sama; **(2)** *Myth* Name einer Insel. Jīvā, Paṇṇa

*2534* **sūrakūḍa** n <sūryakūṭa>, sūrajjhaya n <sūryadhvaja> Namen von Götterstätten im dritten und vierten Devaloka. Sama

*2535* **sūrajjhaya** n ↑ **sūrakūḍa**

*2536* **sūradeva** m <sūryadeva> Name des zweiten Tīrthaṁkara der kommenden aufsteigenden Weltperiode in Bhārata. Sama

*2537* **sūrapaṇṇatti** f, sūrapannatti f <sūryaprajñapti> Name des fünften Uvaṁga, das mit der Caṁdapaṇṇatti fast textgleich ist. Das Werk ist die wichtigste Quelle unserer Kenntnisse über die astronomischen Vorstellungen der Jainas in kanonischer Zeit. Das Uvaṁga umfasst 20 Kapitel (pāhuḍa). Anderslautenden Ansichten wird jeweils die eigene als *ultima ratio* gegenüber gestellt. Ausgaben und Studien s.v. im Verzeichnis der Primärliteratur. Ausführliche, jedes einzelne Kapitel behandelnde Inhaltsübersicht bei Schubring 1962:100-103.

*2538* **sūrapannatti** f ↑ **sūrapaṇṇatti**

*2539* **sūrappabhā** f <sūryaprabhā> Name der Hauptgattin des Sonnengottes. Ṭhā, Bhaga, Jīvā, Sūra

*2540* **sūrasirī** f <sūryaśrī> Name der Gattin des siebenten Cakkavaṭṭi. Sama

*2541* **sūriyakaṁta** m <sūryakānta> „Mondstein“, Name eines Prinzen. Bhaga, Rāya

*2542* **seaṁbara** m <śvetāmbara> eine der beiden Hauptsekten des Jinismus. Deren Mönche gehen in weiße Gewänder gekleidet. Es sind die s., die die bekannten, auch dem vorliegenden Werk zugrunde liegenden kanonischen

Werke anerkennen: 11 Aṁgas, 12 Uvaṁgas, 10 Paiṇṇas, 6 Cheyasuttas, 4 Mūlasuttas. 2 Separattexte.

*2543* **sejjaṁsa** m <śreyāṁsa> **(1)** Name des elften Tīrthaṁkara. Bhaga, Aṇuoga. Details aus seinem (mythischen) Leben bei v. Glasenapp 1984: 274; **(2)** Beiname des Vaters des Mahāvīra. Āyā

*2544* **seḍhi** f, seḍhī f <śreṇi, śreṇī> eigentlich: **(1)** Reihe, Serie; **(2)** Haufen, Menge, Schar. Im Jinismus der Weg der Seele im Geburtenkreislauf, den man sich geometrisch auf siebenfache Weise vorstellte. Bhaga

*2545* **seḍhī** f ↑ **seḍhi**

*2546* **seḍhītava** n <śreṇītapas> eine Bußübung in Form einer Serie, gewöhnlich eine sich über sechs Monate erstreckende und sich dabei ständig verschärfende Observanz. Utta

*2547* **seṇiya** m <śreṇika> Name eines Königs von Magadha, identisch mit Bimbisāra. Nach der Darstellung des Jaina-Kanons wurde er ein überzeugter Anhänger des Mahāvīra. Ṭhā, Sama, Nāyā, Uvā, Aṁta, Utta

*2548* **settuṁja** m <śatruñjaya> Name eines 600 Meter hohen Hügels, 200 Kilometer südwestlich von Ahmedabad in Gujarat gelegen. Der gesamte Gipfel ist mit Jaina-Tempeln bebaut; unter ihnen sind der Ādinātha, Kumārapāla, Vimalaśāha und als höchster der Caumukha. Auf diesem Berg erlangten mehrere Asketen nach dem Fastentod die vollkommene Erlösung. Nāyā, Aṁta.

*2549* **seya** m <śveta> **(1)** Name eines Herrschers über die Kuṣmāṇḍa-Götter. Paṇṇa; **(2)** Name eines von Mahāvīra geweihten Königs. Ṭhā, Rāya

*2550* **seyaṁsa** m <śreyāṁsa> Name eines religiösen Lehrers. Sama, Paüma

*2551* **seyaṁsā** f <śreyāṁsā> *Myth* Name einer Vidyutkumārī, die bei der Geburt eines Tīrthaṁkara die Szene mit einer Lampe erleuchtet. Ṭhā

*2552* **seyakaṁṭha** m <śvetakaṇṭha> „Weißhals", *Myth* Name des Kommandanten eines Büffelkorps. Ṭhā

*2553* **selaga** m <śailaka> **(1)** Name eines königlichen Weisen. Nāyā; **(2)** Name eines Yakṣa von Ratnadvīpa, Nāyā

*2554* **selapāla** m <śailapāla> Name eines Welthüters (Lokapāla). Bhaga

*2555* **selavālaya** m <śailapālaka> Name eines nicht-jinistischen Gelehrten. Bhaga

*2556* **selā** f <śailā> „felsig", Name der dritten Hölle. Ṭhā, Jīvā

*2557* **selesī** f <śaileśī> höchste Stufe der Vervollkommnung der Seele; vollkommene Kontrolle über Geist, Sprache und Körper. Bhaga, Uva, Paṇṇa, Utta, Dasa

*2558* **selodāi** m <śailodāyin> Name eines nicht-jinistischen Gelehrten. Bhaga

*2559* **sella** m <śailya> Name eines Königs. Nāyā

*2560* **sevaṭṭasaṁghayaṇa** n <sevārtasaṁhanana> schwacher Knochenbau, unzureichende Festigkeit des Skeletts; letzte von sechs Strukturen des

Knochenbaus. Jīvā

*2561* **sevā** f <sevā> Name der Hauptgattin des Śakra. Bhaga

*2562* **sesavaī** f <śeṣavatī> (**1**) Name der Mutter des siebenten Vāsudeva. Sama; (**2**) Name der im Süden herrschenden Göttin einer Himmelsgegend (sechste von acht Diśākumārīs). Jaṁbu; (**3**) Name der Tochter der Tochter des Mahāvīra. Jaṁbu, Kappa

*2563* **soṇaṁda** n <saunanda> Dreistab, Bündel von drei Stöcken (ein Besitztum des Bettelmönchs). Paṇhā, Uva, Taṁdu

*2564* **sodāmaṇī** f <saudāmanī> „Blitz", Name einer Götterfrau. Bhaga

*2565* **sodāmi** m <saudāmin> Name eines Kommandanten des Kavalleriekorps. Ṭhā

*2566* **soma** m <soma> (**1**) Name des fünften Mönchsscharenleiters des Pārśva. Ṭhā; (**2**) Name des Vaters des dritten Baladeva und Vāsudeva. Sama; (**3**) Name eines Welthüters (Lokapāla). Ṭhā, Bhaga; (**4**) Name einer über das Sternbild Mṛgaśiras herrschenden Gottheit. Ṭhā, Sūra, Aṇuoga; (**5**) Name eines Brahmanen. Nāyā

*2567* **somacaṁda** m <somacandra> Name des siebenten Tīrthaṁkara in Airavata. Sama

*2568* **somaṇasa** m <saumanasa> (**1**) Name eines Berges in Videha und der diesen beherrschenden Gottheit. Ṭhā, Jaṁbu; (**2**) Name von Meeresgottheiten. Jīvā

*2569* **somadatta** m <somadatta> (**1**) Name eines Brahmanen. Nāyā, Vivā; (**2**) Name eines Hausvaters und Almosenspenders für den achten Tīrthaṁkara. Sama; (**3**) Name des Hofpriesters des Königs Śatānīka. Vivā

*2570* **somadeva** m <somadeva> (**1**) Name eines Welthüters (Lokapāla). Bhaga; (**2**) Name eines Hausvaters, der als erster Almosen für den sechsten Tīrthaṁkara spendete. Sama

*2571* **somala** m <somala> Name eines Brahmanen, der über den Ordenseintritt des seiner Tochter versprochenen Gajasukumāla so erzürnt war, dass er ihn verbrannte. Aṁta

*2572* **somasirī** f <somaśrī> Name einer Brahmanin, Gattin des Somala. Aṁta

*2573* **somā** f <somā> (**1**) Name der leitenden Nonne des siebenten Tīrthaṁkara. Sama; (**2**) *Myth* Name der Residenz des Lokapāla Soma. Bhaga; (**3**) Name der Tochter des Brahmanen Somala. Aṁta

*2574* **soya** m, n <srotas> eigentlich: Strömung; im Jinismus: sinnliche Verlockung. Sūya

*2575* **soyāmaṇī** f <saudāmanī> „Blitz", Name einer Götterfrau = sodāmaṇī. Bei der Geburt eines Tīrthaṁkara erhellt sie die Szene mit einer Lampe. Ṭhā

*2576* **soriyadatta** m <śaurikadatta> (**1**) Name eines Königs. Vivā; (**2**) Name eines Fischers. Vivā

*2577* **solasama** Adj <ṣoḍaśa> „sechzehnter“, Name einer Fastenübung. Bhaga, Nāyā, Vava

*2578* **sohamma** m <saudharma>, sohammakappa m <saudharmakalpa> Name der ersten Himmelswelt (von 12). Ṭhā, Bhaga, Nāyā, Uvā, Vivā, Rāya, Jīvā, Jaṁbu, Nira, Utta

*2579* **sohammakappa** m ↑ **sohamma**

*2580* **sohammā** f <saudharmā> Versammlungshalle der Götter in der ersten Himmelswelt. Nāyā

## H

*2581* **hatthikaṇṇa** m <hastikarṇa> „Elefantenohr“, *Myth* Name einer Insel. Ṭhā

*2582* **hatthipāla** m <hastipāla> Name eines Königs von Pāvā zur Zeit des Mahāvīra. Kappa

*2583* **hatthimuha** m <hastimukha> „Elefantenmaul“, *Myth* Name einer Insel. Ṭhā, Paṇṇa

*2584* **hayakaṇṇa** m <hayakarṇa> „Pferdeohr“, *Myth* Name einer Insel. Ṭhā, Jīvā, Paṇṇa

*2585* **hari** m <hari> **(1)** Name des Herrn der Vidyutkumāra-Götter im Süden. Ṭhā; **(2)** Name des Beherrschers der ersten Himmelswelt. Bhaga

*2586* **hariesa** m <harikeśa> Name eines Weisen. Obwohl aus einer verachteten Familie stammend, erlangte er durch die von ihm durch Askese erworbene Wunderkraft großen Einfluss. Paṇhā, Utta, Oha

*2587* **harikaṁta** m <harikānta> Name eines Götterherrn; ↑hari **(1)** Bhaga, Paṇṇa

*2588* **haricaṁdaṇa** m <haricandana> Name eines Kaufmanns; er wurde von Mahāvīra geweiht, lebte zwölf Jahre lang als Wanderasket und erlangte nach dem Fastentod auf dem Berg Vipula vollkommene Erlösung. Aṁta

*2589* **hariṇegamesi** m <hariṇaigamaiṣin> Name des Kommandanten der Infanterie des Śakra. Ṭhā, Bhaga, Aṁta, Jaṁbu, Kappa

*2590* **harivāhaṇa** m <harivāhana> Name der über die Insel Nandī herrschenden Gottheit. Jīvā

*2591* **hariseṇa** m <hariṣeṇa> Name des zehnten Weltherrschers (Cakkavaṭṭi). Nach der Beendigung seiner Herrschaft wurde er Mönch und erlangte schließlich die Erlösung. Sama, Utta

*2592* **harissaha** m <harisaha> Name eines Beherrschers der Vidyutkumāra-Götter im Norden. Ṭhā, Bhaga, Paṇṇa

*2593* **haladhara** m, halahara m <haladhara> *Myth bildhaft* Baladeva („Pflughalter“). Bruder des Kṛṣṇa. Uva, Jīvā

*2594* **halahara** m ↑ **haladhara**

*2595* **halla** m <halla> Name eines Sohnes des Königs Śreṇika; er wurde zum Mönch geweiht, lebte 16 Jahre lang als solcher und wurde nach einem Fastenmonat auf dem Berg Vipula in der Jayaṁta-Himmelsstätte wiedergeboren. Nach der nächsten Existenz wird er vollkommene Erlösung erlangen. Aṁta

*2596* **hāḍahaḍā** f <hāḍahaḍā> eine Bußübung, die sofort nach einer sündhaften Handlung zu vollziehen ist. Ṭhā

*2597* **hāra** m <hāra> *Myth* **(1)** Name einer Insel. Jīvā; **(2)** Name eines Meeres. Jīvā

*2598* **hārabhadda** m <hārabhadra> über die Insel Hāra herrschende Gottheit. Jīvā

*2599* **hāravara** m <hāravara> über das Hāra-Meer herrschende Gottheit. Jīvā

*2600* **hālāhalā** f <hālāhalā> Name einer in Śrāvasti ansässigen Frau eines Töpfers und Anhängerin der Ājīvika-Lehre. Bhaga

*2601* **hāsakamma** n <hāsakarman> Name eines zum Lachen anregenden *kamma*. Ṭhā, Paṇṇa

*2602* **hiṁḍaya** m <hiṇḍaka>, hiṁḍiya m <hiṇḍita> (als Adj „[umher]gegangen“); im Jinismus: wandernde Seele. Bhaga

*2603* **hiṁḍiya** m ↑ **hiṁḍaya**

*2604* **hiṁsā** f <hiṁsā> Schädigung, Verletzung, Tötung, Mord. Uvā, Uva, Utta, Oha

*2605* **himavaṁta** m <himavat> **(1)** Schneeberg, Himālaya. Nāyā, Uvā, Uva, Kappa; **(2)** Name eines von Neminātha geweihten Sohnes des Königs Andhaka; er lebte 16 Jahre lang als Wandermönch und erlangte nach dem Fastentod vollkommene Erlösung. Aṁta

*2606* **hiri** f, hirī f <hrī> „Scham“, Name der Göttin des Mahāpadma-Sees im Himālaya. Ṭhā, Bhaga, Nāyā, Jaṁbu, Nira

*2607* **hirī** f ↑ **hiri**

*2608* **huṁḍa** n <huṇḍa> Name eines *kamma*, das den Körper verunstaltet. Bhaga, Paṇṇa, Oha

*2609* **heu** m, hetu m <hetu> eigentlich: Grund, Ursache, Veranlassung; in der jinistischen Philosophie: Beweis, Argument. Āyā, Sūya, Ṭhā, Bhaga, Nāyā, Uvā, Paṇhā, Uva, Rāya, Paṇṇa, Jaṁbu, Nisī, Utta, Dasa, Piṁḍa

*2610* **hetu** m ↑ **heu**

*2611* **heuvāyasaṇṇā** f <hetuvādasaṁjñā> aufgrund von Argumenten über die Ursachen unterschiedene (differenzierte) Erkenntnis.

# Index der Sanskrit-Wörter